HOW TO WIN FRIENDS
AND INFLUENCE PEOPLE

데일 카네기 인간관계론

데일 카네기 | 이지연 옮김

DALE
CARNEGIE

달런북

굳이 이 책을 읽을 필요가 없는

나의 소중한 친구

호머 크로이Homer Croy에게 바칩니다.

더욱 생생해진
데일 카네기의 목소리

데일 카네기의 딸로서 『데일 카네기 인간관계론』의 개정판을 내게 되어 기쁘기 그지없는 마음이다. 참으로 오랫동안 기다린 끝에 당초의 표현과 내용에 충실하면서도 말끔히 새로 단장한 책을 내놓게 되었다. 이 책은 1936년에 처음 나왔지만 내용은 결코 시대에 뒤지지도 않고 중요성을 상실하지도 않았다. 세대가 여러 번 바뀌는 동안에도 이 책은 계속해서 사람들의 마음을 울렸고, 오늘날의 독자에게도 마찬가지다. 이제 제목만 들어도 이 책을 모르는 사람이 없을 정도가 되었다. 시사만평부터 각종 소설에 이르기까지 수많은 곳에서 자주 인용되고, 언급되고, 패러디되었기 때문이다.

지금 생각하면 놀랄 수도 있지만 출판 당시에는 이 책이 이렇게 엄청난 반응을 불러올 줄은 아버지를 비롯해 그 누구도 예상하지 못했다. 고전이 된 이 책을 유일하게 개정했던 1981년에 내 어머니 도로시 카네기Dorothy Carnegie가 다음처럼 설명했듯이 말이다.

『데일 카네기 인간관계론』은 1936년 초판이 나올 당시 겨우 5000부로 출간됐다. 데일 카네기도, 출판사인 사이먼 앤 슈스터Simon & Schuster 측도 그 이상 팔릴 거라고는 예상하지 않았다. 놀랍게도 이 책은 하루아침에 센세이션을 불러일으켰고 늘어나는 수요를 따라잡느라 인쇄기를 쉼 없이 돌려야 했다. 『데일 카네기 인간관계론』은 출판 역사상 전 세계에서 가장 많이 팔린 책 중 하나가 됐다. 지금까지도 끊이지 않고 계속 팔리는 것을 보면 대공황 이후 잠깐의 유행으로 끝날 내용이 아니라 어딘가 사람들의 정곡을 찌르고 수요를 채워주는 측면이 있었던 것이 틀림없다. 이 책은 우리가 아는 거의 모든 언어로 번역되었다. 전 세대가 이 책을 새롭다고 느끼며 중요하다고 여긴다.

어머니가 저 말씀을 하신 지도 벌써 40여 년이 지났지만 지금도 여전히 통하는 말이다.

『데일 카네기 인간관계론』은 수천만 부가 넘게 팔렸다. 단순히 이 분야의 수작인 정도가 아니라 분야 하나를 새로 개척했다. 이런 유형의 책이 나온 건『데일 카네기 인간관계론』이 처음이었다. 1936년에는 서점에 지금처럼 '자기계발'이라는 매대 자체가 없었다. 그 당시 '자기계발'이란 식사 예절을 익히고 예술이나 문학 분야의 조예를 쌓는다는 뜻이었다. 그때는 친구를 만드는 방법을 책으로 배우지 않았다. 그냥 세상에는 인기 많고 성공한 사람이 있고, 그렇지 못한 사람이 있었을 뿐이다.

아버지는 그 점을 바꾸고 싶었다. 아버지는 인간관계도 가르칠 수 있다는 걸 알고 있었다. 실제로 아버지는 오랫동안 성인을 대상으로 수업을 진행했다. 그중에 제일 인기가 있었던 수업이 '데일 카네기 코스'였다. 명목상으로는 '퍼블릭 스피킹'(발표, 강연, 연설과 같이 청중 앞에서 말하는 기술)을 가르친다고 했으나 실제로는 훨씬 더 많은 내용을 다루었다. 아버지는 많은 사람 앞에서 말을 잘하게 되면 그동안 부족했던 자신감을 얻어 자기 생각을 효과적으로 전달할 수 있으리라 믿었다. 그리고 늘 열망하던 모습으로 다시 태어날 수도 있을 거라 보았다. 아버지는 이 일이 쉽지는 않지만 보람차다고 느꼈다. 사업이 잘되면서 아버지는 바빠졌다. 그래서 수업 자료로 책을 쓸 생각까지는 못하고 있다가 리언 심킨Leon Shimkin을 만나게 된다.

사이먼 앤 슈스터의 촉망받는 편집자였던 심킨은 1934년 아버지의 강연에 참석했다가 흥미를 느껴 데일 카네기 코스에 등록했다. 수업 몇 번 만에 벌써 깊은 감명을 받은 그는 아버지에게 책을 내자고 졸랐다.

처음에 아버지는 수업을 거르고 그 시간에 책을 쓰는 일이

탐탁지 않았으나 심킨은 끈질겼다. 심킨은 '사람을 상대하는 기술'을 판매할 시장이 있다고 느꼈다. 그래서 그는 아버지를 설득해 강연 녹음 내용을 토대로 책의 대략적인 개요를 써보게 했다. 초안을 작성해 본 아버지는 가능성을 보았고, 본격적으로 집필에 매달렸다.

아버지는 이렇게 말했다. "사실 『데일 카네기 인간관계론』은 '썼다'고 할 수가 없어. 모아놓은 거지. 비즈니스나 사회생활을 더 잘하게 도와주려고 강연하던 내용과 사람들이 내게 와서 이야기하던 성공의 비결을 고스란히 종이에 옮긴 거야." 당시 아버지는 이 책이 자기 수업을 들으러 오는 학생들을 넘어 그렇게까지 널리 읽힐 줄은 꿈에도 몰랐다.

1930년대가 되자 그동안 사람들을 옥죄던 대공황의 기세도 좀 누그러졌다. 유럽에서는 언제든 전쟁이 발발할 분위기였으나 미국 사람들은 본인의 삶과 미국 경제를 재건하려 앞을 내다보기 시작했다. 궁핍했던 지난 10년을 뒤로하고 조심스레 낙관적인 분위기가 고개를 들었다. 더 나은 미래를 바라보며 본인의 잠재력을 실현하고 싶어 했다. 『데일 카네기 인간관계론』 같은 책이 나올 만한 때가 무르익은 것이었다.

『데일 카네기 인간관계론』이 출간되자 사람들은 화들짝 놀라며 열렬한 반응을 보냈다. 첫 3개월 만에 25만 부가 팔렸다. 지금도 이 책이 왕성하게 팔리는 모습을 보면 타인과 교감하고 싶은 갈망이나 인간으로서 성장하고 싶은 욕구는 모든 인간에게 공통된 심리가 아닌가 싶다.

　그렇다면 논리적으로 이런 질문을 할 수 있다. 시대를 초월하는 가치가 증명되었고 아직도 보편적인 호소력이 있는 고전인데 왜 굳이 개정판을 내는가? 이미 성공한 작품에 왜 손을 대는가?

　역시나 1981년 어머니가 하신 말씀에 정답이 들어 있다.

　데일 카네기는 본인이 하던 작업을 쉼 없이 고쳐나가는 사람이었다. 계속해서 청중이 늘어나면서 다변화되는 요구에 맞춰 강연 내용을 끊임없이 다듬고 개선했다. 만약 더 오래 살았더라면, 초판이 출간된 이후 생겨난 사회·문화적 변화를 반영하여 손수 『데일 카네기 인간관계론』의 개정판을 냈을 것이다.

　이번 개정판은 강력한 호소력을 지닌 원전의 진정성을 드높이면서도 데일 카네기의 전통을 계승하며 새로운 세대의 독자를 위해 시류에 맞게 보완했다. 아버지는 책을 쓸 때도 말하듯이 썼다. 미국 중서부 시골 출신답게 생동감 있는 구어체를 구사했는데, 우리는 이를 건드리고 싶지 않았다. 경쾌하고 거침없는 아버지만의 문체를 고수했다(심지어 1930년대 속어도 그대로 두었다). 독자에게 가족이나 직장 동료, 커뮤니티와 소통하는 방식을 대폭 바꿔보라고 독려하는 아버지의 목소리도 보존했다.

이번 개정에서는 『데일 카네기 인간관계론』을 '바꾸지' 않았다. 살짝 손을 본 정도다. 고전을 다시 쓴다거나 해서 데일 카네기의 목소리가 가진 마법을 훼손하고 싶지 않았다.

대신 오늘날의 독자가 도저히 알 수 없거나 우리 시대와는 너무 동떨어진 사건이나 인물의 이야기를 정비했다. 그중에는 1981년 개정판에서 추가했던 내용도 일부 있다. 최대한 원전의 진정성을 오롯이 담아내면서도 동시에 미래 세대에 맞게 새로 단장하려고 했다. 그래서 희석되지 않은 출처, 즉 1936년 초판에서부터 새롭게 시작했다.

시대를 초월한다는 말로는 『데일 카네기 인간관계론』이 세상에 끼친 영향력을 다 표현하지 못한다. 한 번도 읽어보지 않은 사람조차 이 책에 있는 여러 아이디어는 낯익을 것이다. 아버지의 원칙들은 사람들이 원하고 필요로 했던 내용에 딱 맞아떨어졌고, 당시 비즈니스 리더들은 이 원칙들을 빠르게 채택했다. 오늘날에는 각종 인사 교육 프로그램이나 기업 리더십 프로그램에서 '첨단' 전략으로 소개한다. 전문가나 비전문가 할 것 없이 아버지의 원칙을 빌려와 살짝 표현을 바꾸고 재포장해서 사람들에게 자신감을 높이고 경영관리 능력을 개발하고 사회생활 기술을 향상하는 법을 알려주겠다고 장담한다.

이 책에 제시된 개념을 아버지가 발명한 것은 아니다. 하지만 그 개념을 적용하는 방식을 개척한 사람은 아버지다. 현재 '당신 안에 있는 최고의 모습을 끌어내라'고 말하는 수많은 강연가가 성공할 수 있었던 것도, 그들이 말하는 요점도, 이 책이 거의 90년 전에 다져놓은 토대를 바탕으로 한다. 오늘날 각광받는 자기계발서 중에도 이 책의 내용에서 출발한 것이 많다.

이 책의 뼈대를 이루는 가장 중요한 테마는 대상을 타인의 관점에서 바라보라는 것이다. 지금과 같은 정치 갈등과 사회 격변의 시대에는 그 어느 때보다 인간관계의 기술을 배워야 한다. 이 책은 나와 의견이 다른 사람과도 교양 있게 대화를 나누는 법을 알려주고 다른 사람들이 왜 '이성에 귀를 기울이지 않는지' 설명한다. 가족이나 친구와 불화가 생겼을 때, 이를 봉합하기가 아무리 절망적으로 보일지라도 도움을 얻을 수 있다. 이는 쉽지 않은 과제이지만 지극히 중요한 문제다. 이 책은 그럴 때 필요한 도움을, 때로는 인생을 바꿔놓을 도움을 줄 것이다.

인간관계에서 우리가 흔히 겪는 여러 난관은 아버지에게도 대처하기 쉬운 일은 아니었다. 아버지는, 자신이 다른 사람들이 상상하는 것처럼 인간관계의 모범이 되는 사람은 아니라고 처음으로 인정했던 사람이었다. 그 누구 못지않게 아버지도 이 책에 나오는 교훈을 지키기 어려워했다. 아버지는 본인의 실수를 되새기려고 항상 '내. 저. 바'라는 걸 작성했다. '내가 저지른 바보 멍청이 같은 일들'이었다. 그중에는 "오늘 여성 두 명을 소개받았는데 그중 한 명의 이름을 바로 잊어버렸다"와 같은 내용도 있다. 아버지를 무시했던 어느 점원에게 참을 수 없이 화가 났을 때는 "인간 본성을 어떻게 다뤄야 하는지 가르치는 내가 마치 원시인처럼 거칠고 무지하게 굴었다!"라고 했다. "톰을 미워하는 데 20분이나 낭비했다. 자기 수양에 관한 책을 쓰고 있었어야 할 시간에 말이다"라고도 썼다.

우리 집에서 일어난 재미있는 일화도 있다. 어머니의 친구분이 우리 집에 잠시 들렀는데 하필 어머니와 아버지가 싸운 직후였다. 아버지는 아직도 씩씩거리고 쿵쾅거리며 집안을 돌아다니고 계셨다. 손님이 그 점을 지적하자 어머니는 아버지 쪽으로 고갯짓하며 이렇게 말했다. "글쎄, 저 양반이 그 책을 썼다니까." 아버지가 자주 말씀하셨듯이 『데일 카네기 인간관계론』을 쓴 것은 남들뿐만 아니라 아버지 자신을 위한 것이기도 했다.

나에게 이 개정판은 사랑의 산물이다. 1955년 아버지가 돌아가셨을 때 난 겨우 네 살이었지만 아직도 아버지가 똑똑히 기억난다. 아버지는 따뜻하고, 잘 웃고, 사람을 좋아하고, 나를 위해 늘 시간을 내는 분이었다. 이 책에서 여러분이 듣는 바로 그 목소리를 가진 분이었다.

이 프로젝트를 작업하면서 운 좋게도 작가 앤드루 포스트먼 Andrew Postman의 귀한 도움을 받았다. 우리 두 사람은 함께 『데일 카네기 인간관계론』을 한 줄씩 검토하고 분석하기를 반복하며 부적절한 부분을 보완했다. 조금이라도 손을 본 부분은 아무리 작은 것이라도 그럴 만한 가치가 있는지 조심스레 토론을 거쳤다. 사이먼 앤 슈스터의 담당 편집자 스튜어트 로버츠 Stuart Roberts의 좋은 의견에도 감사한다. 스튜어트는 처음부터 끝까지 이 개정판

작업을 적극 지원해 주었다. 프로젝트 내내 테스트 독자가 되어 주었던 데일 카네기 트레이닝^{Dale Carnegie Training}의 조 하트^{Joe Hart}와 크리스틴 부스카리노^{Christine Buscarino}에게도 고맙다. 결과물을 보셨다면 아버지도 크게 기뻐하셨으리라 생각한다. 여러분도 그랬으면 좋겠다. 이 책에 담긴 지혜에 도움을 얻을 뿐만 아니라 책을 읽어나가는 여정 역시 즐겁기를 바란다.

도나 데일 카네기^{Donna Dale Carnegie}

세상에 없던 책이 나오기까지

1900년부터 1935년까지 미국의 출판사는 20만 가지가 넘는 종류의 책을 출판했다. 대부분은 참을 수 없을 만큼 따분했고, 다수가 출판사에 손해를 안겼다. 내가 방금 '다수'라고 했나? 세계 최대의 출판사 회장 한 분이 내게 고백하기로는 자기 회사는 75년의 역사가 있지만 아직도 출간하는 책 여덟 권 중에 일곱 권은 손해를 본다고 했다.

그렇다면 나는 대체 무슨 배짱으로 책을 쓰겠다고 했을까? 그리고 이 책을 여러분은 왜 읽어야 할까?

둘 다 충분히 물어볼 만한 질문이다. 이에 답을 해보겠다.

나는 1912년부터 뉴욕시에서 사업가와 전문직 종사자를 대상으로 교육 강좌를 진행했다. 처음에는 퍼블릭 스피킹만 강의했다. 사업상 인터뷰라든가 여러 사람 앞에서 말해야 하는 상황에서 본인의 생각을 더 명료하고 효과적이며 침착하게 표현하도록 실전 경험을 통해 훈련하는 수업이었다.

그런데 강연을 거듭하면서 깨달은 점이 있었다. 이들에게는 효과적인 말하기 훈련이 절실한 것 못지않게 일상적으로 사업이나 사회생활에서 사람들과 잘 어울리기 위한 정교한 기술의 훈련도 더 필요하다는 사실이었다.

그리고 그런 훈련은 나 자신에게도 절실하게 필요하다는 사실을 깨달았다. 지난 세월을 돌아보면 나야말로 얼마나 자주 이해심과 수완이 부족했는지, 아찔할 지경이다. 이런 책이 20년 전에 내 손에 쥐어져 있었다면! 그랬다면 얼마나 요긴하고 값진 도움을 얻었을까.

사람을 상대하는 일은 아마도 우리가 직면하는 가장 큰 어려움일 것이다. 특히나 사업가라면 말이다. 이는 가정주부나 건축가, 엔지니어라고 해서 예외가 아니다. 몇 해 전에 카네기교육발전재단(나와는 무관한 단체다)의 후원으로 조사가 시행되었다. 여기서 중요한 사실을 하나 발견했는데 이는 이후 카네기공과대학(역시나 나와는 무관한 단체다)의 추가 연구를 통해 다시 한번 확인되었다. 이들 조사에서 밝혀진 바에 따르면 공학처럼 기술적인 분야에서조차, 경제적으로 성공하는 데는 기술적 지식이 단 15퍼센트만 작용한다. 나머지 85퍼센트는 인사관리 측면의 능력, 즉 성격과 리더십에 좌우된다고 한다.

오랫동안 나는 필라델피아엔지니어클럽Engineers' Club of Philadelphia

과 미국전기공학자학회 American Institute of Electrical Engineers 뉴욕지부에서
학기마다 강좌를 진행했다. 1500명 이상의 엔지니어가 내 수업
을 들었다. 그들이 수업을 들으러 온 이유는 다년간의 관찰과
경험 끝에 그들도 마침내 깨달았기 때문이었다. 엔지니어링을
가장 많이 아는 사람이 반드시 가장 높은 보수를 받는 건 아니
라는 사실을 말이다. 엔지니어링이든, 회계든, 아니면 건축이나
다른 전문 분야가 되었든 단순히 기술적 능력만 있는 사람은 적
당한 월급으로 얼마든지 채용할 수 있다. 하지만 기술적 지식에
'더해서' 아이디어를 제안하거나 리더십을 발휘하거나 주변에
열정을 불러일으키는 능력까지 있으면 더 큰 돈을 받는다.

한창 전성기에 록펠러 John D. Rockefeller가 이런 말을 했다. "사람
을 상대하는 능력도 설탕이나 커피처럼 돈을 주고 살 수 있는
'상품'이다. 나는 하늘 아래 그 어느 물건보다 이 능력에 더 큰
돈을 지불하겠다."

이쯤 되면 '하늘 아래 가장 비싼 값'을 받을 수 있는 능력을
개발하도록 전국 모든 대학에 강좌를 개설해야 하지 않을까?
그렇지만 내가 아는 한 미국에는 성인을 위해 이런 실용적이고
상식에 부합하는 강좌를 개설한 대학이 단 한 곳도 없다.

시카고대학교와 YMCA학교연합은 사람들이 무엇을 공부
하고 싶어 하는지 알아보려고 2년에 걸쳐 설문조사를 실시했
다. 조사의 마지막 단계는 코네티컷주 메리던에서 이루어졌다.
미국의 전형적인 소도시로서 메리던을 선정한 것이다. 설문자

들은 메리던에 사는 거의 모든 성인을 인터뷰하며 156개 문항에 대한 답변을 받았다. '어떤 일을 하십니까?' '학력은?' '여가를 어떻게 보내십니까?' '소득이 어떻게 되십니까?' '취미가 무엇입니까?' '앞으로의 포부가 있다면?' '지금 어려운 일이 있다면?' '가장 공부하고 싶은 주제는 무엇입니까?' 등의 문항이었다. 그 결과 응답자의 제1관심사는 '건강'이었다. 그리고 두 번째 관심사는 '사람'이었다. 사람을 어떻게 이해하고 다른 사람과 어떻게 어울릴지, 어떻게 하면 타인이 나를 좋아할지, 어떻게 하면 다른 사람들도 나처럼 생각하게 만들지 같은 것 말이다.

조사를 시행했던 위원회는 메리던에서 그런 강좌를 개설하려 교과서로 쓸 만한 실용적인 서적을 부지런히 찾아보았다. 하지만 마땅한 책이 단 한 권도 없었다. 결국 위원회는 성인 교육에 관한 세계 최고의 권위자를 찾아가 이들의 요구에 부합하는 책을 혹시 아는지 물어보았다. 대답은 "아니요"였다. 권위자는 이렇게 말했다. "성인들이 무엇을 필요로 하는지는 저도 압니다. 하지만 그런 책을 누구도 쓴 적이 없어요."

이 말이 사실임을 나는 경험으로 알고 있다. 왜냐하면 나도 인간관계에 관한 실용적이고 쓸 만한 책이 있나 싶어서 수년간 찾아다녔기 때문이다.

결국 그런 책이 존재하지 않았기에 나는 내 수업에 사용할 책을 하나 쓰려고 했다. 그리고 이 책이 바로 그 결과물이다. 여러분의 마음에 들기를 바란다.

이 책을 준비하면서 이 주제와 관련해 찾을 수 있는 글이란 글은 모조리 읽었다. 신문 칼럼, 잡지에 실린 글, 가정법원에서 나온 기록물부터 옛날 철학자와 요즘 심리학자의 글까지 읽었다. 전문 조사원도 한 명 고용했다. 이 조사원은 여러 도서관에서 1년 반을 보내며 내가 놓친 글을 남김없이 읽고, 심리학과 관련된 학술 서적을 샅샅이 찾아보고, 수백 개의 기사를 꼼꼼히 들여다보고, 수많은 전기를 뒤지며, 전 시대를 통틀어 위대한 리더는 사람을 어떻게 상대했는지 알아보았다. 그리고 우리는 그 리더들의 전기를 읽었다. 카이사르부터 빅토리아 여왕과 토머스 에디슨에 이르기까지 수많은 위대한 리더의 인생담을 찾아 읽었다. 내 기억으로는 우리 둘이서 시어도어 루스벨트의 전기만 100권 이상 읽었다. 친구를 얻고 사람을 변화시키는 방법에 관해 누군가 한 번이라도 사용했던 실용적인 아이디어가 있다면 시간과 비용을 아끼지 않고 찾아낼 각오를 했다.

내가 직접 인터뷰한 성공한 인물만도 수십 명이다. 그중에는 마르코니나 에디슨처럼 세계적으로 유명한 발명가도 있고, 프랭클린 루스벨트나 제임스 팔리^{James Farley} 우정장관〔미국에서 1971년까지는 지금의 우체국장이 장관직이었다〕 같은 정치 지도자도 있다. RCA〔미국의 전자회사〕의 설립자 오웬 영^{Owen D. Young} 같은 사업가도 있고, 클라크 게이블^{Clark Gable}, 조앤 크로퍼드^{Joan Crawford}, 메리 픽퍼드^{Mary Pickford} 같은 영화배우도 있다. 또 오페라 가수 헬렌 젭슨^{Helen Jepson} 같은 음악가나 헬렌 켈러 같은 교육자, 마틴 존슨^{Martin Johnson} 같은 탐험가도 있다. 나는 이들이 인간관계에서 사용하는 기술을 찾아내고자 노력했다.

이런 자료를 바탕으로 짧은 강연을 준비했다. 이 강연에 '친구를 얻고 사람을 변화시키는 방법'이라는 이름을 붙였다. 분명 '짧은' 강연이었다. 처음에는 짧았는데 이내 1시간 30분짜리 강의로 연장됐다. 오랫동안 나는 뉴욕에 있는 카네기 연구소에서 학기마다 성인을 대상으로 강연을 했다.

나는 강연을 듣는 참석자들에게 사업이나 사회생활을 하면서 배운 내용을 한번 시험해 본 다음 본인이 얻은 경험이나 결과를 다른 수강생에게 알려달라고 요청했다. 이 얼마나 흥미로운 과제인가! 자기계발에 목말라 있던 사람들은 새로운 종류의 실험에 동참하게 된 데 큰 매력을 느꼈다. 지금까지 없었던 최초의 그리고 유일한 실험, 바로 성인의 인간관계에 대한 실험이었다.

이 책은 흔히 말하는 방식으로 '쓰지' 않았다. 이 책은 어린아이가 성장하는 방식으로 점점 자라났다. 세상에 단 하나뿐인 실험을 통해 수집된 수천 명의 경험을 바탕으로 개발되고 성장했다.

오래전에 이 강연은 엽서만 한 카드에 적힌 몇 개의 규칙으로 시작했다. 그다음에 진행할 때는 조금 더 큰 카드에 규칙을 인쇄했고, 그다음에는 브로셔 형태로, 그다음은 소책자 시리즈로 크기와 범위를 늘려갔다. 15년간의 실험과 연구의 최종 결과물이 바로 이 책이다.

여기 적어놓은 규칙은 단순한 이론이나 어림짐작이 아니다. 이 규칙들은 마법 같은 효과를 낸다. 믿기지 않겠지만 나는 이 원칙들이 수많은 사람의 삶에 일으킨 일대 변혁을 목격했다.

예를 하나 들어보자. 한번은 314명의 직원을 고용하고 있는 경영자가 우리 수업을 들었다. 오랫동안 그는 무차별적으로 직원들을 비난하고 책잡아 몰아세웠다. 친절한 말이나 고맙다는 표현, 격려의 말 같은 것은 입 밖에 내본 적이 없었다. 그런데 이 책에서 이야기하는 원칙을 공부한 후 사장은 본인의 인생철학과 리더십 철학을 180도 바꾸었다. 그의 회사에는 전에 없던 애사심과 열정, 팀워크가 생겼다. 314명의 적이 이제 314명의 아군으로 바뀌었다. 그는 수강생들 앞에서 자랑스럽게 이야기했다. "전에는 제가 지나가면 아무도 저한테 인사를 안 했어요. 실은 저를 발견하면 다들 시선을 돌렸죠. 그런데 이제는 모두 친구가 됐어요. 심지어 수위도 저를 성이 아니라 이름으로 부른답니다."

지금 그는 이윤도 늘고 여가 시간도 늘었다. 그보다 비교도 안 될 만큼 중요한 변화는 회사에서도 집에서도 훨씬 더 많은 행복을 경험하고 있다는 점이다.

수많은 세일즈맨이 이 책의 여러 원칙을 활용해 극적인 매출 성장을 맛보았다. 아무리 문을 두드려도 마음을 열지 않던 새 고객도 확보했다. 회사의 임원은 직권이 늘고 연봉이 올랐다.

이 책의 원칙을 적용해 큰 폭으로 연봉이 인상되었다고 알려준 임원도 있다. 필라델피아 가스 ^{Philadelphia Gas Works Company}에서 일하는 또 다른 임원은 지나치게 공격적이며 직원을 요령 있게 이끌지 못한다는 이유로 65세에 좌천될 예정이었다. 하지만 이 책의 내용대로 훈련하자 좌천을 면한 정도가 아니라 오히려 연봉이 오르고 승진까지 했다.

그뿐이 아니다. 강연 마지막 날에 열리는 파티에 참석해 자기 남편이나 아내가 이 교육을 받은 뒤에 가정이 훨씬 더 화목해졌다고 알려준 사람들은 셀 수도 없을 만큼 많다.

수강생들은 자신이 이룬 성과에 깜짝 놀라곤 한다. 전부 다 마법 같다면서 말이다. 심지어 열정이 넘치는 몇몇 사람들은 일요일에 집에서 쉬고 있는 나에게 전화를 걸기도 한다. 본인이 이룬 성과를 빨리 들려주고 싶은데 정규 수업 시간까지 도저히 기다릴 수가 없었다면서 말이다.

강연을 듣고 아주 크게 동요했던 남자가 있었다. 그는 밤이 깊도록 자리를 뜨지 못하고 다른 참석자들과 함께 강연에서 나온 원칙에 관해 토론했다. 다른 사람들은 새벽 3시가 되자 집으로 갔다. 하지만 그는 본인의 실수를 깨닫고 충격을 받음과 동시에 새롭고 더 풍요로운 세상이 펼쳐진 데 고무되어 잠을 이루지 못했다. 그는 결국 그날 밤 잠들지 못했고 다음 날 낮에도, 심지어 다음 날 밤까지도 잠을 이루지 못했다고 한다.

이 남자는 도대체 어떤 사람이었을까? 전문 교육을 받은 적이 없어서 혹시라도 새로운 이론을 들으면 마냥 신나서 떠들어 대는 그런 순진무구한 사람이었을까? 전혀 아니다. 그와는 거리가 멀다. 남자는 세련된 취향을 지닌 미술상이었고 사교 활동도 잦았다. 3개 국어를 유려하게 구사하고 유럽에서 대학을 두 곳쯤 졸업한 그런 사람 말이다.

이 글을 쓰던 중에 독일의 어느 귀족에게서 편지를 한 통 받았다. 호엔촐레른가(과거 독일 황제와 프로이센 왕을 배출한 귀족 가문)에서 선조부터 대를 이어 직업 장교를 지낸 사람이었다. 그는 대서양을 횡단하는 증기선에서 편지를 쓰고 있다며 이 책의 여러 원칙을 어떻게 실천하며 지내고 있는지 알려주었다. 거의 종교에 가까운 열정이었다.

또 다른 남자는 나이 지긋한 뉴요커였다. 하버드대학교를 졸업하고 대형 카펫 공장을 운영하는 부유한 사람이었다. 그는 사람을 변화시키는 기술에 관한 한 대학에서 4년간 배운 것보다 14주짜리 우리 교육 과정에서 더 많은 것을 배웠다고 단언했다. 말도 안 된다고? 웃기는 소리라고? 터무니없다고? 물론 여러분은 어떤 표현이든지 전부 동원해서 이 말을 그냥 무시해도 된다. 나는 그저 1933년 2월 23일 목요일 저녁, 뉴욕에 있는 예일클럽Yale Club에서 대단히 성공한 어느 보수적인 사람이 대략 600명 앞에서 했던 이야기를 아무 덧붙임 없이 그대로 전하고 있을 뿐이다.

저명한 심리학 교수 윌리엄 제임스William James는 이렇게 말했다. "우리는 필요한 만큼의 절반만 깨어 있다. 우리가 지니고 있는 신체적·정신적 자원을 아주 조금밖에 사용하지 않는다. 인간은 자신의 한계에 한참 못 미치는 삶을 산다. 다양한 능력이 있는데도 습관적으로 그를 사용하지 않는다."

"습관적으로 사용하지 않는" 능력! 이 책의 목적이 바로 그 잠자고 있는, 사용하지 않은 자원을 여러분이 발견하고 개발해서 자신에게 득이 되게 사용하도록 돕는 것이다.

프린스턴대학교 총장을 지낸 존 히번John G. Hibben 박사는 이렇게 말했다. "교육이란 인생의 다양한 상황에 대처하는 능력을 키우는 것이다."

만약 당신이 이 책을 3장까지 읽었는데도 인생의 여러 상황에 대처하는 능력이 조금도 좋아지지 않았다면, 이 책은 당신에게는 완전히 실패작인 셈이다. 왜냐하면 영국의 사회학자 허버트 스펜서Herbert Spencer가 말했듯이 "교육의 큰 목표는 지식이 아니라 실천"이기 때문이다.

이 책은 분명 실천용 책이다.

1936년

데일 카네기

이 책을 최대로 활용하는 9가지 방법

1. 이 책을 최대로 활용하고 싶다면 한 가지가 꼭 필요하다. 다른 그 어떤 규칙이나 요령보다 훨씬 더 중요한 것이다. 기본적으로 이것이 없다면 이 책을 어떻게 공부하겠다는 규칙을 천 가지 세워도 무용지물이다. 반면 가장 중요한 이 자질을 갖춘다면 책을 최대로 활용하는 요령을 하나도 읽지 않아도 놀라운 일을 해낼 수 있다.

   그렇다면 이 마성의 필수조건은 과연 뭘까? 바로 사람을 상대하는 능력을 키우겠다는 강력한 의지와 마음속 깊은 곳에서 우러난 배움에 대한 욕구다.

   이런 의지와 욕구를 어떻게 키울 수 있을까? 이 책에 나오는 원칙이 당신에게 얼마나 중요한지를 계속해서 되새기면 된다. 이 원칙을 완전히 익히면 얼마나 더 풍요롭고 행복하고 만족스러운 삶을 살지 한번 그려보라. 그리고 속으로 계속 이렇게 말하라. '나의 인기, 행복, 자존감은 사람을 상대하는 능력에 크게 좌우된다.'

2. 처음에는 각 장을 빠르게 읽고 큰 그림을 그려보아라. 그러고 나면 아마 서둘러 다음 장으로 넘어가고 싶은 유혹이 일 것이다. 그러지 말라. 이 책을 그냥 재미로 읽는 것이 아니라면 말이다. 재미가 아니라 인간관계 능력을 키우고자 이 책을 읽고 있다면 앞으로 돌아가 해당 장을 꼼꼼하고 철저하게 다시 읽어라. 길게 보면 그편이 시간도 절약되고 결과도 더 좋을 것이다.

3. 읽어나가면서 중간에 자주 멈추고 지금 읽는 내용을 곰곰이 생각해 보라. 각 내용을 어떤 상황에서 어떤 식으로 적용할지 자문해 보라.

4. 연필이나 펜, 형광펜을 손에 들고 읽으면서 표시하라. 내가 활용할 수 있겠다 싶은 내용이 나오면 옆에 줄을 그어두어라. 별 네 개짜리 내용이라면 줄마다 밑줄을 긋거나 형광펜을 칠하거나 '****'라고 표시를 하라. 책에 표시하거나 밑줄을 그으면 더 재밌을 뿐더러 다음에 볼 때 훨씬 더 빠르게 읽을 수 있다.

5. 아는 사람 중에 15년간 대형 보험사에서 관리자로 일했던 여성이 있다. 그녀는 매달 한 달간 회사가 발행한 보험 계약서를 모조리 다 읽어봤다. 맞다. 이 사람이 읽는 계약서는 매달, 매년 똑같은 경우가 많다. 그런데도 왜 읽는 걸까? 왜냐하면 그렇게 해야 회사가 고객에게 무엇을 제공하는지 늘 명료하게 기억할 수 있음을 경험으로 알고 있기 때문이다.

언젠가 퍼블릭 스피킹에 관한 책을 거의 2년에 걸쳐 쓴 적이 있다. 그런데도 종종 내가 책에 쓴 내용을 기억하려면 다시 책을 펼쳐봐야 한다. 우리가 무언가를 얼마나 빨리 잊어버리는지 생각하면 놀라울 정도다.

이 책으로 진정한 도움을 계속 받고 싶다면 한 번 쭉 훑어보는 걸로 충분하리라고 착각하면 안 된다. 처음부터 끝까지 철저하게 한 번 읽었으면 매달 몇 시간 정도 시간을 내서 기억을 되살려야 한다. 책상이든 어디든 매일 눈에 띄는 곳에 이 책을 둬라. 자주 쭉쭉 넘겨봐라. 앞으로도 얼마든지 더 나아질 수 있다는 사실을 끊임없이 마음에 각인시켜라. 이 원칙들을 습관적으로 실천하기 위해서는 끊임없이 되새기고 열심히 적용해 보는 수밖에 없다는 사실을 기억하라. 다른 방법은 없다.

6. 아일랜드의 극작가 버나드 쇼Bernard Shaw가 이런 말을 했다. "누군가에게 무언가를 가르쳐주기만 하면, 그 사람은 결코 배우지 못할 것이다." 맞는 말이다. 학습은 적극적인 과정이다. 직

접 해봐야 배울 수 있다. 그러니 여러분도 이 책으로 공부한 원칙을 내 것으로 만들고 싶다면 그 원칙과 관련된 무언가를 해봐라. 기회가 있을 때마다 적용해 봐라. 그러지 않으면 금세 잊어버릴 것이다. 지식은 오로지 사용해 봤을 때만 기억에 남는다.

이 책의 내용을 항상 실천하기는 쉽지 않음을 깨닫게 될 것이다. 이를 잘 아는 이유는, 내가 썼지만 나도 내가 주장한 모든 내용을 실천하기는 어렵기 때문이다. 예를 들어 마음에 들지 않는 일이 있을 때 비난하고 규탄하기는 쉽지만 상대의 관점을 이해하려고 노력하기는 어렵다. 흠을 잡기는 쉬워도 칭찬하기는 어렵다. 상대가 원하는 것보다는 내가 원하는 것을 말하기가 더 자연스럽다. 이런 일이 많다. 그러니 이 책을 읽을 때는 지금 단순히 정보를 얻으려고 하는 것이 아니라는 사실을 기억하라. 여러분은 새로운 습관을 형성하려고 노력 중이다. 맞다, 새롭게 살아가려고 시도 중이다. 그러려면 시간과 집요함과 매일매일의 실천이 필요하다.

이 책을 자주 찾아보라. 이 책을 인간관계에 관한 실습 안내서라고 생각하라. 구체적인 문제에 맞닥뜨렸을 때, 예컨대 어린아이를 다루거나 배우자나 상사를 설득하거나 짜증나는 고객을 만족시켜야 할 때, 이제는 늘 하던 대로 충동적으로 행동하지 말라. 그 길은 대부분 틀렸다. 그러지 말고 이 책을 펴서 밑줄 그은 내용을 찾아보라. 새로운 방법을 시도해서 마법이 일어나는 순간을 지켜보라.

7. 배우자나 자녀, 동료에게 당신이 어느 원칙을 어길 때마다 지적해 주면 1달러를 주겠다고 제안하라. 이 책의 여러 원칙을 완전히 내 것으로 만드는 과정을 신나는 게임으로 만들어라.

8. 월스트리트의 어느 은행장이 강연 시간에 앞으로 나와서 들려준 이야기다. 그는 아주 효율적인 자기계발 시스템을 만들어 사용하고 있었다. 이 은행장은 정규 교육을 제대로 받지 못했는데도, 미국 금융업계에서 손에 꼽게 중요한 인물이 되었다. 그 은행장은 본인의 성공이 대부분 직접 고안한 이 시스템을 부단히 실천한 결과라고 고백했다. 기억나는 한 그가 했던 말을 그대로 옮겨보겠다.

"오랫동안 저는 메모용 수첩에 그날 하루의 모든 약속을 한눈에 보이도록 적어두었습니다. 제 가족은 토요일 저녁에는 제가 참석해야 하는 일정을 절대로 잡지 않았는데, 제가 토요일 저녁마다 자기 점검과 평가의 시간을 갖는다는 걸 알고 있었기 때문입니다. 저는 저녁 식사가 끝나면 자리를 벗어나 혼자 조용히 수첩을 펼칩니다. 그리고 그 주에 있었던 모든 미팅과 토론, 인터뷰를 곱씹으면서 나 자신에게 물어봅니다.

'그때 내가 무슨 실수를 했지?'

'내가 제대로 한 건 뭐지? 어떻게 하면 더 잘할까?'

'저 경험에서 어떤 교훈을 배울 수 있을까?'

종종 이 주간 리뷰 시간 때문에 우울해지기도 합니다. 내가 저지른 미숙한 실수 때문에 여러 번 놀라거든요. 물론 해를 거듭할수록 그런 실수를 저지르는 횟수가 줄어들기는 합니다. 가끔은 이렇게 반성이 끝난 후 내 어깨를 두드려주고 싶을 때도 있어요. 이렇게 나를 분석하고 스스로 교육하기를 해마다 지속해 왔는데, 그간 시도해 본 다른 어떤 방법보다 도움이 되었다고 생각합니다.

덕분에 의사결정 능력도 향상됐고, 사람을 대할 때도 아주 큰 도움을 받았어요. 정말 추천드리고 싶습니다."

비슷한 방식으로 이 책에 나오는 여러 원칙을 잘 실천했는지 직접 점검해 보면 어떨까? 그러면 두 가지를 얻을 것이다.

첫째, 흥미로우면서도 돈을 주고도 살 수 없는 교육 효과를 누리게 될 것이다.

둘째, 사람을 만나 상대하는 능력이 크게 발전할 것이다.

9. 이 책에 나오는 여러 원칙을 실천해서 좋은 결과를 얻었을 때 그 내용을 기록해 두어도 도움이 된다. 구체적으로 기록하라. 이름, 날짜, 결과를 적어라. 이렇게 기록을 해나가면 더 큰 노력을 쏟는 데 자극제가 될 것이다. 몇 년이 지나 어느 날 저녁 그 기록을 우연히 발견한다면 얼마나 근사할까!

이 책을 최대로 활용하는 9가지 방법

1. 인간관계의 원칙을 정복하겠다는, 마음속 깊은 곳에서 우러 난 강력한 욕구를 키워라.

2. 한 장을 두 번 읽은 후 다음 장으로 넘어가라.

3. 읽다가 자주 멈추고 각 내용을 어떻게 실천할지 자문해 보라.

4. 중요한 내용에는 밑줄을 그어라.

5. 매달 이 책을 복습하라.

6. 기회가 있을 때마다 이 책의 여러 원칙을 적용하라. 이 책을 실습 안내서라고 생각하고 일상의 문제 해결에 활용하라.

7. 당신이 이 책의 원칙을 어길 때마다 지적해 주면 1달러를 주겠다고 친구에게 제안해서 학습을 생생한 게임으로 만들어라.

8. 매주 당신의 발전 상태를 점검하라. 어떤 실수를 했고, 무엇을 개선했고, 앞으로 어떤 도움이 될 교훈을 배웠는지 자문해 보라.

9. 책의 뒷면에 어느 원칙을 언제 어떻게 적용했는지 메모하라.

차례

1부 변하지 않는 인간관계의 3가지 기본 원칙

2부 누구에게나 호감을 얻는 6가지 원칙

3부 다른 사람을 잘 설득하는 12가지 원칙

4부 사람을 변화시키는 리더가 되는 9가지 원칙

1부

변하지 않는 인간관계의
3가지 기본 원칙

———❖❖ ❖❖———

HOW TO WIN FRIENDS
AND
INFLUENCE PEOPLE

꿀을 모으고 싶다면
벌통을 걷어차지 말라

1

　　　　　　　　　　1931년 5월 7일, 뉴욕시 역사상 가장 큰 센세이션을 일으켰던 범죄자 추격전이 절정에 달해 있었다. 몇 주간의 수색 끝에 '쌍권총' 크롤리^{Two Gun' Crowley}——크롤리는 술, 담배를 하지 않는 무장 강도였다——를 궁지로 몰아넣는 데 성공한 것이다. 크롤리는 웨스트엔드 애비뉴에 있는 애인의 아파트에서 오도 가도 못하는 신세가 됐다.

　　경찰과 형사 150명이 크롤리가 숨어든 꼭대기 층을 에워쌌다. 경찰은 먼저 지붕에 구멍을 뚫고 거기에 최루탄을 쏴서 그 연기로 '경찰 살해범' 크롤리를 밖으로 끌어내려고 했다. 그다음에는 주위 건물에 기관총을 배치했다. 한 시간이 넘도록 뉴욕 고급 주택가에 기관총의 '타다다다' 소리와 찢어질 듯한 권총소리가 울려 퍼졌다. 크롤리는 쿠션이 두툼한 의자 뒤에 몸을 웅크린 채로 경찰을 향해 쉴 새 없이 총을 쏴댔다. 만 명이 넘게 모여 이 흥미진진한 전투를 지켜봤다. 뉴욕의 길거리에서는 한 번도 본 적이 없는 진풍경이었다.

크롤리가 붙잡혔을 때 멀루니[E. P. Mulrooney] 경찰청장은 쌍권총을 찬 이 무법자가 뉴욕 역사상 가장 위험한 범죄자라고 선언했다. 경찰청장은 이렇게 말했다. "그는 사람을 파리 죽이듯 죽이는 놈입니다."

그런데 정작 '쌍권총' 크롤리는 스스로를 어떻게 평가했을까? 경찰이 아파트를 향해 총을 쏠 때 크롤리가 "관계자에게" 써놓은 편지에서 그 시선을 엿볼 수 있다. 글을 쓰는 동안 상처에서 흘러내린 피가 진홍색 얼룩을 남긴 편지에 크롤리는 이렇게 썼다. "지금은 많이 지쳤지만, 나는 천성이 착한 사람입니다. 털끝만큼도 남을 해치지 못할 사람이에요."

이 사건이 있기 직전, 크롤리와 여자친구는 롱아일랜드 시골의 어느 도로에 차를 세워놓고 있었다. 둘은 서로 목을 끌어안고 키스를 퍼붓고 있었는데, 갑자기 경찰관 한 명이 다가와 이렇게 말했다. "면허증 좀 보여주세요."

크롤리는 한 마디 말도 없이 권총을 뽑아 경찰관에게 그대로 난사했다. 경찰관이 바닥에 쓰러지자 크롤리는 차에서 풀쩍 뛰어내려 경찰관의 리볼버를 집어서는 엎어져 죽어가는 경찰관에게 한 발을 더 쐈다. 이런 살인범이 저런 글을 쓴 것이다. "지금은 많이 지쳤지만, 나는 천성이 착한 사람입니다. 털끝만큼도 남을 해치지 못할 사람이에요."

크롤리는 사형을 선고받았다. 싱싱교도소에 있는 사형수 동에 도착한 크롤리가 "사람을 죽였더니 이렇게 되는구나"라고 했을까? 아니다. 그는 이렇게 말했다. "나 자신을 방어했을 뿐인데 이렇게 되는구나."

이 일화의 핵심은 이것이다. '쌍권총' 크롤리는 그 무엇도 자기 탓이라고 생각하지 않았다.

그런데 이런 태도가 과연 범죄자들 사이에서 보기 드물까? 그렇게 생각한다면 다음의 말을 한번 들어보자.

"저는 사람들에게 기쁨을 주고 좋은 시간을 보내도록 도우면서 제 인생의 한창때를 보냈습니다. 그런데도 돌아온 거라곤 모욕과 쫓기는 신세뿐이네요."

알 카포네가 한 말이다. 그렇다. 미국에서 가장 악명 높은 공공의 적이자 시카고를 총성으로 물들인 사악한 갱 두목 말이다. 카포네는 자신에게 죄가 있다고 생각하지 않았다. 오히려 자신이 은혜를 베풀고 있는데, 사람들이 그걸 몰라주고 자신을 오해한다고 생각했다.

더치 슐츠Dutch Schultz도 뉴어크에서 갱단의 총에 쓰러질 때까지 자신을 그렇게 생각했다. 뉴욕에서 가장 악명 높은 범죄자 중 한 명이었던 슐츠는 어느 신문과의 인터뷰에서 자신을 공공의 자선가라고 말했다. 진심이었다.

이 주제와 관련해 흥미로운 편지를 주고받은 적이 있다. 상대는 뉴욕의 싱싱교도소에서 오랫동안 교도소장을 지낸 루이스 로즈Lewis Lawes였다. 로즈는 이렇게 단언했다. "싱싱에 있는 범죄자 중에서 자신이 나쁜 사람이라고 생각하는 사람은 거의 없습니다. 그들도 당신이나 나와 똑같은 인간입니다. 그래서 자신을 합리화하면서 변명을 합니다. 자신이 왜 금고를 따야 했고 빠르게 방아쇠를 당길 수밖에 없었는지 다들 이유가 있습니다. 대부분은 오류가 있든 논리적이든 어떤 식으로든 이유를 대서 본인의 반사회적 행동을 정당화하려고 합니다. 자기 자신에게조차 말이죠. 그렇기 때문에 자신은 애초에 감옥에 와서는 안 되었다는 견해를 완강히 유지하는 겁니다."

만약에 알 카포네나 '쌍권총' 크롤리, 더치 슐츠를 비롯해 감옥에 갇힌 극악무도한 죄수들조차 그 어떤 일에도 자신을 탓하지 않는다면, 여러분이나 내가 만나는 평범한 사람들은 과연 어떨까?

워너메이커 백화점의 설립자 존 워너메이커John Wanamaker는 언젠가 이렇게 말했다. "남을 꾸짖는 건 바보짓임을 나는 30년 전에 깨달았다. 하느님이 지능이라는 선물을 모두에게 똑같이 나누어주지 않으셨다고 해서 그걸 속상해하고 있기에는 나 자신의 한계를 극복하는 것만으로도 벅차다."

워너메이커는 이 교훈을 일찌감치 깨쳤지만, 나는 30년이 넘는 긴 세월을 혼자 이리저리 부딪히며 여기까지 온 후에야 대다수의 사람들이 그 어떤 일에도 자신을 비난하지 않는다는 사실을 깨달았다. 그게 아무리 틀렸다고 해도 말이다.

비난은 헛수고다. 비난을 받은 상대는 방어하는 입장이 되기에 보통은 자신을 정당화하려고 기를 쓰기 때문이다. 비난은 위험하다. 비난은 사람들의 소중한 자존심에 상처를 내고 자존감을 다치게 하며 분개하게 만든다.

세계적인 심리학자 스키너[B. F. Skinner]는 동물의 잘한 행동에 보상을 주면 나쁜 행동에 벌을 주는 것보다 학습이 훨씬 더 빠르고 배운 내용도 더 효과적으로 기억한다는 사실을 실험으로 증명했다. 인간에게도 똑같이 적용된다는 사실이 나중에 밝혀졌다. 비난으로는 지속적인 변화를 만들어내지 못한다. 오히려 당사자는 억울해하는 경우가 많다.

역시나 위대한 심리학자인 한스 셀리에[Hans Selye]는 이런 말을 했다. "우리는 인정받기에 목마른 만큼 비난을 두려워한다."

비난이 낳은 억울한 심정은 직원이나 가족, 친구를 기운 빠지게 만든다. 그러면서도 비난을 받게 한 그 상황은 쉽게 바로잡아지지 않는다.

기억하라. 여러분이 원하는 것은 꿀이지만, 벌에 쏘이고 싶지는 않을 것이다. 오클라호마 이니드에 사는 조지 존스턴[George B. Johnston]은 엔지니어링 회사의 안전 책임자였다. 직원들이 현장에서 일할 때 언제나 안전모를 쓰게 하는 일도 조지의 업무 중 하나였다. 원래 조지는 안전모를 착용하지 않은 직원과 마주치면 손가락을 흔들면서 권위적이고 엄하게 지적했다고 한다. 반드시 규정을 준수해야 한다고 말이다. 결과는 어땠을까? 직원들은 마지못해 따랐지만 조지가 자리를 뜨고 나면 종종 안전모를 다시 벗어 던지는 소리가 들렸다.

조지는 방법을 바꿔보기로 했다. 직원들 몇몇이 안전모를 착용하지 않은 채 모여 있는 것을 발견하고는 안전모가 불편한지 물었다. "머리에 잘 안 맞나요?" 그런 다음 직원들에게 안전모는 부상을 방지하기 위해 고안되었으니 일할 때는 항상 써줬으면 좋겠다고 상냥한 톤으로 말했다. 그 결과 사람들은 규칙을 더 잘 따랐고 그들의 감정이 상할 일도 없었다.

비난이 헛수고라는 사실은 역사적으로 수많은 예시를 찾을 수 있다. 예를 들어 그 유명한 시어도어 루스벨트와 윌리엄 하워드 태프트^{William Howard Taft} 사이의 유명한 갈등만 해도 그렇다. 이 갈등 때문에 공화당은 반으로 쪼개졌고 우드로 윌슨^{Woodrow Wilson}이 백악관을 차지했다. 그러면서 제1차 세계대전처럼 굵직한 여러 사건이 발생했고 역사의 흐름이 바뀌었다. 빠르게 당시 상황을 되짚어 보자. 1908년 퇴임 당시 루스벨트는 태프트를 지지했고 결국 태프트가 대통령에 당선되었다. 이후 루스벨트는 아프리카로 떠났다. 다시 미국으로 돌아왔을 때 루스벨트는 폭발했다. 루스벨트는 태프트가 보수적이라며 맹비난하고 자신이 세 번째로 다시 대통령 후보로 지명받기 위해 진보당을 창당했으나 이는 공화당을 허물어뜨렸을 뿐이었다. 이어진 선거에서 윌리엄 하워드 태프트와 공화당은 버몬트와 유타 단 두 개 주에서 밖에 승리하지 못했다. 공화당 역사상 최악의 참패였다.

루스벨트는 태프트를 탓했다. 그러나 태프트 대통령도 자신을 탓했을까? 당연히 아니다. 태프트는 눈물이 그렁그렁해서는 이렇게 말했다. "제 상황에서 달리 뭘 어떻게 할 수 있었을지 저는 모르겠어요."

누구 탓이었을까? 루스벨트일까, 태프트일까? 솔직히 나는 모르겠고 관심도 없다. 내가 하고 싶은 말은 루스벨트가 아무리 태프트를 비난해도 태프트는 자신이 틀렸다고 생각하지 않았다는 것이다. 오히려 태프트는 자신을 정당화하려고 애썼고 같은 말만 반복했다. 눈물이 그렁한 채로. "제 상황에서 달리 뭘 어떻게 할 수 있었을지 저는 모르겠어요."

티포트 돔Teapot Dome 스캔들도 마찬가지다. 1920년대 초 각종 신문은 이 사건에 분노했다. 스캔들이 온 나라를 뒤흔들었다! 그때까지 미국의 공직자가 이런 일을 저지른 적은 없었다. 스캔들의 내용을 간략히 설명하면 이렇다. 워런 하딩Warren G. Harding 대통령 내각의 내무부 장관이었던 앨버트 폴Albert B. Fall은 캘리포니아주 엘크 힐스와 와이오밍주 티포트 돔에 있는 정부 비축유의 방출 책임을 맡고 있었다. 나중에 사용하려고 미국 해군이 저장해 둔 비축유였다. 폴 장관은 경쟁 입찰을 허가했을까? 아니다. 폴 장관은 이 수지맞는 계약을 고스란히 친구인 에드워드 도허니Edward L. Doheny에게 넘겨줬다. 그러면 도허니는 무슨 일을 저질렀을까? 도허니는 폴 장관에게 '대출금'이라는 미명하에 10만 달러를 건넸다. 그런 다음 폴 장관은 미국 해병대를 이 지역에 투입했고, 엘크 힐스 저장고의 석유가 흘러드는 인접 유정을 보유한 경쟁 회사들을 쫓아냈다. 총부리에 밀려 자기 땅에서 쫓겨난 경쟁 회사들이 법원으로 달려가면서 티포트 돔 스캔들이 터졌다. 악취가 얼마나 진동했던지 하딩 행정부는 초토화됐고 온 나라가 구역질을 했다. 공화당은 다시 한번 폐허가 될 위기에 처했다. 앨버트 폴 장관은 감옥에 갔다.

폴 장관은 맹비난을 받았다. 공직자가 그 정도의 비난을 받은 일은 찾아보기 힘들 정도였다. 그래서 그가 뉘우쳤을까? 전혀! 나중에 허버트 후버Herbert Hoover가 사람들 앞에서 하딩 대통령의 죽음은 친구에게 배신당한 정신적 불안과 고뇌 때문이었다고 넌지시 이야기했다. 그 말을 전해 들은 폴의 부인은 의자에서 벌떡 일어났다. 그리고 가혹한 운명에 두 주먹을 불끈 쥐고 눈물을 흘리면서 이렇게 소리쳤다고 한다. "뭐라고! 폴이 하딩을 배신했다고? 천만에! 내 남편은 그 누구도 배신한 적이 없어. 천금을 준다고 해도 남편은 결코 나쁜 짓을 하지 않았을 거야. 배신당한 건 남편이야. 그래서 난도질당하고 공개 비난을 당한 거라고." 폴 부인이 뭘 잘못 알아서 남편이 무고하다고 믿었을 수도 있다. 하지만 한 가지는 확실하다. 그녀는 죽을 때까지 남편을 비호했을 것이다!

그렇다. 인간의 본성이 이렇다. 잘못한 사람도 결코 스스로를 탓하지 않는다. 우리 모두가 마찬가지다. 내일이라도 여러분이나 나나 누군가를 비난하고 싶은 마음이 든다면 알 카포네와 '쌍권총' 크롤리, 앨버트 폴을 기억하기로 하자. 비난이란 멀리 편지를 전하던 비둘기와 같다는 걸 깨닫자. 그것들은 언제나 집으로 돌아온다. 우리가 지적하고 비난하는 사람은 100명 중에 99명은 자신을 정당화하리라는 걸, 역으로 우리를 비난하리란 걸, 아니면 태프트처럼 말한다는 걸 이제는 깨닫도록 하자. "제 상황에서 달리 뭘 어떻게 할 수 있었을지 저는 모르겠어요."

1865년 4월 15일 아침 에이브러햄 링컨은 어느 싸구려 숙소의 문간방에서 죽어가고 있었다. 길 건너 포드 극장Ford's Theater에서 존 윌크스 부스John Wilkes Booth의 총에 맞은 것이었다. 가운데가 푹 꺼진 침대는 턱없이 짧아서, 아무리 사선으로 뉘어도 키가 큰 링컨의 몸을 모두 받칠 수는 없었다. 침대 위에는 로자 보뇌르Rosa Bonheur의 그 유명한 작품 〈말 시장The Horse Fair〉의 싸구려 복제품이 걸려 있었다. 침침한 가스등에서 노란색 불빛이 깜박거렸다.

죽어가는 링컨을 곁에서 지켜보면서 전쟁 장관(현 국방부 장관) 에드윈 스탠턴Edwin Stanton은 이렇게 말했다. "역사상 가장 완벽한 통치자셨는데."

링컨이 그토록 성공적으로 사람들을 상대했던 비결은 무엇일까? 나는 에이브러햄 링컨의 삶을 10년간 공부했고 꼬박 3년에 걸쳐 『나의 멘토 링컨』이라는 책을 쓰고 다시 고쳐 썼다. 더는 불가능할 정도로 링컨의 성격과 가정생활을 자세하고 철저하게 연구했다고 자부한다. 나는 특히 링컨이 사람을 상대하는 방법을 집중적으로 파고들었다. 링컨은 남을 실컷 비난했을까? 아, 물론이다. 젊었을 때 링컨은 인디애나주 피전 크리크 밸리에 살면서 남을 비난한 정도가 아니라, 조롱하는 편지나 시를 써서 눈에 잘 띌 만한 길가에 떨어뜨려 놓기까지 했다.

일리노이주 스프링필드에서 변호사로 개업한 뒤에도 링컨은 신문에 공개 편지를 써서 상대를 대놓고 공격했다. 문제는 이런 일이 한두 번이 아니었다는 것이다.

1842년 가을에 링컨은 남 앞에서 뽐내기 좋아하고 호전적인 성향의 제임스 실즈James Shields라는 정치가를 조롱했다. 실즈를 풍자한 익명의 편지를 써서 스프링필드의《저널Journal》에 발표했다. 온 동네 사람이 배꼽이 빠져라 웃었다. 예민하고 자존심이 강했던 실즈는 분개했다. 편지를 쓴 사람이 누군지 찾아내자마자 말을 타고 링컨에게 달려가서 일대일 결투를 신청했다. 링컨은 싸우고 싶지 않았다. 결투에 반대하는 편이었지만, 체면상 결투를 거절할 수도 없었다. 실즈는 링컨에게 무기를 고르라고 했다. 팔이 긴 링컨은 장검을 선택했고, 육군사관학교 졸업생에게 검술 수업까지 받았다. 약속된 날 링컨과 실즈는 미시시피강의 어느 모래톱 위에서 만났다. 두 사람은 죽음을 각오했으나 결정적 순간에 양쪽의 친구들이 끼어들어 결투를 중단시켰다.

이 사건으로 링컨은 일생일대의 큰 충격을 받았다. 링컨은 사람을 상대하는 기술에 있어 가치를 따질 수 없을 만큼 귀중한 교훈을 얻었다. 이후 그는 다시는 누군가를 모욕하는 편지를 쓰지 않았고, 다시는 그 누구도 조롱하지 않았다. 이때부터 링컨은 무슨 일이 있어도, 절대로 그 누구도 비난하지 않았다.

남북전쟁을 하는 동안 링컨은 북군의 동부 전투 사령관을 계속 갈아치워야 했다. 매클렐런McClellan, 포프Pope, 번사이드Burnside, 후커Hooker, 미드Meade가 차례로 그 자리를 거치며 어설픈 전투로 참사를 빚었다. 링컨은 절망에 빠져 안절부절못했다. 나라의 절반이 이 무능한 장군들을 맹렬히 비난했으나, "누구에게도 악의를 품지 않고, 모두를 사랑"〔링컨이 대통령 취임사에서 했던 말〕했던 링컨은 침묵을 지켰다. 링컨이 가장 자주 인용했던 말이 바로 "심판받고 싶지 않거든, 심판하지 말라"였다.

링컨은 아내를 비롯해 다른 사람이 남부인을 혹독하게 비난하면 이렇게 답하곤 했다. "그 사람들을 비난하지 말아요. 같은 상황이면 우리도 딱 그랬을 테니까."

그러나 링컨이라고 비난할 일이 전혀 없었던 것은 아니다.

1863년 7월 1일부터 3일까지 게티즈버그 전투가 벌어졌다. 7월 4일 밤에 남부군의 로버트 리 장군이 남쪽으로 퇴각하기 시작했다. 그날 밤 온 나라에 폭우가 쏟아졌다. 리 장군이 패잔병을 이끌고 포토맥강에 도착해 보니 강물이 불어나 도저히 건널 수가 없었다. 등 뒤에는 승리한 북부군이 바짝 뒤쫓고 있어 그야말로 진퇴양난이었다. 이 사실을 링컨이 알게 됐다. 리 장군의 군대를 생포하고 전쟁을 즉시 끝낼 수 있는, 하늘이 주신 천금 같은 기회였다. 희망에 부푼 링컨은 미드 장군에게 전쟁 위원회를 소집하지 말고 즉각 리 장군을 공격하라고 명령했다. 링컨은 전보로 명령을 하달한 후 특별히 전령까지 따로 보내 즉시 행동을 개시하라고 했다.

미드 장군은 어떻게 했을까? 미드 장군은 정반대로 행동했다. 전쟁 위원회를 소집하여 링컨의 명령을 정면으로 어겼다. 미드 장군은 망설였다. 공격을 우물쭈물 미뤘다. 전보로 온갖 변명을 보냈다. 리 장군을 직접 공격하기를 거부했다. 결국 강물은 잦아들었고 리 장군은 군대를 이끌고 포토맥강 건너편으로 도망치고 말았다.

링컨은 격노했다. "이게 대체 무슨 소리야?" 링컨은 아들 로버트에게 소리쳤다. "세상에 맙소사! 이게 대체 무슨 소리냐고? 적이 독 안에 든 쥐나 다름없었는데, 손을 뻗어서 잡기만 하면 됐는데, 내가 무슨 말을 하고 무슨 짓을 해도 우리 군대는 꿈쩍도 하지 않았어. 그 상황이었으면 어떤 장군이라도 리를 무찌르고도 남았을 텐데. 내가 거기 있었어도 리를 낚아챘을 거야."

극심한 실망감 속에서 링컨은 미드에게 편지를 썼다. 이 시기의 링컨은 극히 신중하고 절제된 언어를 쓰고 있었다는 사실을 기억하자. 그러니 1863년 링컨이 쓴 다음의 편지는 그가 할 수 있는 가장 심한 질책이나 마찬가지였다.

친애하는 장군,

리의 탈출이라는 불운이 얼마나 심각한 사안인지 장군이 제
대로 이해하는 것 같지가 않소. 그는 독 안에 든 쥐나 다름없
었고 포위를 좁혀 들어갔더라면 이후의 다른 승리와 연계해
전쟁을 충분히 끝냈을 것이오. 이제 전쟁은 무한정 늘어지게
생겼소. 장군이 지난 월요일조차 리를 거뜬히 공격할 수 없
었다면, 대체 무슨 수로 강의 남쪽에서 지난번의 3분의 2에
해당하는 병력으로 리를 공격한단 말이오? 이제 장군이 뭘
할 수 있다고 기대하는 건 어불성설일 듯하고 나 역시 기대
하지 않소. 장군은 황금 같은 기회를 놓쳤고, 그 때문에 나는
이루 말할 수 없이 괴롭소.

이 편지를 읽은 미드는 어떻게 했을까?

미드는 이 편지를 보지 못했다. 링컨이 부치지 않았기 때문
이다. 이 편지는 링컨이 죽은 뒤 문서 더미 틈에서 발견됐다.

내 생각에(짐작일 뿐이다) 링컨은 이 편지를 쓰고 나서 창밖
을 바라보며 이렇게 말했을 것 같다. "잠깐만. 서두를 필요가 없
지. 이렇게 조용한 백악관에 앉아서 미드에게 공격하라고 명령
을 내리기는 쉬워. 하지만 내가 게티즈버그에 있었으면, 내가 지
난주에 미드가 본 것처럼 많은 피를 봤으면, 부상병과 죽어가는
병사들의 비명, 악 쓰는 소리가 귀를 찔렀으면, 나도 그다지 공
격하고 싶지 않았을지도 몰라. 내가 미드처럼 겁 많은 성격이었

으면 나도 미드처럼 했을 수도 있어. 어쨌든 이미 지나간 일이야. 이 편지를 보내면 내 기분은 좀 나아지겠지. 하지만 미드는 스스로를 정당화할 테고 오히려 내가 잘못했다고 생각하겠지. 나한테 악감정을 품을 거야. 그러면 미드는 더 이상 지휘관으로 쓸모도 없어지고 아예 퇴역하려 할지도 몰라."

그래서 링컨은 편지를 옆으로 밀쳐두었다. 날카로운 비난이나 질책은 무용지물이라는 사실을 링컨은 과거의 쓰라린 경험으로 알고 있었다.

시어도어 루스벨트는 대통령이 된 후 당혹스러운 문제에 부딪히면 백악관 대통령 책상 위에 걸려 있는 거대한 링컨의 초상화를 올려다보며 스스로에게 묻곤 했다. "만약 링컨이라면 어떻게 했을까? 이 문제를 링컨은 어떻게 풀었을까?"

만약 남을 꾸짖고 싶은 유혹이 인다면 주머니에서 5달러짜리 지폐를 꺼내 링컨의 얼굴을 들여다보며 이렇게 물어보기로 하자. "만약 링컨이었다면 이 문제를 어떻게 다뤘을까?"

마크 트웨인은 종종 꼭지가 돌아서 편지를 쓰곤 했다. 한번은 자신을 분노하게 만든 남자에게 이렇게 썼다. "당신한테 딱 맞는 건 묻어도 된다는 매장 허가서야. 말만 해. 내가 어떻게든 구해다 줄 테니까." 또 한번은 편집자에게 교정 담당자를 힐난했다. 그가 트웨인의 "철자법과 구두법을 개선"하려고 했다면서 말이다. "앞으로는 내가 쓴 그대로 확정 짓고 교정 담당자가 제안한 내용은 그 썩어빠진 뇌에 고이 간직하게 해주세요."

이렇게 신랄한 편지를 쓰고 나면 마크 트웨인은 기분이 한결 나아졌다. 이 편지들이 트웨인에게는 분풀이가 됐다. 그는 실제로는 누구에게도 해를 끼치지 않았다. 아내가 중간에서 몰래 편지를 가로챘기 때문이다. 한 번도 부친 적이 없었다.

여러분도 바꾸고 싶거나, 다잡고 싶거나, 고치고 싶은 사람이 있는가? 좋다! 괜찮다. 나도 대찬성이다. 그렇지만 우선 자기 자신부터 그렇게 해보는 건 어떨까? 내 말은, 순전히 이기적인 관점에서 봤을 때 남을 고치려고 하기보다는 이편이 훨씬 더 득이 되고 덜 위험하다는 뜻이다. 공자는 이렇게 말했다. "내 집 현관이 더러울 때는 이웃집 지붕의 눈을 탓하지 말라."

아직 어려서 다른 사람들에게 멋있게 보이려고 애쓰던 시절에 내가 미국 문학계에서 두각을 드러내던 리처드 하딩 데이비스Richard Harding Davis에게 바보 같은 편지를 쓴 적이 있다. 나는 어느 잡지에 작가들에 관한 글을 기고할 예정이었기에 데이비스에게 그의 작업 방식을 알려달라고 요청했다. 그보다 몇 주 앞서 어딘가에서 받은 편지 한 통의 말미에 이렇게 쓰여 있었다. "말을 받아적었으나 읽지 않았음." 굉장히 인상 깊었다. 글쓴이가 아주 바쁘고 중요한 거물이라는 느낌이 들었다. 나는 전혀 바쁘지 않았지만 리처드 하딩 데이비스에게 인상적으로 보이고 싶어서 내 짧은 편지의 끝부분에 똑같이 썼다. "말을 받아적었으나 읽지 않았음."

데이비스는 굳이 답장을 쓰는 수고를 하지 않았다. 내가 쓴 편지의 아래쪽에 이렇게 써서 돌려보냈을 뿐이다. "무례를 무례로 돌려드립니다." 그래, 내가 실수했다. 어쩌면 나는 그런 비난을 들어도 쌌다. 하지만 나도 인간인지라 분한 마음이 들었다. 어찌나 분했던지 10년 뒤 리처드 하딩 데이비스의 부고를 읽었을 때도 (인정하기는 부끄럽지만) 오직 내 마음에는 '나에게 상처를 준 사람'이라는 생각밖에 없었다.

내일 당장 누군가에게 죽을 때까지 수십 년 묵은 원한으로 남을 행동을 하고 싶다면 신랄한 비난을 한마디 던지면 된다. 그 비난이 아무리 정당화될 수 있다고 하더라도 말이다.

사람을 대할 때는 상대방이 논리적인 존재가 아니라는 사실을 꼭 기억하기로 하자. 상대방은 감정의 동물이고 선입견이 가득하며 자존심과 허영심에 휘둘리는 존재다.

영국 문학을 풍요롭게 만들어주었던 최고의 소설가 중 한 명인 토머스 하디는 성정이 예민했다. 그는 혹독한 비난을 듣고 나서는 두 번 다시 소설을 쓰지 않았다. 영국의 시인 토머스 채터턴Thomas Chatterton은 비평 때문에 자살했다.

벤저민 프랭클린은 젊은 시절 눈치가 없었다. 그러나 나중에는 수완이 생겼고, 어찌나 노련하게 사람을 잘 다뤘던지 주프랑스 미국 대사에까지 임명됐다. 그는 자신의 성공 비결을 이렇게 이야기했다. "저는 그 누구도 험담하지 않습니다. 그리고 모든 사람을 최대한 좋게 이야기합니다."

잘못을 지적하고 비난하며 불만을 표시하는 일은 그 어느 바보라도 할 수 있다. 사실 바보들이 대부분 그렇게 한다.

그러나 이해하고 용서하려면 인격과 자제력이 필요하다. 칼라일은 이렇게 말했다. "훌륭한 사람이 훌륭하다는 것이 드러나는 건 하찮은 사람을 대할 때다."

유명한 시험비행 조종사이자 에어쇼 비행사이기도 했던 밥 후버Bob Hoover가 샌디에이고에서 쇼를 마치고 LA의 집으로 돌아가던 길이었다. 잡지 《플라이트 오퍼레이션Flight Operations》에 따르면 300피트 상공에서 갑자기 비행기의 양쪽 엔진이 모두 멈췄다고 한다. 후버는 능숙한 조종 실력으로 어렵사리 비행기를 착륙시켰다. 비행기는 심하게 망가졌으나 다행히도 다른 두 명의 승객과 후버는 다치지 않았다.

비상착륙 직후에 후버는 비행기의 연료부터 확인했다. 아니나 다를까, 그가 타고 있던 제2차 세계대전용 프로펠러 비행기에는 가솔린이 아닌 제트기 연료가 가득 차 있었다.

후버는 공항으로 복귀해서 비행기를 점검한 정비공을 만나겠다고 했다. 어린 정비공은 자신이 저지른 실수에 죽을 만큼 괴로워하고 있었다. 후버가 다가오는 것을 본 그의 두 뺨에 눈물이 흘러내렸다. 값비싼 비행기 한 대를 잃었을 뿐만 아니라 자칫하면 세 명의 목숨까지 앗아갈 뻔한 상황이었다.

여러분도 후버가 얼마나 화가 났을지 짐작이 갈 것이다. 이 자부심 강하고 철두철미한 파일럿이 그런 부주의한 행동을 한 사람을 호되게 나무랐을 거라고 예상할 수도 있다. 그러나 후버는 정비공을 꾸짖지 않았다. 심지어 비난하지도 않았다. 후버는 그 커다란 팔을 정비공의 어깨에 두르고 이렇게 말했다. "자네가 다시는 이런 일을 저지르지 않을 걸 아네. 그러니 내일 내 F51기의 정비를 맡아주게."

내가 아는 가장 멋진 사람 중에 구세군의 첫 여성 대장으로 선출되었던 이밴절린 부스Evangeline Booth가 있다. 이밴절린은 구세군의 지휘관으로 있을 때 뉴욕 이민자의 배고픔과 가난을 해결하러 무료 급식소를 설치하고 학생 급식과 노인 구호 사업을 벌였다. 알래스카 스캐그웨이의 유콘강에서 금이 발견됐을 때에도 이밴절린은 구세군이 필요할 것을 깨닫고 그곳으로 향했다. 평생에 걸친 구세군 활동 중에 그때가 가장 힘들었다고 그녀는 나중에 회상했다.

당시 스캐그웨이는 험한 동네였다. 이밴절린이 도착한 그날에만 다섯 명이 죽었다. 다들 총을 휴대하고 다녔고 어딜 가나 '비누장이'(당첨금이 숨겨진 비누를 파는 사기 행각으로 붙은 이름) 스미스에 관한 소문이 들렸다. '클론다이크 킬러Klondike Killer'(근처 강에서 따온 이름)라고도 부르는 스미스는 외진 곳에 숨어 있다가 광부들을 습격하고 살해하기로 유명한 악당이었다. 스미스 일당은 경고도 없이 광부들을 쏴 죽인 후 금을 탈취했다. 아무도 그들을 말릴 수 없었다.

스캐그웨이에 도착한 날 밤, 이밴절린은 유콘강 강둑 위에서 예배 집회를 열었다. 그러나 힘든 생활에 무감각해진 광부들은 설교를 들을 기분이 전혀 아니었다. 그래서 이밴절린의 일행은 노래를 부르기 시작했다. 이내 사람들이 모여들었다. 한 명씩 다가와 무리에 합류하면서 집회의 규모는 점점 커졌다. 결국은 수천 명으로 불어나 어린 시절 듣던 노래와 찬송을 따라 불렀다. 어느 순간 누군가가 다가와 이밴절린의 어깨에 담요를 둘러주었다. 뼈가 으스러질 듯 추운 날씨였다. 그렇게 새벽 1시까지 계속해서 노래를 불렀다.

집회가 끝나고 지칠 대로 지친 이밴절린 일행은 숲속에서 야영을 준비했다. 불을 피우고 있는데 어둠 속에서 무장한 남자 다섯 명이 나타났다. 말소리가 들릴 만큼 가까워지자 리더인 듯한 사람이 모자를 벗더니 이렇게 말했다. "제가 비누장이 스미스입니다. 노래가 정말 즐거웠다고 말씀드리려고 찾아왔습니다. 제가 아까 담요를 보내드렸지요. 원하신다면 가지셔도 됩니다." 추위와 습기로 사람들이 죽어가는 지역에서는 담요가 아주 귀한 선물이었다.

그렇게 대화가 시작되었다. 두 사람은 동이 틀 때까지 대화를 나누었다. 스미스는 어린 시절과 어머니에 얽힌 이야기를 이밴절린에게 들려주었다. 할머니와 함께 구세군 집회에 참석해 열렬히 손뼉을 치며 찬송가를 불렀던 기억을 쏟아놓았다.

이밴절린은 듣기만 했다. 이 사람은 누군가 이야기를 들어줄 사람이 필요하다는 걸, 총을 겨누지 않아도 그를 존중하고 소중하게 대해줄 누군가가 필요함을 알았다. 독실한 신앙과 원칙을 지닌 이밴절린이 스미스가 저지른 끔찍한 범죄를 비난했을까? 인생을 낭비하고 많은 이에게 큰 고통을 주었다고 지적했을까? 만약에 그랬다면 스미스는 어떻게 반응했을까? 이밴절린은 그렇게 하지 않았다. 그저 연민의 마음으로 스미스의 이야기를 들어줬고 그것이 스미스의 마음을 울렸다.

이밴절린은 용서를 믿었을 뿐만 아니라 누구나 변화할 수 있는 힘이 있다고 믿었다. 그래서 솔직하게 직언했다. "당신은 사람들의 목숨을 앗아가고 있죠. 그건 옳지 않아요. 이길 수 없는 싸움이에요. 조만간 사람들이 당신을 죽일 겁니다." 이밴절린은 스미스에게 함께 무릎을 꿇자고 했다.

두 사람은 함께 기도를 올렸다. 눈물이 뺨을 타고 흘러내렸다. 스미스는 무법자 생활을 청산하고 자수하겠다고 약속했다. 하지만 그럴 기회는 주어지지 않았다. 이틀 뒤 스미스는 총에 맞아 죽었다. 스캐그웨이 사람들은 사악한 범죄자의 죽음에 축배를 들었으나 이밴절린은 더 나은 삶을 살 기회를 얻고 싶어 했던 한 남자를 떠올렸다.

심판하지 않고 들어주기만 했는데도 냉혹한 살인자에게 이 정도 영향을 미칠 수 있는데, 일상에서 배우자나 가족, 동료와 대화할 때 연민을 가지고 비난을 자제한다면 얼마나 더 많은 일이 가능할까?

부모라면 종종 자녀의 잘못을 지적하고 싶은 유혹을 받는다. 내가 '그러지 말라'고 말할 줄 알았겠지만, 아니다. 내가 하고 싶은 말은, 잘못을 지적하기 '전에' 미국 저널리즘의 고전 중 하나인 〈아버지는 잊는다 Father Forgets〉를 읽어보라는 것이다. 원래는 《피플즈 홈 저널 People's Home Journal》에 사설로 실렸던 글이다. 저자의 허락을 받아 여기에 다시 싣는 글은 《리더스 다이제스트》에 실린 요약판이다.

〈아버지는 잊는다〉는 저자가 감정이 벅차올랐을 때 단숨에 써 내려간 단편이다. 너무나 많은 독자의 마음을 울린 글이기에 계속해서 다시 실린다. 처음 등장한 이후 수많은 곳에 재수록되고 있다고 저자인 리빙스턴 라니드 W. Livingston Larned는 말했다. "전국의 신문과 잡지, 사보 수백 군데에 실렸습니다. 여러 외국어로도 실렸을 정도예요. 학교에서, 교회에서, 강연에서 읽어주고 싶다고 해서 제가 개인적으로 허락을 해준 것만 수천 건입니다. 방송이나 프로그램에도 수없이 나왔어요. 신기한 건 대학교 학술지에도 실리고 고등학교 잡지에도 실린다는 거지요. 때로는 짧은 글이 이상하게도 마음을 울리는 모양입니다. 이 글은 분명히 그렇네요."

아버지는 잊는다

—리빙스턴 라니드

아들아, 네가 잠들어 있는 동안에 이 글을 쓴다. 뺨 아래 조그마한 손을 웅크리고 있고 축축한 이마에는 곱실한 금발이 젖어서 찰싹 달라붙어 있구나. 몇 분 전에 서재에서 신문을 읽다가 숨을 못 쉴 정도의 후회가 덮쳐오더라. 죄책감에 네 침대맡으로 왔단다.

실은, 아빠가 이런 생각을 하고 있었어. 내가 너한테 짜증을 많이 냈다고. 네가 학교에 가려고 옷을 갈아입고 있을 때 얼굴에 묻은 물기를 제대로 안 닦았다고 꾸짖고, 신발을 닦아놓지 않았다고 야단을 쳤지. 바닥에 네 물건을 던질 때는 화가 나서 버럭 소리를 질렀고.

아침을 먹을 때도 잘못을 지적했어. 음식을 흘린다, 급하게 먹는다, 식탁에 팔꿈치를 올린다, 빵에 버터를 너무 많이 바른다, 하면서. 너는 경기를 하러 가고 나는 기차에 오를 때 네가 돌아서서 한 손을 흔들며 "아빠, 잘 다녀오세요!"라고 인사하는데, 나는 얼굴을 찌푸리고 이렇게 대답했어. "어깨 펴고!"

저녁에도 멈출 줄 몰랐어. 길을 올라오다가 너를 봤는데 무릎을 꿇고 구슬치기를 하고 있더구나. 네 양말에는 구멍이 나 있었다. 나는 너를 앞장세우고 집으로 오면서 친구들 앞에서 창피를 줬다. "양말이 얼만 줄 아니? 네가 사야 했다면 더 조심했겠지." 아니, 이게 아버지가 할 소리니!

그다음에 생각나니? 서재에서 신문을 읽고 있는데 네가 상처받은 듯한 표정으로 쭈뼛거리며 들어왔단다. 방해받아서 짜증이 난 내가 신문 위로 흘끗 쳐다보니까 너는 문가에 서서 망설였지.

"뭐가 필요하니?" 나는 쏘아붙였어. 너는 아무 말도 없이 폭풍처럼 달려와 내 목에 양팔을 착 두르고 뽀뽀를 했어. 나를 꽉 조여오는 작은 네 팔은 하느님이 네 마음에 피워놓은, 결코 시들지 않는 사랑을 담고 있었어. 그러고 너는 가버렸지. 다다다다 계단을 오르는 소리가 멀리서 들렸어.

그런데 아들아, 잠시 후에 신문이 손에서 스르르 빠지더니 끔찍한 공포가 덮쳐왔어. 나는 대체 습관적으로 무슨 짓을 하고 있었던 거지? 책잡고, 질책하고. 너는 아직 꼬마일 뿐인데 내가 이러고 있다니. 널 사랑하지 않아서가 아냐. 내가 어린아이한테 너무 많은 걸 바라서 그래. 내 나이의 기준으로 너를 봐서 그래.

너는 너무 착하고, 곱고, 진실된 아이야. 네 작은 가슴은 드넓은 언덕을 비추는 여명만큼이나 품이 크고 따뜻하지. 갑자기 나에게 달려와서 잘 자라고 뽀뽀할 때 보면 알 수 있어. 아들아, 오늘 다른 건 아무것도 중요하지 않아. 이 캄캄한 밤에 네 침대맡에 와서 무릎을 꿇고 있단다. 부끄러워서!

미약한 속죄지만, 네가 깨어 있을 때 이런 얘기를 했어도 너는 이해할 수 없었겠지. 그렇지만 내일은 내가 진짜 아빠가 될게! 너랑 친구가 되고, 네가 힘들 땐 함께 아파하고, 네가 웃을 땐 함께 웃을게. 짜증스런 말이 나오려고 하면 이를 악물고 참을게. 습관처럼 계속 이렇게 말을 할게. '저 애는 그냥 꼬마야. 아직 아이라고!'

그동안 너를 어른으로 착각했나 봐. 그런데 지쳐서 웅크리고 잠이 든 너를 보니 아직 아기였네. 바로 어제 너는 엄마 품에 안겨서 머리를 파묻고 있었는데. 내가 너무 많은 걸 바랐어. 너무 많이.

다른 사람을 비난하지 말고 이해하도록 노력해 보기로 하자. 왜 그러는지 알아내려고 노력하기로 하자. 비난보다는 그편이 훨씬 더 유익하고도 흥미롭다. 이런 태도야말로 연민과 관용과 친절을 낳는다.

'알면 용서된다.'

존슨 박사가 이야기했던 것처럼 말이다. "하느님도 마지막 날까지는 사람을 심판하지 않으신다."

그런데 우리라고 심판할 것인가?

원칙 1

잘못을 지적하거나, 비난하거나, 불만을 표현하지 말라.

Don't criticize, condemn, or complain.

사람의 마음을 움직이는
제1비결

2

➤ ─────── 누가 무엇을 하도록 만드는 방법은 세상에 하나밖에 없다. 혹시 이에 대해 생각해 본 적이 있는가? 그렇다. 방법은 단 하나뿐이다. 바로 상대가 그 일을 하고 싶게 만드는 것이다.

기억하라. 다른 방법은 없다.

물론 옆구리에 권총을 들이대면 손목시계를 끌러주고 싶게 만들 수는 있다. 해고하겠다고 협박하면 직원들이 협조하게 만들 수도 있다. 우리가 등을 보이기 전까지는 말이다. 하지만 이런 방법은 원치 않는 부작용을 낸다.

상대가 무언가를 하게 만드는 유일한 방법은 상대가 원하는 바를 주는 것이다.

상대는 뭘 원하는가?

현대 심리학의 초석을 놓은 지크문트 프로이트^{Sigmund Freud}는 우리가 하는 모든 일이 두 가지 동기에서 출발한다고 했다. '성적 충동 또는 훌륭해지고 싶은 욕망.'

미국의 가장 심오한 철학자 중 한 명인 존 듀이^{John Dewey}는 약간 다르게 표현했다. 듀이 박사는 인간 본성의 가장 깊은 곳에 있는 충동이 "중요한 사람이고 싶은 욕망"이라고 했다. 이 말을 기억하기 바란다. "중요한 사람이고 싶은 욕망." 의미심장한 표현이다. 이 책에서 이와 관련된 이야기를 많이 듣게 될 것이다.

당신은 뭘 원하는가? 많지는 않을 것이다. 그렇지만 정말로 바라는 몇 가지는 아주 집요하게 갈망하고 있다는 사실을 부인할 수 없을 것이다. 대부분 사람들은 아래와 같은 것을 원한다.

1. 건강과 장수
2. 음식
3. 잠
4. 돈과 돈으로 살 수 있는 것
5. 사후 세계에 대한 믿음
6. 성적 만족
7. 자녀의 건강과 행복
8. 자신이 중요한 사람이라는 느낌

이 중에 일부는 보통 충족이 되고, 일부는 가끔 충족되지만,

하나만큼은 예외다. 이들 갈망 중의 하나(보통 음식이나 잠에 대한 욕망만큼 뿌리 깊고 저항하기 힘든 갈망)는 좀처럼 충족되지 않는다. 바로 프로이트가 "훌륭해지고 싶은 욕망"이라고 부른 것이고, 듀이가 "중요한 사람이고 싶은 욕망"이라고 부른 것이다.

링컨은 어느 편지의 서두에서 이렇게 말했다. "누구나 칭찬을 좋아합니다." 윌리엄 제임스는 이렇게 말했다. "인간 본성의 가장 깊은 곳에 있는 원칙은 인정받고 싶은 갈망이다." 인간이어서 겪는 이 갈증은 괴롭지만 결코 수그러들지 않는다. 이 마음의 갈증을 진정으로 해소해 줄 수 있는 몇 안 되는 사람은 타인을 자기 손바닥 위에 놓고 살 것이며, "그가 죽으면 장의사조차 애석해할 것이다."

중요한 사람이라고 느끼고 싶은 욕망은 인간을 동물과 구별 짓는 가장 큰 차이점 중 하나다. 일례로 내가 미주리주 어느 농장의 시골 소년이던 시절에, 우리 아버지는 두록저지종^{Duroc-Jersey} 돼지와 얼굴에 흰 반점이 있는 순수 혈통의 소를 키웠다. 중서부 각지에서 열리는 시골 축제며 가축 품평회에 참가해 돼지와 소를 전시하곤 했는데, 1등 상을 여러 번 탔다. 아버지는 1등을 할 때마다 받은 푸른색 리본을 새하얀 모슬린 시트 한 장에 일일이 핀으로 꽂아두었다. 그리고 친구나 손님이 찾아오면 그 기다란 모슬린 시트를 꺼냈다. 아버지가 이쪽 끝을 잡고 내가 저쪽 끝을 잡아 쭉 펼치면 푸른색 리본의 향연이 펼쳐졌다.

돼지들은 자기가 파란색 리본을 탔는지 못 탔는지 관심도 없었다. 관심은 아버지가 있었다. 그렇게 받은 상이 아버지에게 는 '자신이 중요한 사람'이라는 느낌을 주었다.

만약 선조들이 그렇게 중요한 사람이라고 느끼고 싶은 욕망에 불타지 않았더라면 문명은 불가능했을 것이다. 그것 없이는 우리도 그냥 동물과 다를 바 없었을 것이다.

자신이 뭔가 중요한 사람이라고 느끼고 싶은 이 욕망 때문에 학교 교육도 제대로 받지 못한 궁핍한 식료품점 점원은 50센트를 주고 산 중고 법률 서적을 열심히 공부했다. 이 점원의 이야기를 여러분도 들어보았을 것이다. '링컨'이라고.

내가 중요한 사람이라고 느끼고 싶은 이 욕망 때문에 찰스 디킨스는 불멸의 소설을 썼다. 바로 이 욕망 때문에 어밀리아 에어하트^{Amelia Earhart}는 대서양을 단독비행했다. 이 욕망 때문에 저명한 영국의 건축가 크리스토퍼 렌^{Christopher Wren}은 그토록 아름다운 건축물을 남겼다. 이 욕망 때문에 마리 퀴리^{Marie Curie}는 결국 목숨까지 위협했던, 극도로 위험한 방사능 분야의 연구를 개척했다. 이 욕망 때문에 존 록펠러는 끝끝내 쓰지도 않을 수백만 달러를 쌓아두었다! 그 똑같은 욕망 때문에 여러분이 사는 동네의 가장 큰 부잣집 가문은 필요 이상으로 큰 집을 지었다. 바로 이 욕망 때문에 당신은 최신 유행하는 옷을 입고, 신형 자동차를 타고, 자녀의 천재성을 자랑하고 싶어 한다.

그리고 이 욕망 때문에 수많은 소년, 소녀가 갱단에 가입하고 범죄를 저지른다. 뉴욕 경찰청장을 지낸 멀루니에 따르면 젊은 범죄자들은 자존심이 대단해서 체포되면 자신을 영웅으로 묘사한 황색 신문을 가장 먼저 요구한다고 한다. 형량이 얼마나 나올지도 모르는데 그것은 일단 나중 문제고, 우선은 유명한 스포츠 스타나 영화배우, 정치가와 함께 신문의 1면을 장식한다는 사실을 흐뭇해한다는 것이다.

'나는 중요한 사람'이라는 느낌을 당신은 과연 어떤 식으로 얻고 있는지 알려준다면, 나는 당신이 어떤 사람인지 말해줄 수 있다. 그것이 바로 당신이라는 사람을 규정하기 때문이다. 당신에게 가장 중요한 부분 말이다. 예를 들어 록펠러는 내가 중요한 사람이라고 느끼기 위해 돈을 기부해서 중국 베이징에 현대식 병원을 세웠다. 한 번도 본 적 없고 앞으로도 볼 일이 없을 수백만 명의 가난한 사람들을 돌볼 병원이었다. 반면에 존 딜린저John Dillinger는 노상강도 짓을 하고 은행을 털고 사람을 죽이며 자신이 중요한 사람이라는 느낌을 얻었다. FBI 요원이 딜린저를 뒤쫓을 때 그는 미네소타주에 있는 한 농장으로 쳐들어가서 이렇게 외쳤다. "나는 딜린저다!" 그는 자신이 미국 내 공공의 적임을 자랑스럽게 여겼다.

그렇다. 딜린저와 록펠러 사이의 중대한 차이점은 자신이 중요한 사람이라는 느낌을 어떤 방식으로 얻었는지에 달려 있다.

중요한 사람이라는 느낌을 얻으려고 고군분투했던 유명인의 재미있는 사례는 역사 곳곳에서 발견된다. 심지어 조지 워싱턴조차 사람들이 자신을 "미합중국 대통령 각하"라고 불러주기를 원했다. 콜럼버스는 "대양 제독 겸 인도 부왕"이라는 칭호를 내려달라고 했다. 러시아의 예카테리나 2세는 "여황 폐하"라고 쓰여 있지 않은 편지는 뜯어보지도 않았다. 백악관 시절 영부인 링컨 여사는 그랜트 장군의 부인에게 "내가 앉으라 하지도 않았는데 감히 어딜 앉는 것이오!"라고 언성을 높였다.

1928년 리처드 버드 Richard Evelyn Byrd 제독이 남극대륙 탐사를 떠날 때 백만장자들이 자금을 댄 이유는 눈 덮인 산으로 이뤄진 그 지역에 자신의 이름을 붙여준다는 약속이 있었기 때문이다. 빅토르 위고는 무려 파리라는 도시의 이름이 본인을 기리는 뜻으로 바뀔 날을 꿈꾸었다. 위대한 셰익스피어도 기사 작위를 받아 가문의 이름을 빛내보려고 했다.

때로는 병자가 되어서라도 동정심이나 관심을 받아 자신이 중요한 사람이라는 느낌을 얻으려 하는 사람들도 있다. 매킨리 여사를 한번 보자. 매킨리 여사는 미국 대통령인 남편이 중요한 정무를 보지 못하게 하며 본인이 중요한 사람이라는 느낌을 얻었다. 매킨리 대통령(미국 25대 대통령)은 한 번에 몇 시간이고 침대에 누운 아내 옆에 기대앉아 팔을 두르고 그녀가 잠들 때까지 달래주었다. 매킨리 여사는 치과 치료를 받는 내내 남편이 곁을 떠나지 못하게 하면서 관심을 바라는 자신의 욕망을 채웠다. 한번은 매킨리 대통령이 국무장관과 약속이 있어 그녀를 치과에 혼자 두고 나오자 노발대발하여 소동을 피웠다.

일부 의료계 종사자는 냉혹한 현실에서는 허락되지 않는 중요한 사람이란 느낌을, '실성'이라는 꿈의 나라에서 충족하려 미쳐버리는 사람들도 있다고 말한다.

만약 중요한 사람이라는 느낌과 관심에 대한 갈증을 해소하기 위해 광기 속에서 위로를 찾는 사람이 있을 정도라면, 우리가 제정신인 사람들을 진심으로 인정해 주었을 때는 과연 어떤 기적을 일으킬 수 있을지 한번 상상해 보라.

미국에서 최초로 연봉 100만 달러를 넘긴(오늘날 가치로 따지면 약 1500만 달러에 해당한다. 소득세가 없었고 주급이 50달러면 후하던 시절이다) 사람 중에 찰스 슈와브Charles Schwab가 있다. 슈와브는 기업가 앤드루 카네기Andrew Carnegie에게 발탁되어 1901년 신규 업체였던 US스틸United States Steel Corporation의 초대 회장이 됐다. 당시 겨우 서른여덟의 나이였다. (이후 슈와브는 US스틸을 떠나 당시 어려움을 겪고 있던 베들레헴철강회사Bethlehem Steel Company를 인수했다. 그리고 미국에서 가장 이윤이 많이 나는 회사 중 하나로 재건하는 데 성공한다.)

앤드루 카네기는 대체 왜 찰스 슈와브에게 1년에 100만 달러, 대충 계산해도 하루에 3000달러를 주었을까? 슈와브가 천재여서? 아니다. 슈와브가 그 누구보다 철강 제조에 관해 많이 알아서? 그럴 리가. 철강 제조에 관해 더 잘 아는 사람들은 자기 밑에 많았다고 슈와브가 내게 직접 이야기했다.

슈와브는 자신이 그런 연봉을 받은 이유는 사람을 상대하는 능력 덕분이라고 했다. 그래서 사람을 어떻게 상대했는지 물었다. 그가 말한 비결을 표현 그대로 여기에 옮긴다. 청동으로 영원히 박제해서 집집마다 학교마다 전국의 상점과 사무실마다 걸어놓아야 할 말이다. 학생들은 라틴어 동사 활용형이나 브라질의 강우량을 외우느라 시간을 낭비할 것이 아니라 아래의 말을 외워야 한다. 이 말을 그대로 지키며 산다면 당신과 나의 인생이 바뀔 것이다.

슈와브는 말했다. "사람들의 열정을 불러일으키는 능력이 저의 가장 큰 자산이라고 생각합니다. 누군가에게 내재된 최고의 모습을 끌어내서 키우는 방법은 인정과 격려입니다.

사람의 의욕을 가장 확실하게 꺾어버리는 것이 바로 상사의 혹평입니다. 저는 그 어떤 경우에도 누구도 지적하지 않습니다. 사람들이 노력하도록 동기를 부여해 주어야 한다고 생각하니까요. 늘 어떻게 하면 칭찬할 수 있을까 궁리합니다. 흠을 잡는 건 매우 싫어합니다. 저는 잘했다고 말할 때는 진심을 담고, 칭찬을 할 때는 아낌없이 쏟아붓습니다."

슈와브는 자신의 말대로 실천했다고 한다. 그런데 보통 사람들은 어떻게 할까?

정확히 반대로 한다.

무언가 마음에 들지 않으면 부하 직원에게 호통치고 정말로 마음에 들면 아무 말도 하지 않는다. 오래된 속담처럼 말이다. '나쁜 짓은 한 번만 해도 다 알려지지만, 좋은 일은 두 번 해도 말하는 사람이 없다.'

슈와브는 이렇게 단언했다. "살면서 다양한 분야의 훌륭한 사람을 많이 만났어요. 그렇지만 아무리 훌륭하고 높은 위치에 있는 사람이라고 해도, 칭찬을 해주면 분명히 비난할 때보다 더 큰 노력을 기울이고 더 일을 잘합니다."

슈와브에 따르면 이는 앤드루 카네기가 그처럼 어마어마한 성공을 거두었던 이유 중 하나라고 한다. 앤드루 카네기는 부하 직원을 사람들 앞에서뿐만 아니라 둘만 있는 자리에서도 칭찬했다. 심지어 묘비명에서까지 부하 직원들을 칭찬했다. 앤드루 카네기가 직접 미리 써둔 묘비명은 다음과 같다. "자기보다 똑똑한 사람들을 주위에 둘 줄 알았던 사람이 여기에 잠들다."

진심에서 우러난 인정은 존 록펠러가 부하 직원을 성공적으로 다룰 수 있었던 비결이기도 했다. 예를 들면 록펠러의 동업자 중 한 명인 에드워드 베드퍼드Edward T. Bedford가 남미에서 물건을 잘못 사서 회사에 100만 달러의 손실을 끼친 적이 있었다. 록펠러는 그를 비난할 수도 있었다. 그러나 이미 지나간 일이었다. 록펠러는 베드퍼드가 최선을 다했음을 알고 있었다. 록펠러는 오히려 칭찬할 거리를 찾아냈다. 베드퍼드가 투자금의 60퍼센트를 지켜냈다며 축하의 말을 건넸다. "그 정도면 대단한 거야. 항상 뜻대로 되는 건 아니지 않나."

몇 년 전 가출한 아내들에 관한 연구가 있었다. 아내들이 집을 나간 주된 이유가 뭐였을까? 바로 '인정받지 못한다'는 생각이었다. 가출한 남편들을 연구해도 똑같은 결과가 나올 것이다. 배우자를 너무나 당연하게 여겨 고마워하는 마음을 상대에게 표현하지 않는 사람이 많다.

우리 수업을 듣는 학생이 아내의 부탁에 관한 이야기를 들려준 적이 있다. 이 남자의 아내는 교회의 다른 부인들과 함께 자기 계발 수업을 들었다고 한다. 아내는 더 좋은 배우자가 되기 위해 할 수 있는 일 여섯 가지를 적어가야 한다면서 남편에게 좀 도와달라고 했다. 남편은 이렇게 말했다. "그런 부탁을 한다는 게 놀라웠어요. 솔직히 제가 아내의 바꾸고 싶은 점을 말하라고 하면 여섯 개는 우습죠. 맙소사, 반대로 아내에게 저한테 바뀌었으면 하는 점을 말해보라고 하면 천 개는 댈 수 있을 거예요. 저는 아무것도 말하지 않았죠. 대신에 이렇게 말했어요. '생각해 보고 아침에 알려줄게.'

다음 날 아침에 아주 일찍 일어났어요. 꽃집에 전화를 했죠. 아내에게 붉은 장미 여섯 송이와 함께 이렇게 쓴 쪽지를 보내달라고 했어요. '당신에게 바꾸고 싶은 여섯 가지를 도저히 생각해낼 수가 없어. 나는 당신을 있는 그대로 사랑해.'

그날 저녁 집에 오니까 문 앞까지 누가 마중을 나왔겠어요? 그렇죠. 아내가 달려 나오더라고요! 눈물이 터질 것 같은 얼굴이었어요. 말할 필요도 없이, 저는 부탁대로 아내의 흠을 잡지 않은 게 너무 기뻤죠.

그러고 나서 일요일에 교회에 갔어요. 아내는 이미 숙제를 발표한 후였어요. 아내와 함께 공부하는 부인 몇 명이 저에게 다가와서 그러더라고요. '그렇게 자상한 행동은 제 평생 처음 들어봤어요.' 감사가 가진 힘을 깨닫는 순간이었어요."

누가 감사의 힘으로 200만 달러짜리 회사를 키웠다면 믿을 수 있는가? 바로 앨리스 푸트 맥두걸 Alice Foote MacDougall 의 이야기다. 맥두걸은 사업을 해본 적도, 관련 교육을 받은 적도 없었으며 거의 무일푼이었다. 남편이 죽고 자녀 셋이 자기만 바라보게 되자 맥두걸은 가족을 부양할 방법을 찾아내야 했다. 그녀의 말을 그대로 옮긴다.

"남편이 죽고 나서 너무나 낙담한 나머지 저도 따라서 죽고 싶었어요. 어느 날 밤엔가는 물에 빠져 죽으려고 시도도 했죠. 아이들이 아니었으면 정말 죽었을 거예요. 제가 아이들을 먹여 살려야 했어요. 직업 훈련을 받은 적도 없어서 내가 직접 사업을 차리는 수밖에 없다는 걸 알고 있었죠.

남편이 원래 커피 사업을 해서 우리 집에서만 쓰는 아주 맛있는 블렌딩 비법이 있었어요. 사람들이 한번 맛을 보게만 할 수 있다면 이 커피를 원하는 시장이 있으리란 걸 알고 있었죠. 제게 38달러가 있어서 '사무실'을 빌렸어요. 그냥 커피를 보관할 만한 작은 방이었죠. 한 번에 겨우 200그램 정도를 갈 수 있는 조그만 커피 그라인더를 샀어요. 만약에 주문 내용이 커피 20킬로그램이면 저는 그 기계를 100번 채워야 그 주문량 하나를 맞출 수 있었어요."

맥두걸은 전화번호부를 보고 이름을 옮겨 적으며 하루에 100통씩 홍보 편지를 보냈다. 사람들에게 여기 와서 자신이 블렌딩한 커피를 한 번만 맛보라고 했다. 처음에는 주문이 거의 없다시피 했다. 그녀는 이렇게 말했다. "저는 어렸을 때 감사 편지를 쓰라고 배웠어요. 그래서 사업을 하면서도 똑같이 예의를 다했죠. 편지마다 그 주문이 저에게 얼마나 큰 의미인지 설명하고, 고객의 취향에 딱 맞는 커피를 제공하고 싶은 제 마음이 얼마나 간절한지 이야기했어요. 그러자 정말 놀라운 일이 벌어졌답니다. 커피 사업을 하던 사람들은 다들 제가 6개월도 버티지 못할 거라고 했었거든요."

2년 뒤 맥두걸의 커피 사업은 번창하고 있었다. 나중에는 레스토랑까지 사업을 확장했다. 어떻게 이런 일이 가능했을까?

"제가 그 조그만 커피숍을 연 곳이 그랜드센트럴역이었어요. 몇 달 동안 사업은 암담해 보였죠. 그러던 어느 날 비가 왔어요. 비에 젖은 사람들이 저희 커피숍 밖에 있는 복도를 꽉 메웠죠. 그렇게 안쓰러운 사람들이 많이 모여 있는 건 처음 봤어요!

그 사람들이 어떤 기분일지 잘 알았어요. 저도 추운 날씨에 젖어본 적이 있으니까요. 그 기분을 정말로 이해한다는 걸 보여주고 싶었어요. 저는 충동적으로 집에 있는 와플 기계를 가져와 달라고 해서 커피와 와플을 공짜로 대접했어요. 그날 이후 매일 그런 서비스를 했더니 수요가 너무 커져서 나중에는 돈을 받아야 했죠.

이 공짜 와플이 제 사업을 완전히 돌려놓았어요. 5개월 뒤에는 우리 블록의 중간까지 줄이 길게 늘어섰죠. 5년이 지나니 레스토랑을 6개 연 50만 달러짜리 회사가 되어 있었답니다."

이제 맥두걸에게 감사의 가치가 얼마나 큰지 아무도 이야기할 필요가 없었다.

이는 플로렌즈 지그펠드Florenz Ziegfeld도 마찬가지였다. 20세기 초 지그펠드는 가장 화려하게 브로드웨이를 홀린 기업가였다. 그는 '미국 소녀를 스타로 만드는' 기가 막힌 능력으로 명성이 자자했다. 매번 그는 평범한(눈이 절로 돌아갈 만큼 대단한 미인은 아닌) 여자를 그의 근사한 작품에 출연시켰다. 그런데 이 '평범한' 여자들이 무대에만 올라가면 신비롭고 매력적인 모습으로 바뀌어 관객을 꼼짝 못 하게 유혹했다. 매일 밤 〈지그펠드 폴리스Ziegfeld Follies〉에 출연하는 이들을 보려고 각계각층의 인사가 모여들었다. 바버라 스탠윅Barbara Stanwyck, 베티 데이비스Bette Davis, 조앤 블론델Joan Blondell 같은 '지그펠드 걸Ziegfeld girl'들은 나중에 영화배우로 데뷔해 성공적인 커리어를 이어갔다. 지그펠드는 '평범한' 미국 소녀를 발탁해 눈부신 스타로 바꿔놓았다.

비결이 뭐였을까? 지그펠드는 인정과 자신감의 가치를 알고 있었다. 기회가 있을 때마다 이 배우들에게 그들은 특별하다는 사실을 일깨워줬다. 지그펠드는 순전히 이들을 존중하고 관심을 쏟으며 배려했을 뿐인데, 이 여자들은 매일 밤 관객이 무대 위에서 만나는 그 미인들로 탈바꿈했다.

지그펠드는 현실적이기도 했다. 지그펠드는 코러스를 맡은 배우들의 주급을 35달러에서 무려 175달러로 높여주었다. 또한 격식을 갖춘 표현도 잘했다. 폴리스의 첫 공연 날, 저녁이 되면 지그펠드는 모든 출연진 한 명 한 명에게 축전을 보냈고 주연 배우들에게는 새빨간 장미를 끝도 없이 배달시켰다.

언젠가 단식이 한창 유행일 때 따라 해본 적이 있다. 6일 밤낮을 굶었다. 어렵지 않았다. 6일째 저녁이 이틀째 저녁보다 오히려 배가 덜 고팠다. 그러나 만약 내 가족, 내 직원이 6일을 굶는다면 범죄라도 저지를 사람이 많을 것이다. 그런데도 사람들은 6일, 아니 6주, 어떤 경우는 6년을, 가족이나 직원이 음식만큼이나 갈망하는 '진심 어린 인정'을 주지 않은 채로 보낸다.

당대 가장 훌륭한 배우였던 앨프리드 런트Alfred Lunt는 〈빈에서의 재회Reunion in Vienna〉의 주연을 맡을 당시 이렇게 말했다. "나한테 정말로 필요한 것은 자신의 자존감을 키워주는 겁니다."

우리는 자녀나 친구, 직원의 신체 건강은 걱정하면서 왜 좀처럼 자존감은 신경 써주지 않을까? 힘내라고 영양가 있는 음식은 만들어주면서 왜 친절한 인정의 말은 해주지 않을까? 그런 말 한마디가 기억에 남아 마치 아침 샛별이 들려주는 음악처럼 두고두고 노래할 텐데 말이다.

지금 이 글을 읽으면서 이렇게 말하는 사람도 있을 것이다. "헛소리 좀 그만하세요! 그건 그냥 아첨이죠! 저도 해봤지만 아무 효과가 없었어요. 똑똑한 사람들에게는 통하지 않는다고요."

물론 분별력 있는 사람에게 아첨은 거의 효과가 없다. 아첨은 얄팍하고 이기적이고 진실하지 못하다. 당연히 실패해야 마땅하고 보통 실패한다. 그래, 개중에는 인정의 말에 목말라서 아무거나 전부 칭찬으로 받아들이는 사람도 있을 것이다. 배가 너무 고프면 풀이라도 뜯고 지렁이라도 먹듯이 말이다.

빅토리아 여왕도 아첨에 약했다고 한다. 벤저민 디즈레일리 Benjamin Disraeli 총리는 여왕을 상대할 때는 과장을 많이 했다고 고백했다. 그의 표현으로는 "흙손으로 덕지덕지 갖다 발랐다"라고 말이다. 그러나 디즈레일리는 광대한 내영제국을 통치했던 사람 중에서도 가장 세련되고 능수능란했다. 디즈레일리에게 효과가 있었다고 해서 여러분이나 나에게도 꼭 효과가 있으란 법은 없다. 장기적으로 보면 아첨은 득보다 실이 많기 마련이다. 아첨은 가짜다. 위조지폐처럼, 다른 사람에게 아첨을 건넸다면 결국은 곤란해질 것이다.

그렇다면 인정과 아첨의 차이는 뭘까? 간단하다. 하나는 진심이고 다른 하나는 진심이 아니다. 하나는 마음에서 우러난 것이고 다른 하나는 잇새로 비집고 나온 것이다. 하나는 사심이 없고 다른 하나는 이기적이다. 하나는 널리 찬사를 듣고 다른 하나는 널리 비난받는다.

얼마 전에 멕시코시티에 있는 차풀테펙 궁전에서 멕시코의 영웅 알바로 오브레곤 Álvaro Obregón 장군(나중에 대통령이 된다)의 흉상을 보았다. 흉상 아래에 그의 철학을 담은 격언이 새겨져 있었다. "너를 공격하는 적을 두려워하지 말라. 너에게 아첨하는 친구를 걱정하라."

아니, 아니, 아니다! 아첨하라는 말이 아니다! 그와는 거리가 멀다. 나는 새롭게 사는 방식을 이야기하고 있다. 다시 한번 말한다. 나는 새롭게 사는 방식을 이야기하고 있다.

조지 5세는 버킹엄 궁전에 있는 본인의 서재에 여섯 개의 격언을 걸어두었다. 그중 하나가 이거였다. "싸구려 칭찬은 주지도 받지도 말아라." 바로 이것이다. 싸구려 칭찬. 언젠가 아첨의 정의를 읽은 적이 있는데, 여기에 다시 써본다. "아첨이란 자기 자신에 대해서 생각하고 있는 내용을 상대방이 그대로 읊어주는 것이다."

만약 아첨으로 모든 것이 해결됐다면 누구나 다 방법을 익혀서 모두가 인간관계의 달인이 되었을 것이다.

우리는 보통 (어떤 구체적인 문제를 고민하고 있을 때를 제외하면) 시간의 95퍼센트를 나 자신에 관한 생각으로 보낸다. 그렇지만 잠시나마 나에 대한 생각은 좀 내려놓고 상대의 좋은 점을 한번 생각해 본다면, 미처 입 밖으로 다 나오기도 전에 상대가 눈치챌 만큼 거짓되고 값싼 아첨 따위에 의존할 필요가 전혀 없을 것이다.

일상생활에서 우리가 가장 소홀히 하는 덕목 중 하나가 바로 '인정'이다. 어찌된 노릇인지 우리는 아들딸이 훌륭한 성적표를 받아와도 좀처럼 칭찬하지 않는다. 자녀가 첫 새장을 만들었거나 브라우니를 굽는 데 성공해도 격려하지 않는다. 이런 종류의 관심과 칭찬보다 아이들을 더 기쁘게 하는 일은 없는데도 말이다.

다음에 외식할 때 음식이 기막히게 맛있다면 셰프에게 음식이 아주 훌륭했다는 말을 전하라. 지친 세일즈맨이 남달리 친절한 태도로 설명을 해주었다면 그 점을 짚어줘라.

목사나 강사, 강연가라면 청중을 향해 혼신을 다해 이야기 했는데 고맙다는 말 한마디 돌아오지 않는 것이 얼마나 기운 빠지는 일인지 잘 안다.

전문가도 이런데 사무실이나 상점, 공장에서 일하는 사람과 내 가족, 친구들은 두 배로 더 기운이 빠질 것이다. 직장에서는 모든 동료가 한 명의 인간이며 인정의 말에 목말라한다는 사실을 절대로 잊지 말아라. 인정해 주는 말이야말로 모든 영혼이 좋아하는 법정화폐 같은 것이다.

매일 방문하는 곳에는 조그마한 감사의 불꽃을 남기도록 노력해 보라. 거기서 작은 우정의 불길이 만들어져 다음번에 방문할 때 등불처럼 환하게 비춰주는 걸 보면 깜짝 놀랄 것이다.

남에게 상처를 주는 일은 그 사람을 바꾸지 못할 뿐만 아니라 상대가 원하는 일도 아니다. 내가 종이를 오려 거울에 붙여놓는 바람에 매일 볼 수밖에 없는 옛말이 하나 있다.

"나는 이 길을 한 번만 지날 것이다. 그러니 다른 인간에게 행할 수 있는 선행이나 베풀 수 있는 친절이 있다면, 지금 당장

하도록 하자. 미루거나 방치하지 말자. 다시는 이 길을 지나지 못할 테니."

위대한 철학자 랠프 월도 에머슨^{Ralph Waldo Emerson}이 이런 말을 했다. "내가 만나는 사람은 누구나 나보다 뛰어난 점이 있다. 그 점을 통해 나는 그 사람을 더 잘 알게 된다."

만약 에머슨도 그랬다면, 여러분이나 나에게는 천 배는 더 그렇지 않을까? 내가 이룬 것, 내가 원하는 것은 그만 생각하자. 상대의 장점을 알아내려고 노력하자. 그런 다음 아첨은 잊어버려라. 정직하고 진심에서 우러난 인정의 말을 건네라. "잘했다고 말할 때는 진심을 담고, 칭찬을 할 때는 아낌없이 쏟아부어라." 그러면 사람들은 당신의 말을 소중히 간직하며 평생토록 되뇔 것이다. 당신이 그런 말을 했다는 사실을 까마득히 잊어버려도 되뇔 것이다.

원칙 2

정직하고 진심에서 우러난 인정의 말을 건네라.

Give honest and sincere appreciation.

상대가 원하게 하면
세상이 모두 내 편이다

3

❦ ——————　 여름이면 종종 메인주에 낚시를 하러 가곤 했
다. 나는 개인적으로 크림을 올린 딸기를 아주 좋아한다. 그런데
무슨 이유에선지 물고기는 벌레를 더 좋아했다. 그래서 나는 낚
시를 할 때는 내가 원하는 것은 생각하지 않았다. 물고기가 원
하는 것을 생각했다. 낚싯바늘에 미끼로 크림을 올린 딸기를 끼
우는 대신 벌레나 메뚜기를 물고기 눈앞에서 흔들어대며 이렇
게 말했다. "이거 먹고 싶지 않니?"

왜 사람을 낚을 때는 똑같은 상식을 발휘하지 않는가?

제1차 세계대전 중 영국 총리를 지낸 로이드 조지Lloyd George는
바로 이 상식을 발휘했다. 전시의 다른 리더들(미국 대통령 우드
로 윌슨, 이탈리아 총리 비토리오 오를란도, 프랑스 총리 조르주 클레망
소)은 모두 잊히고 난 후에도 어떻게 그만이 계속 권좌에 남았

느냐고 누군가 묻자, 그는 굳이 한 가지 비결을 꼽자면 물고기에 맞춰 미끼를 끼우는 법을 터득한 덕분이라고 답했다.

내가 원하는 것을 왜 끄집어내는가? 그건 아이들이나 하는 짓이다. 바보짓이다. 물론 당신은 당신이 원하는 것에 관심이 있고, 앞으로도 영원히 그럴 것이다. 하지만 당신 말고는 아무도 거기에 관심이 없다. 우리는 당신과 똑같다. 우리는 내가 원하는 것에 관심이 있다.

그러니 남에게 영향을 미치는 유일한 방법은 '상대가 원하는 것'에 대해 이야기하고, 어떻게 하면 그걸 얻는지 알려주는 것이다.

내일 만약 누군가에게 어떤 일을 시키고 싶다면 이 점을 기억하라. 예를 들어 자녀가 담배를 피우지 않기를 바란다면 일장 연설을 늘어놓지 말라. 당신이 원하는 걸 말하지 말라. 대신에 담배 때문에 야구팀에 들어가지 못할 수도 있다는 걸, 100미터 달리기에서 질 수도 있다는 걸 알려줘라.

여러분이 아이를 상대하든, 송아지나 침팬지를 상대하든 이 점은 기억해 두면 좋을 것이다. 한 예로, 어느 날 랠프 월도 에머슨이 아들과 함께 송아지를 헛간에 들여보내려고 하고 있었다. 그런데 두 사람은 흔한 실수를 저질렀다. 자기들이 바라는 것만 생각한 것이다. 에머슨은 뒤에서 밀고 아들은 앞에서 끌었다. 그러자 송아지는 움직이지 않고 버텼다. 송아지도 자신이 원하는 것만 생각했다. 다리를 뻗대며 고집스럽게 풀밭을 떠나지 않으려 했다. 농장에서 자란 하녀가 우연히 헛간 쪽을 흘끗 쳐다봤다가 곤경에 빠진 둘을 발견했다. 하녀는 에세이나 책은 쓸 줄 몰랐지만 말이나 송아지는 에머슨보다 잘 알았다. 하녀는 송아지가 뭘 원할지 생각했다. 그래서 손가락 하나를 송아지가 쪽쪽 빨게 하면서 자연스럽게 헛간으로 데려갔다.

세상에 태어난 날부터 당신이 했던 모든 행동은 당신이 무엇인가를 원하기 때문이었다. 당신이 적십자에 큰돈을 기부한 일은 어떨까? 그렇다. 그 또한 예외가 아니다. 당신이 적십자에 기부한 이유는 당신이 도움의 손길을 내밀기를 원했기 때문이었다. 당신은 아름답고, 사심 없고, 성스러운 행동을 '원했다.' "너희가 여기 내 형제 중에 지극히 작은 자 하나에게 한 것이 곧 내게 한 것이니라."〔마태복음 25장 40절〕

돈보다 그런 감정을 더 많이 원한 것이 아니었다면, 당신은 기부를 하지 않았을 것이다.

물론 거절하기가 부끄럽다는 이유로, 혹은 고객이 부탁하여 기부를 했을 수도 있다. 그러나 한 가지는 분명하다. 당신이 기부를 한 것은 무엇인가를 원했기 때문이다.

해리 오버스트리트Harry A. Overstreet는 혜안이 담긴 책 『인간 행동에 영향을 미치는 방법Influencing Human Behavior』에서 이렇게 말했다. "행동은 근본적 욕망에서 생겨난다. (…) 누군가를 설득하기를 바라는 사람에게 줄 수 있는 최고의 조언은 사업이 되었든 가정사가 되었든, 학교에서든 정치이든 간에 먼저 상대가 그것을 간절히 원하게 만들라는 말이다. 이렇게 할 수 있는 사람은 온 세상이 그의 편이다. 못 하는 사람은 외로운 길을 가야 한다."

가난에 찌들었던 스코틀랜드인으로 처음에는 시간당 2센트를 받고 일을 시작했지만 결국에는 3억 6500만 달러를 기부했던 앤드루 카네기는, 남에게 영향을 미치는 유일한 방법이 상대가 원하는 것을 기준으로 이야기하는 길뿐임을 일찌감치 깨달았다. 카네기는 학교를 4년밖에 다니지 못했으나 효과적으로 사람을 대하는 법을 깨치고 있었다. 한 일화를 보자. 카네기의 처제가 두 아들을 몹시 걱정하고 있었다. 아들들은 예일대학교에 다니고 있었는데 자기 일로 너무 바빠 집에 편지도 잘 쓰지 않았고 어머니가 쓴 간절한 편지에도 전혀 관심이 없었다.

카네기는 굳이 부탁하지 않아도 조카들에게 답장을 받을 수 있다는 데 100달러를 걸었다. 다행히 함께 내기하겠다는 사람이 있었다. 카네기는 조카들에게 잡담 가득한 편지를 쓰면서 각각 '추신'에 5달러짜리 지폐를 보낸다고 가볍게 언급했다.

그러면서 봉투에 돈을 넣지 않았다.

회신이 왔다. "사랑하는 앤드루 삼촌"에게, 친절한 편지에 감사하다면서. 그 뒤에 이어질 나머지 문장은 여러분이 완성할 수 있을 것이다.

설득의 또 다른 예로 우리 수업을 들었던 오하이오주 클리블랜드에 사는 스탠 노백Stan Novak의 이야기가 있다. 어느 날 저녁에 스탠이 퇴근하고 집에 왔더니 막내아들이 거실에서 바락바

락 소리를 지르며 발길질을 해대고 있었다. 막내는 다음 날부터 유치원에 가야 하는데 가기 싫다고 떼를 썼다. 평소 같았으면 스탠은 아이를 방으로 쫓아버리고 유치원에 갈 각오를 하는 게 좋을 거라고 말했을 것이다. 다른 방법이 없었다. 하지만 이날만큼은 그래서는 아들이 좋은 마음으로 유치원을 시작하기가 어렵겠다고 생각했다. 스탠은 곰곰이 생각해봤다. '내가 만약 아들이라면 어떻게 해야 유치원에 가는 게 신날까?' 스탠과 아내는 아들이 재미있어할 만한 일을 목록으로 적어보았다. 핑거페인팅, 노래 부르기, 새로운 친구 사귀기 같은 것이었다. 그런 다음 이를 실제로 해봤다. "저희는 곧장 식탁에서 다 함께 핑거페인팅을 시작했어요. 아내 릴과 큰아들 밥, 저, 이렇게 셋이서 재미나게 시간을 보내고 있었죠. 얼마 안 있어 막내인 팀이 저쪽 모퉁이에서 저희를 쳐다보더라고요. 그다음에는 자기도 끼워달라고 사정했죠. '아, 안 돼! 핑거페인팅을 하려면 먼저 유치원에 가서 어떻게 하는지 배워야 해.' 제가 발휘할 수 있는 모든 열정을 담아서, 팀이 이해할 수 있는 말로 유치원에 가면 어떤 재미난 일이 일어날지 알려줬죠. 다음 날 아침, 저는 제가 제일 먼저 일어난 줄 알았어요. 아래층에 내려갔더니 팀이 거실 의자에서 잠들어 있더라고요. '여기서 뭐 하니?' 제가 물었죠. '유치원에 가려고 기다리고 있어요. 늦으면 안 되잖아요.' 온 가족이 열정을 발휘한 결과, 팀은 유치원에 가기를 간절히 원하게 됐어요. 다른 어떤 토론이나 협박으로는 가능하지 않았을 텐데 말이죠."

여러분이 내일 누군가에게 어떤 일을 설득하고 싶으면, 말하기 전에 잠시 자문해 보라. '어떻게 해야 이 사람이 그 일을 하고 싶을까?'

그러면 경솔하게 이야기를 꺼냈다가 부질없이 내가 바라는 사항만 잔뜩 늘어놓는 일은 생기지 않을 것이다.

예전에 내가 뉴욕의 어느 호텔에 강연을 진행하기 위해 시즌마다 20일씩 대연회장을 빌린 적이 있었다. 그런데 갑자기 지난번보다 세 배나 많은 대여료를 내라는 통보를 받았다. 이미 강연 티켓을 모두 발행해서 배부하고 공지를 발표한 후였다.

당연히 나는 인상분을 내고 싶지 않았다. 하지만 호텔 측에 내가 원하는 걸 이야기해 봤자 무슨 소용이겠는가? 그들은 오직 그들이 원하는 것에만 관심이 있었다. 그래서 이틀 후에 지배인을 만나러 갔다.

나는 이렇게 말했다. "편지를 받고 좀 충격을 받았어요. 하지만 지배인님을 전혀 탓하지 않습니다. 제가 그 자리에 있었어도 아마 비슷한 편지를 썼을 겁니다. 호텔 지배인으로서 최대한 많은 이윤을 내는 게 지배인의 의무니까요. 그러지 않으면 지배인님은 해고될 테죠. 그러면 이제 종이를 한 장 꺼내서 대여료 인상을 계속 주장하실 때 호텔 측에 발생할 장단점을 한번 적어 보겠습니다."

나는 종이를 한 장 꺼내서 가운데 선을 긋고 한쪽 위에는 '장점'이라 쓰고, 다른 쪽 위에는 '단점'이라 썼다.

나는 장점란에 '연회장 사용 가능'이라고 쓰고 이렇게 말했다. "연회장을 댄스나 컨벤션 용도로 대여할 수 있겠죠. 이건 큰 장점입니다. 그런 이벤트가 연이은 강연보다는 훨씬 더 돈이 될 테죠. 강연을 할 때마다 20일씩 연회장을 잡아둬야 한다면 호텔로서는 확실히 이윤이 아주 큰 사업 기회를 몇 번 잃겠지요.

이번에는 단점을 한번 살펴보죠. 첫째, 저 때문에 매출이 늘어나는 게 아니라 오히려 줄어들 겁니다. 아니, 아예 없을 거예요. 왜냐하면 요구하시는 금액을 지불할 수가 없거든요. 어쩔 수 없이 이번 강연은 다른 곳에서 진행해야 하겠죠.

단점이 또 있습니다. 우리 강연은 학식과 교양이 있는 여러 사람이 이 호텔을 방문하게 만들죠. 이건 호텔 측에 훌륭한 광고 효과가 있어요. 그렇지 않나요? 사실 5000달러를 들여서 신문에 광고를 내더라도 제가 이 강연으로 데려오는 것만큼 많은 사람이 이 호텔을 보러 오게 할 수는 없을 겁니다. 이건 호텔 입장에서도 큰 가치가 있는 일이죠. 아닌가요?"

이야기를 하면서 단점란에 이 두 가지를 적었다. 그리고 종이를 지배인에게 건네주면서 말했다. "호텔 측에 생길 장단점을 신중히 검토하셔서 최종 결정을 알려주시면 좋겠습니다."

다음 날 나는 편지를 한 통 받았다. 대여료를 세 배가 아니라 50퍼센트만 인상하겠다는 내용이었다.

보다시피, 나는 인상분을 깎을 때 내가 원하는 것은 한마디도 이야기하지 않았다. 나는 대화를 나누는 내내 상대가 원하는 것과 그걸 얻는 방법에 관해 이야기했다.

만약 내가 누구나 할 법한 인간적인 행동을 했다고 한번 생각해 보라. 지배인의 사무실로 쳐들어가서 이렇게 말했다고 말이다. "임대료를 세 배나 올린다니 무슨 말이에요? 벌써 티켓도 다 발행하고 발표까지 했는데. 세 배라니! 말도 안 되는 소리예요! 터무니없어요! 그렇게는 못 해요!"

그랬다면 어떻게 됐을까? 말싸움이 됐을 것이다. 그리고 말싸움이라는 게 어떻게 끝나는지 다들 잘 알고 있지 않은가. 심지어 그가 틀렸다는 것을 증명했어도, 그 역시 자존심 때문에 물러서지 않았을 것이다.

인간관계의 정교한 기술에 관해 헨리 포드는 최고의 조언을 남겼다. 그는 이렇게 말했다. "성공하는 비결이 하나 있다면, 나의 관점 못지않게 상대의 관점을 파악하여 그 사람의 시각에서 대상을 바라보는 능력이다."

너무 좋은 말이어서 다시 한번 반복하고 싶다. "성공하는 비결이 하나 있다면, 나의 관점 못지않게 상대의 관점을 파악하여 그 사람의 시각에서 대상을 바라보는 능력이다."

아주 간단하고 명백한 이야기이므로 누구라도 한번 보면 맞는 말임을 알 수 있다. 그런데도 지구에 사는 사람 중 십중팔구는 이 사실을 무시한다.

예를 하나 들어보자. 내일 아침에 당신 책상에 편지가 여러 통 와 있다면 한번 살펴보라. 대부분 이 중요한 기본 상식을 어기고 있을 것이다. 아래에 미국 전역에 지점을 보유한 어느 광고 에이전시의 라디오 담당 팀장이 쓴 편지가 있다. 미국 전 지역 라디오 방송국의 책임자에게 보낸 편지다. (대괄호로 묶어둔 것은 각 문단에 대한 나의 반응이다.)

인디애나주 블랭크빌
존 블랭크 귀하

블랭크 님,
저희 ＿＿＿ 회사는 라디오 분야 광고 에이전시로서 선도적 위치를 계속 유지하길 바라고 있습니다.

[당신네 회사가 뭘 바라는지 누가 신경 쓰는데? 내 문제만 해도 정신 없다고. 은행은 우리 집을 경매에 넘기겠다고 하지, 벌레들은 접시꽃을 망치고 있지, 주식시장은 어제도 곤두박질쳤어. 오늘 아침에는 8시 15분 기차를 놓쳤고. 어젯밤 존스네 댄스파티에도 초대받지 못했고. 의사는 나한테 고혈압에 신경염에 비듬이 있다고 하질 않나. 그런데 이게 뭐야? 걱정을 짊어지고 출근해서 편지를 열어보니 뉴욕의 어느 애송이가 자기네 회사가 원하는 걸 떠들어대고 있네. 기가 막혀서! 본인의 편지가 어떤 인상을 주는지 모르나? 광고업계는 그만두고 살충제나 제조하는 편이 나을 거 같은데.]

우리 회사는 전국에 걸친 고객들로 든든한 네트워크를 구성하고 있습니다. 꾸준한 지역 방송 광고 덕분에 저희는 매년 최고의 에이전시라는 지위를 지키고 있습니다.

[크고 돈 많고 1등이라고? 정말이야? 그래서 뭐? 당신네가 GM과 GE와 육군참모본부를 몽땅 합친 만큼 큰 회사라고 해도 나는 관심 없어. 만약 당신이 어리숙한 벌새만큼이라도 눈치가 좀 있었다면, 내가 관심 있는 건 '내가 얼마나 대단한지'이지 당신이 얼마나 대단한지가 아니라는 걸 알았을 텐데. 당신네가 그렇게 엄청나게 성공했다고 하니까 괜히 나만 초라하게 느껴지잖아.]

저희는 고객에게 라디오 방송국에 관한 최신 정보를 제공하기를 바랍니다.

[당신은 바란다! 당신은 바란다. 끝이 없군. 당신이 뭘 바라든, 미합중국 대통령이 뭘 바라든, 나는 관심이 없다고. 마지막으로 한 번만 더 말하는데, 나는 '내가 바라는 것'에 관심이 있어. 당신은 이 황당한 편지에서 그 얘기는 아직 한마디도 안 했고.]

그러니, 저희 _____ 회사를 방송국 주간 정보 알리미의 선호

업체 목록에 올려주시겠습니까? 신속한 연락을 받을 수 있다면 사소한 내용 하나하나도 저희 에이전시에게 도움이 될 것입니다.

['선호 업체 목록.' 그것참 뻔뻔하군! 회사 자랑을 실컷 늘어놓아서 나를 하찮은 기분이 들게 하더니, 이제는 나더러 당신네를 '선호 업체 목록'에 올려달라고? 심지어 '부탁한다'는 말도 없어.]

조속한 답장을 통해 최신 근황을 알려주신다면 서로에게 도움이 될 것입니다.

[완전히 바보로군! 싸구려로 인쇄된 편지 한 통 보내놓고. 그것도 낙엽처럼 온갖 곳에 뿌렸겠는데. 뻔뻔하게도 나더러, 주택담보대출과 접시꽃과 혈압을 걱정 중인 나더러, 이 편지에 대한 개별 답장을 써달라고? 그것도 '조속하게?' '조속'이 대체 무슨 말이야? 나도 당신만큼 바쁘다는 거 몰라? 적어도 내 생각에 나는 바쁘거든. 말이 나왔으니 말인데, 감히 나한테 이래라저래라할 권리를 누가 당신한테 줬는데? '서로에게 도움'이 될 거라고? 드디어, 드디어 내 관점을 살피기 시작했군. 하지만 이게 나한테 무슨 도움이 된다는 건지 너무 모호하잖아.]

라디오팀 팀장

아무개 올림

추신) 관심이 있으실 듯하여 《블랭크빌 저널》 한 부를 동봉합니다. 방송국에 널리 공유하셔도 좋습니다.

[드디어, 여기 이 추신까지 내려와서야 겨우 내가 가진 문제 해결에 도움이 될지도 모를 얘기를 하나 꺼내는군. 처음부터 말하지 그랬어. 하긴 무슨 소용이야? 나한테 보낸 것처럼 쓸데없는 소리를 늘어놓는 광고쟁이는 머리에 문제가 있는 거야. 당신한테 필요한 건 우리 근황이 적힌 편지가 아니라 답답한 당신 머리를 고쳐줄 약이야.]

사람들의 구매 의사에 영향을 미치는 것을 전문으로 하는 광고업계 종사자조차 편지를 저런 식으로 쓴다면, 정육점 주인이나 빵집 주인, 자동차 정비공에게는 대체 무엇을 기대할 수 있을까?

다른 편지를 한번 보자. 이 편지는 어느 대형 화물 터미널의 책임자가 우리 수업을 듣는 학생 에드워드 버밀런^{Edward Vermylen}에게 보낸 것이다. 이 편지는 수신자에게 어떤 효과를 냈을까? 일단 한번 읽어보라. 조금 있다가 말해주겠다.

11201

뉴욕주 브루클린

프론트스트리트 28번지

제레가즈 선즈 A. Zerega's Sons, Inc.

에드워드 버밀런 앞

여러분,

저희 터미널 발송 화물 접수창구의 업무에 장애가 생기고 있습니다. 상당한 물량이 오후 늦게 도착하기 때문입니다. 이러면 터미널이 혼잡해지면서 저희 인력이 초과 근무를 하고, 트럭의 배차 일정도 지연되며 일부 화물 운송의 지연까지 발생합니다. 11월 10일 저희는 귀사로부터 많은 양의 화물을 수령했는데 이는 저희 측에 오후 4시 20분에 도착했습니다. 화물이 늦게 입고되어 바람직하지 않은 결과가 생기는 일이 없도록 귀사의 협조를 구합니다. 위 날짜와 같이 다량의 화물을 보내실 때는 트럭이 이곳에 더 일찍 도착하도록 해주시거나 일부 화물을 오전 중에 전달해 주실 수 있을지요?

이렇게 조치해 주신다면 트럭에서 더 신속하게 짐을 내리고, 귀사의 화물도 수령 당일 처리가 보장되는 이점을 누리실 수 있습니다.

책임자 J. B. 올림

편지를 읽은 후 제레가즈 선즈의 세일즈 매니저 버밀런은 아래의 쪽지와 함께 이 편지를 나에게 보내주었다.

"이 편지는 의도한 것과는 정반대의 효과를 냈어요. 편지는 시작부터 터미널 측이 겪는 어려움을 설명하는데요. 일반적으로 저희는 관심이 없는 부분이죠. 그다음에는 저희에게 협조를 구하는데, 그게 저희한테 불편할지 어떨지는 전혀 고려하고 있지 않아요. 그리고 나서야 마지막 문단에서 저희가 협조하면 트럭에서 짐을 더 빠르게 내릴 수 있으니, 접수일에 처리가 보장될 거라고 언급해요.

다시 말해 저희가 가장 관심 있는 부분은 제일 나중에 언급하고 전체적으로 협조보다는 반감을 야기하고 있어요."

이 편지를 더 잘 쓸 방법은 없을지 다시 한번 살펴보자. 우리가 가진 문제점을 이야기하느라 시간을 낭비하지는 말자. 헨리 포드가 충고했던 것처럼 "나의 관점 못지않게 상대의 관점을 파악하여 그 사람의 시각에서 대상을 바라보기로" 하자.

앞의 편지를 다음과 같이 고쳐 쓸 수도 있을 것이다. 최고는 아니더라도 이 정도라면 한결 낫지 않을까?

11201

뉴욕주 브루클린

프론트 스트리트 28번지

제레가즈 선즈

에드워드 버밀런 귀하

친애하는 버밀런 씨,

귀사는 14년간 저희의 훌륭한 고객이었습니다. 저희 터미널을 애용해 주셔서 너무나 감사하며 낭연히 빠르고 효율적인 서비스로 보답하고 싶은 마음이 간절합니다. 그런데 죄송한 말씀이오나, 지난 11월 10일처럼 많은 양의 화물을 오후 늦게 가져오시면 최선의 서비스를 보장해 드리기가 어렵습니다. 왜냐하면 다른 고객사도 오후 늦게 오시는 경우가 많기 때문입니다. 그러면 당연히 혼잡이 발생하고 어쩔 수 없이 귀사의 트럭도 대기해야 합니다. 때로는 화물의 운송 일정에 지연이 발생하기도 합니다.

이런 안타까운 일을 피할 방법이 있습니다. 가능한 한 오전 중에 화물이 도착한다면 귀사의 트럭도 멈추지 않고 이동할 수 있으며 저희도 귀사의 화물을 즉시 처리할 수 있습니다. 그렇게 되면 저희 직원들도 저녁 일찍 퇴근해 귀사의 맛있는 마카로니나 면 요리로 저녁 식사를 즐길 수 있겠지요.

귀사의 화물이 언제 도착하든, 저희는 늘 빠른 서비스를 제공하기 위해 가능한 한 최선을 다할 것입니다.

바쁘신 것을 압니다. 이 편지는 굳이 답장을 주시지 않아도 괜찮습니다.

책임자 J. B. 올림

뉴욕의 은행에서 근무했던 바버라 앤더슨^{Barbara Anderson}은 아들의 건강 문제로 애리조나주 피닉스에 이사를 가고 싶어 피닉스에 있는 은행 12곳에 우리 수업의 원칙을 따른 편지를 썼다.

담당자 귀하,

10년간 은행에서 일했던 저의 경험이 귀사와 같이 빠르게 성장하는 은행에 도움이 되리라 생각합니다.

저는 뉴욕의 뱅커스 트러스트^{Bankers Trust Company}에서 다양한 업무를 보며 지점장의 자리에 오르기까지 고객 관리, 신용, 대출, 행정 등 전 단계에 걸친 은행 업무 기술을 습득했습니다.

저는 5월에 피닉스로 옮겨갈 예정이며, 귀사의 성장과 이익에 보탬이 될 수 있다고 확신합니다. 4월 3일이 있는 주간에 피닉스에 있을 예정인데, 기회를 주신다면 제가 귀사의 목표 달성을 어떻게 도울 수 있을지 설명해 드리고 싶습니다.

바버라 앤더슨 올림

앤더슨이 이 편지에 대해 답장을 하나라도 받았을까? 12개 은행 중 11곳이 앤더슨에게 면접을 보러 오라고 했다. 덕분에 앤더슨은 어느 은행의 제안을 수락할지 골라서 계약할 수 있었다. 이유가 뭘까? 앤더슨은 '본인이' 원하는 것을 이야기하지 않았다. 대신에 그녀가 '그들을' 어떻게 도울 수 있을지 썼다. 자신이 원하는 것 말고, '그들이' 원하는 것에 초점을 맞췄다.

오늘도 거리에는 수천 명의 세일즈맨이 돌아다닌다. 그들은 지쳤고, 낙담했고, 박봉이다. 왜일까? 언제나 본인이 원하는 것만 생각하기 때문이다. 여러분도 나도 아무것도 사고 싶지 않다는 것을 저들은 깨닫지 못한다. 물건이 사고 싶었다면 밖에 나가서 사 왔을 것이다. 그렇지만 언제나 우리 모두의 관심을 사로잡을 사안이 있다. 바로 내가 가진 문제를 해결하는 것이다. 만약 어느 세일즈맨이 그의 서비스나 제품이 우리의 문제를 해결하는 데 어떻게 도움을 줄지 명확하게 설명한다면, 그들은 우리에게 아무것도 팔 필요가 없다. 왜냐면 우리가 살 것이기 때문이다. 고객은 내가 '샀다'고 느끼고 싶지, 누가 나한테 '팔았다'고 느끼고 싶지는 않다.

그런데도 수많은 세일즈맨이 고객의 시각에서 살피지 못하고 무언가를 파는 데 평생을 바친다. 예를 들어 나는 뉴욕의 퀸즈라는 동네의 포레스트 힐스에 있는 집에서 오랫동안 살았다. 어느 날 서둘러 기차역으로 가고 있는데 우연히 부동산 중개인과 마주쳤다. 이 동네에서 오랫동안 부동산을 사고판 사람이었다. 그는 포레스트 힐스를 잘 알았다. 나는 급한 대로 지금 살고 있는 스투코^{stucco}〔석고를 주재료로 한 건축 장식〕 방식의 집이 미장 재료로 금속 철망을 사용했는지 아니면 속이 빈 타일을 사용했는지 물었다. 그는 모른다고 하면서 내가 이미 아는 내용을 알려줬다. 포레스트 힐스 가든 협의회^{Forest Hills Garden Association}에 전화해 보면 알 수 있을 거라고 말이다. 다음 날 아침 나는 그에게서 편지를 한 통 받았다. 중개인은 내가 원하던 정보를 줬을까? 중개인이 전화를 걸었다면 60초 만에 알아냈을 내용이었다. 그러나 그는 전화를 걸지 않았다. 나에게 협의회로 전화해 보면 알아낼 수 있을 거라고 다시 한번 이야기하면서 내 보험 관리를 본인한테 맡기지 않겠냐고 했다.

중개인은 나를 도와주는 데는 관심이 없었다. 중개인은 그 자신을 돕는 데만 관심이 있었다.

앨라배마주 버밍엄에 사는 하워드 루카스^{J. Howard Lucas}는 같은 회사의 두 세일즈맨이 똑같은 상황을 어떻게 달리 대응했는지 들려주었다. "몇 년 전에 저는 작은 회사의 경영팀 소속이었어요. 우리 회사 바로 옆에 대형 보험사의 지점이 있었죠. 그 보험사는 지역을 나눠서 보험대리인에게 할당해 주었는데, 우리 회사가 있는 지역에는 담당 보험대리인이 두 명이었어요. 편의상 '칼'과 '존'이라고 할게요.

어느 날 칼이 우리 사무실에 들렀어요. 회사 임원을 위한 생명보험 상품이 새로 나왔다고 지나가는 말처럼 이야기하면서,

나중에 우리가 관심이 있을지 모르니 더 자세한 내용을 알게 되면 다시 알려주겠다고 했어요.

같은 날 제가 동료랑 밖에서 잠깐 쉬고 다시 사무실로 돌아가려는데 존이 저희를 발견하고는 소리를 질렀어요. '저기, 루카스, 잠깐만. 당신들에게 아주 멋진 소식이 있어요.' 존이 헐레벌떡 저희 쪽으로 오더니 아주 신나게 이야기했어요. 바로 그날 자기네 회사가 임원용 생명보험을 내놨다고요(칼이 지나가듯 얘기했던 그 상품과 똑같은 것이었어요). 존은 저희가 처음 가입하는 고객이 되면 좋겠다고 했어요. 그리고 보험 범위에 대한 중요한 몇 가지 사항을 알려주면서 이렇게 말을 맺었어요. '이제 막 나온 상품이라서, 내가 내일 본사에서 사람을 초청해 설명해 달라고 할 참이에요. 그 사이에 우리가 서류를 작성해 두면 그 직원이 더 자세히 알려줄 수 있을 겁니다.' 존이 너무나 열정적으로 이야기하는 바람에 동료와 저는 이 상품에 꼭 가입하고 싶은 마음이 들었어요. 아직 자세한 내용은 알지도 못했는데 말이죠. 본사 직원이 나왔을 때 존이 처음에 설명한 내용이 맞다고 확인을 해주었어요. 존은 우리 둘한테 생명보험을 팔았을 뿐만 아니라 나중에는 보장 범위를 두 배로 늘려주었고요.

그 상품을 칼이 저희한테 팔 수도 있었을 거예요. 하지만 칼은 저희한테 그런 욕망을 불러일으킬 노력을 전혀 기울이지 않았어요."

세상에는 기회만 엿보며 사리사욕을 챙기는 사람이 넘쳐난다. 그렇기 때문에 사심 없이 남에게 도움이 되려고 하는 소수의 사람은 어마어마한 우위에 설 수 있다. 그런 사람에게는 경쟁자가 거의 없다. 저명한 변호사이자 RCA의 설립자이기도 한 오웬 영이 언젠가 이런 말을 했다. "남의 입장이 되어볼 수 있는 사람은, 타인의 사고방식을 이해할 수 있는 사람은, 자신의 앞날을 걱정할 필요가 전혀 없다."

여러분이 이 책을 읽고 딱 하나만 챙겨간다면, 늘 조금이라도 더 다른 사람의 관점에서 생각하게 된다면, 그것 하나만 얻어가도 여러분의 커리어에 귀중한 주춧돌이 될 것이다.

상대의 관점을 살펴서 상대가 정말로 그것을 원하게 만든다면, 당신에게만 득이 되고 상대에게는 해가 되는 뭔가를 시키려는 듯이 보이지는 않을 것이다. 협상을 했다면 양쪽 모두에게 득이 되어야 한다. 버밀런에게 보낸 편지에서 제안대로 이행하면 발신자와 수신자 모두에게 득이 된다. 앤더슨의 편지 역시 은행과 앤더슨 모두가 이기는 게임이다. 은행은 귀중한 직원을 얻고 앤더슨은 딱 맞는 일자리를 얻을 테니 말이다.

다른 사람이 나를 위해 무언가를 하도록 동기를 부여하는 최고의 방법은 그것이 상대에게도 득이 된다는 사실을 보여주는 것이다.

마이클 위든Michael Whidden이 증언해 줄 것이다. 마이클은 석유회사 셸Shell Oil Company의 로드아일랜드 지역 담당 세일즈맨이었다.

마이클에게는 골치 아픈 문제가 하나 있었는데 바로 이 원칙을 활용해서 기발한 해결책을 생각해 냈다. 마이클이 담당한 지역에 낡고 오래된 주유소가 하나 있었다. 마이클은 이 지역 최고의 세일즈맨이 되고 싶었는데, 이 주유소의 상태가 안 좋다 보니 매출도 크게 감소하고 목표도 달성하지 못했다.

주유소를 운영하는 사람은 나이가 지긋한 남자로 자기만의 방식을 고집했다. 변화할 생각이 전혀 없었다. 마이클이 아무리 어르고 달래도 주유소를 새로 단장하게 할 수가 없었다. 처음에 마이클은 논리로 설득하려고 도움이 될 만한 제안을 내놓았다. 소용이 없었다. 그다음에는 마음을 터놓고 대화를 시도했다. 마지막에는 간청을 해보았다. 아무것도 효과가 없었다. 남자는 노새처럼 고집이 셌다!

그러고 나서 마이클에게 아이디어가 하나 떠올랐다. 그 지역에 새로 생긴 주유소를 함께 보러 가자고 하면 남자도 그의 주유소를 업그레이드할 마음이 생길지도 모른다는 생각이 들었다. 다행히 남자는 경쟁업체를 보러 가는 것에 관심을 보였고 기꺼이 '현장 체험'에 동의했다. 마이클은 새 주유소의 방문 일정을 잡았다.

남자는 최신 주유소를 보고 나서 너무나 깊은 인상을 받았다. 다음번에 마이클이 방문했을 때는 주유소가 알아볼 수 없을 만큼 바뀌어 있었다. 깨끗이 정비가 되어 있었고, 매출도 이미 오르고 있었다! 덕분에 마이클은 본인이 목표로 했던 지역 1등

세일즈맨이 될 수 있었다.

마이클이 그렇게 입으로 떠들었을 때는 아무 소용도 없었다. 하지만 주유소가 어떻게 바뀔지 직접 상상하게끔 도와주자 남자도 주유소의 변화를 간절하게 원하게 되었고 그 결과 두 사람 모두에게 득이 되었다.

많은 사람이 대학에 가서 셰익스피어를 배우고 미적분을 정복하려고 노력은 해도 자신의 마음이 어떻게 작동하는지는 알아보려 하지 않는다. 한 예로, 언젠가 에어컨으로 유명한 대기업인 캐리어Carrier Corporation의 대졸 신입사원을 대상으로 '효과적인 말하기' 수업을 진행한 적이 있었다. 참석자 중 한 명이 휴식 시간에 다른 사원을 설득해서 농구를 하고 싶어 했다. 그가 했던 말을 대략 옮기면 다음과 같다. "다들 나가서 농구할까요. 난 농구가 하고 싶은데 몇 번이나 체육관에 사람이 부족해서 게임을 못 했거든요. 어제저녁에는 두세 명뿐이어서 공 던지기밖에 할 게 없더라고요. 덕분에 눈에 시퍼렇게 멍만 들었고요. 내일 저녁에는 다들 내려오면 좋겠어요. 농구가 하고 싶어요."

이 사원은 우리가 원하는 걸 말했는가? 우리는 아무도 가지 않는 체육관에 갈 마음이 없다. 그렇지 않은가? 저 사원이 무엇을 원하는지 우리는 관심이 없다. 우리는 눈에 멍이 들고 싶지도 않다.

체육관을 이용하면 우리가 원하는 걸 어떻게 얻을 수 있는지 저 사원이 설명할 방법은 없었을까? 당연히 있다. 더 활기차지고, 식욕도 돌고, 머리도 맑아지고, 재미있고, 게임도 하고. 농구의 장점이 얼마나 많은가.

오버스트리트 교수가 한 말을 다시 한번 떠올려보자. "먼저, 상대가 간절히 원하게 만들어라. 이렇게 할 수 있는 사람은 온 세상이 그의 편이다. 못 하는 사람은 외로운 길을 가야 한다."

전화 기사인 더치먼K.T.Dutschmann은 세 살짜리 딸에게 아침을 먹일 수가 없었다. 호통을 치고 사정하고 구슬리고 등등 평소에 쓰던 방법을 모조리 동원해 봤으나 아무것도 소용이 없었다. 그래서 부부는 함께 고민해 보았다. '어떻게 해야 딸이 아침을 먹고 싶을까?'

어린 딸은 엄마 흉내 내기를 좋아했다. 어른이 된 것처럼 느끼고 싶어 했다. 그래서 어느 날 부부는 딸을 의자에 앉히고 직접 아침을 만들게 했다. 딱 필요한 순간에 아버지가 주방에 들어갔다. 시리얼을 휘젓던 딸은 이렇게 말했다. "아빠, 이것 봐. 오늘 아침에는 내가 시리얼을 만드는 중이야."

구슬리지도 않았는데 딸은 시리얼을 두 그릇이나 먹었다. 관심이 있었기 때문이다. 딸은 자신이 중요한 사람이라는 느낌을 받았다. 시리얼을 만드는 것에서 '자기표현'의 방법을 찾아낸 것이다.

연극 평론가 윌리엄 윈터William Winter는 언젠가 이렇게 말했다. "자기표현은 인간 본성이 절대적으로 요구하는 부분이다." 우리는 왜 똑같은 심리를 비즈니스에 적용하지 않는 걸까? 기발한 아이디어가 떠오르면, 남들이 그게 내 아이디어라고 생각하게 만드는 대신 그들이 직접 그 아이디어를 요리하고 휘젓게 하라. 그러면 자기 아이디어라고 여길 테고, 그리하여 그 아이디어를 좋아하게 될 테고. 어쩌면 두 그릇씩 먹을지도 모른다.

기억하라. "먼저, 상대가 간절히 원하게 만들어라. 이렇게 할 수 있는 사람은 온 세상이 그의 편이다. 못 하는 사람은 외로운 길을 가야 한다."

원칙 3

상대가 간절히 원하게 만들어라.

Arouse in the other person an eager want.

변하지 않는 인간관계의 3가지 기본 원칙

원칙 1 잘못을 지적하거나, 비난하거나, 불만을 표현하지 말라.

원칙 2 정직하고 진심에서 우러난 인정의 말을 건네라.

원칙 3 상대가 간절히 원하게 만들어라.

2부

누구에게나 호감을 얻는
6가지 원칙

———— ❖❖❖❖❖ ————

HOW TO WIN FRIENDS
AND
INFLUENCE PEOPLE

어딜 가나 환영받는
사람의 비결

1

✦✦ ──────── 친구를 얻는 법을 알고 싶은데 왜 이 책을 읽
어야 할까? 그보다는 역사상 친구를 가장 많이 사귀었던 대가
의 기술을 연구하면 되지 않을까? 그 대가가 과연 누굴까? 내일
길을 걷다가 문득 마주칠 수도 있다. 3미터 이내로 다가가면 아
마 꼬리를 흔들기 시작할 것이다. 걸음을 멈추고 등이라도 쓰다
듬어 주면 펄쩍펄쩍 뛰면서 당신을 얼마나 좋아하는지 보여줄
것이다. 그런 애정 표현의 이면에 아무런 숨은 동기가 없음을
당신은 알고 있다. 그는 당신에게 부동산을 팔려는 것도, 당신과
결혼하려는 것도 아니다.

먹고살기 위해 일할 필요가 없는 유일한 동물이 개라는 사
실을 생각해 본 적이 있는가? 닭이라면 알을 낳아야 하고, 젖소
라면 우유를 짜야 하고, 카나리아는 노래라도 불러야 한다. 그렇

지만 개는 먹고살기 위해 아무것도 내줄 필요가 없다. 오직 사랑만 주면 된다.

내가 다섯 살 때 아버지는 50센트를 주고 누런 털의 강아지 한 마리를 사 오셨다. 강아지 티피는 내 유년기의 빛이자 기쁨이었다. 매일 오후 4시 반쯤이면 티피는 앞마당에 자리를 잡고 앉아 아름다운 눈으로 저 너머 길 끝만 주시하고 있었다. 그러다가 내 목소리가 들리거나 도시락통을 흔들며 다가오는 모습이 덤불 사이로 보일라치면 총알처럼 튀어 올라 숨을 헐떡이며 언덕을 달려와 나를 반겼다. 좋아서 펄쩍펄쩍 뛰며 한껏 기쁨에 가득 차 짖어댔다.

5년간 티피는 늘 내 곁을 지켰다. 그러던 어느 날 밤에 비극이 찾아왔다. 그 순간을 절대 잊을 수 없다. 3미터도 안 떨어진 곳에서 티피 위로 벼락이 떨어졌다. 티피의 죽음은 내 소년기의 비극이었다.

티피, 너는 심리학책을 읽은 적도 없잖아. 읽을 필요가 없었지. 하느님이 주신 어떤 본능으로 너는 이미 알고 있었으니까. 두 달만 사람들에게 관심을 기울이면, 사람들이 너한테 관심을 가지게 하려고 2년간 애쓰는 것보다 더 많은 친구를 사귈 수 있다는 사실을 말이야.

다시 한번 말하겠다. 두 달만 사람들에게 관심을 기울이면, 사람들이 당신에게 관심을 가지게 하려고 2년간 애쓰는 것보다 더 많은 친구를 사귈 수 있다.

그런데도 우리가 아는 사람 중에는 남의 관심을 끌려고 온갖 일을 벌이며 인생을 힘겹게 살아가는 사람들이 있다.

물론 효과는 없다. 사람들은 당신한테 관심이 없다. 나에게도 관심이 없다. 사람들은 자기 자신에게 관심이 있다. 아침에도, 점심에도, 저녁에도.

사람들이 가장 자주 사용하는 단어가 무엇인지 알아보려고 뉴욕전화회사New York Telephone Company는 사람들의 전화 대화 내용을 상세히 분석했다. 짐작이 갈 것이다. 인칭대명사 '나'였다. 뉴욕전화회사가 추적한 500통의 대화에서 '나'라는 단어는 3900번 사용됐다.

나. 나. 나.

어디선가 찍은 단체 사진이 나오면 당신은 누구를 가장 먼저 찾아보는가?

사람들에게 인상 깊게 보이고 관심을 끌려고 애쓰는 것만으로는 절대로 진실한 친구를 많이 사귈 수 없다. 친구, 진짜 친구는 그런 식으로 만들어지지 않는다.

그 방법은 나폴레옹도 이미 써봤다. 조제핀을 마지막으로 만났을 때 나폴레옹은 이렇게 말했다. "조제핀, 나는 지구상에 태어난 그 누구보다 운이 좋은 사람이었소. 그런데도 지금 이 순간 내가 기댈 수 있는 사람이라고는 이 세상에 당신뿐이구려." 하지만 역사가들은 나폴레옹이 과연 조제핀조차 믿어도 됐는지 의심한다.

오스트리아의 저명한 심리학자 알프레트 아들러는 『심리학이란 무엇인가』라는 책에서 이렇게 말했다. "다른 사람에게 관심이 없는 사람이야말로, 살면서 가장 큰 어려움을 겪고 남에게 가장 큰 상처를 준다. 인간의 모든 실패는 그런 자들 사이에서 시작된다."

심리학과 관련된 전문 서적을 아무리 많이 읽어도 이보다 더 의미심장한 문장을 만나지 못했다. 아들러의 이 문장은 너무나 의미가 풍부해서, 강조의 의미로 다시 한번 써본다.

다른 사람에게 관심이 없는 사람이야말로, 살면서 가장 큰 어려움을 겪고 남에게 가장 큰 상처를 준다. 인간의 모든 실패는 그런 자들 사이에서 시작된다.

언젠가 뉴욕대학교에서 단편소설 쓰기 수업을 들은 적이 있다. 한번은 유명 잡지의 편집자가 와서 특별 강연을 했다. 그는 매일 수십 개의 이야기가 책상에 놓이는데, 앞의 몇 단락만 읽어봐도 저자가 사람을 좋아하는지 아닌지 느낌이 온다고 했다. 그는 이렇게 말했다. "저자가 사람을 좋아하지 않으면 사람들도 그 저자의 글을 좋아하지 않아요."

깐깐해 보이는 이 편집자는 소설 쓰기 강연에서 중간에 두 번이나 말을 끊고 설교 같은 소리를 늘어놓아 미안하다고 사과했다. 그러면서 이렇게 말했다. "정말이에요. 설교같이 들리겠지만, 명심하세요. 소설가로서 성공하고 싶다면 사람에게 관심을 가져야 합니다."

소설을 쓸 때조차 이렇다면, 사람을 직접 만나서 상대할 때는 두말할 나위도 없을 것이다.

위대한 마술사 하워드 서스턴$^{Howard\ Thurston}$의 분장실에서 저녁 시간을 보낸 적이 있다. 브로드웨이에서 하는 그의 마지막 공연이었다. 서스턴은 40년간 사실상 마술사들 사이의 대장이나 마찬가지였다. 전 세계를 돌며 사람들의 눈을 홀리고, 관객을 혼란에 빠뜨리고, 숨이 멎도록 놀라게 했다. 그렇게 수백만 달러를 벌었다.

나는 서스턴에게 성공의 비결을 알려달라고 했다. 학교 교육과는 무관한 게 분명했다. 그는 어릴 때 집에서 뛰쳐나와 화물 기차를 얻어 타며 떠돌이 생활을 했다. 건초 더미에서 잠을 자고, 집집마다 문을 두드려 음식을 구걸하고, 화물 기차의 선로를 따라 서 있는 표지판을 보며 글을 배웠다.

서스턴은 마술에 대한 지식이 남보다 뛰어났던 걸까? 아니다. 그는 마술 트릭에 관한 책은 수백 권이 나와 있고, 자신만큼 마술을 잘 아는 사람도 수십 명은 된다고 했다. 하지만 그에게는 다른 사람에게 없는 두 가지가 있었다. 첫째, 조명을 뚫고 나오는 존재감이었다. 그는 쇼맨십의 달인이었다. 인간의 본성을 꿰고 있었다. 그가 하는 모든 행동은 제스처와 억양, 눈썹 올리는 것 하나하나까지 모두 철저한 리허설을 거친 것이었다. 몇 분의 1초 단위로 동작을 구성했다. 하지만 그러면서 서스턴은 사람들에게 진심으로 관심을 기울였다. 그는 마술사 중에는 관객을 바라보며 속으로 이렇게 생각하는 사람도 많다고 했다. '흠, 멍청이들이 많이 모였군. 속이는 데 아무 문제 없겠어.' 서스턴의 관점은 완전히 달랐다. 그는 무대에 오를 때마다 속으로 이렇게 말한다고 했다. '나를 보러 와준 사람들에게 고마워해야 해. 이 사람들 덕분에 안락하게 살 수 있으니까. 내 최선을 보여주겠어.'

무대에 오를 때는 단 한 번도 빼놓지 않고 속으로 계속해서 이렇게 되뇌었다고 한다. '나는 관객을 사랑한다. 나는 관객을 사랑한다.' 말도 안 되는 것 같은가? 허황되게 들리는가? 어떻게 생각해도 좋다. 나는 그저 역대 가장 유명했던 마술사가 사용한 방법을 가감 없이 그대로 전달하고 있을 뿐이다.

펜실베이니아주 노스워런에 살고 있는 조지 다이크George Dyke는 30년간 해왔던 주유소 사업을 어쩔 수 없이 접어야 했다. 주유소 부지 위로 새로운 고속도로가 놓였기 때문이다. 얼마 지나지 않아 다이크는 은퇴 후의 무료한 생활이 지루해졌다. 그래서 오래전 손에서 놓았던 바이올린 연주를 다시 시작하며 시간을 때웠다. 이내 그는 자신이 사는 지역을 돌아다니며 음악을 듣고 수많은 성공한 음악가와 대화를 나누게 되었다. 겸손하고 상냥했던 다이크는 만나는 음악가들 한 사람 한 사람이 들려주는 음악을 시작하게 된 배경과 그들의 관심사 등에 점점 더 빠져들었다. 다이크 본인은 대단한 연주자가 아니었지만 이렇게 취미를 좇다 보니 많은 친구가 생겼다. 다이크는 음악 경연에도 모습을 비췄고, 곧 미국 동부 컨트리음악 팬 사이에 '킨주아 카운티에서 온 깽깽이 연주자, 엉클 조지'로 알려졌다. 엉클 조지는 당시 일흔두 살로 삶의 매 순간을 즐기고 있었다. 대부분 사람들이 한창때를 지났다고 생각할 시기에도, 타인에게 지속적으로 관심을 가지고 살았던 조지 다이크는 자기만의 새로운 세상을 창조했다.

이는 또한 시어도어 루스벨트가 놀라운 인기를 끌었던 비결이기도 하다. 집안일을 봐주는 사람들조차 루스벨트를 좋아했다. 여름 별장의 관리인이었던 제임스 에이머스James E. Amos는 『별장지기의 영웅, 시어도어 루스벨트Theodore Roosevelt, Hero to His Valet』라는 책을 쓰기도 했다. 이 책에서 에이머스는 평소의 루스벨트를 잘 보여주는 일화를 하나 들려줬다.

"언젠가 아내가 대통령께 메추라기에 관해 물어봤다. 아내는 메추라기를 한 번도 본 적이 없었다. 대통령은 아내에게 상세히 설명을 해주었다. 얼마간 시간이 흐른 후 우리 집 전화기가 울렸다. (에이머스 부부는 오이스터 베이에 있는 작은 별채에 살았다.) 아내가 전화를 받아보니 대통령 본인이었다. 대통령은 지금 우리 집 창밖에 메추라기가 있다는 걸 알려주려고 전화를 걸었다고 했다. 내다보면 보일 거라고 말이다. 그런 작은 일 하나하나가 그분 특유의 성격을 잘 보여준다. 대통령은 집 옆을 지날 때마다 우리 두 사람의 모습이 보이지 않아도 큰 소리로 이렇게 외쳤다. '안녕, 애니!' '어이, 제임스!' 그냥 본인이 지나간다는 다정한 인사였다."

어떤 직원이 저런 사람을 좋아하지 않을 수 있을까? 대체 어느 누가 루스벨트를 좋아하지 않을 수 있을까?

어느 날 태프트 대통령 부부가 자리를 비운 때에 루스벨트가 백악관에 들른 적이 있었다. 루스벨트는 주방에서 설거지하는 여직원까지 포함해 그의 재임 시절부터 백악관에서 근무하고 있던 직원들 한 사람, 한 사람 이름을 부르며 안부를 물었다. 그가 진심으로 평범한 사람들까지 좋아했음을 잘 보여주는 일화다.

루스벨트와 태프트를 모두 보좌했던 아치 버트Archie Butt는 이렇게 쓰고 있다. "주방 직원 앨리스를 보시고는 아직도 옥수수빵을 만드는지 물으셨다. 앨리스는 직원들이 먹으려고 가끔 만들지만 위층에 계신 분들은 아무도 드시지 않는다고 했다.

루스벨트는 굵직한 목소리로 이렇게 말했다. '진짜 맛이 뭔지 모르는구먼. 만나면 그렇게 말해줘야겠어.'

앨리스가 옥수수빵 한 쪽을 접시에 담아 내왔다. 대통령은 그걸 먹으면서 사무동으로 건너갔고, 가는 길에 마주치는 정원사며 일꾼들에게 인사를 건넸다. (…)

대통령은 과거에도 그랬던 것처럼 한 사람씩 전부 말을 걸었다. 백악관에서 40년간 문지기로 지낸 아이크 후버Ike Hoover는 눈물이 그렁그렁해서 이렇게 말했다. '2년 만에 가장 행복한 날

이네요. 100달러를 준다고 해도, 여기 있는 그 누구도 오늘 하루와 맞바꾸진 않을 겁니다.'"

이렇게 평범한 사람들에 대한 관심 덕분에 고객을 놓치지 않았던 세일즈맨도 있었다. 뉴저지 채텀에 사는 에드워드 사이크스 주니어Edward M. Sykes, Jr.는 이렇게 이야기했다. "오래전에 매사추세츠 지역에서 존슨앤존슨을 대리해 고객을 관리했어요. 그 고객 중 하나가 힝엄에 있는 드러그스토어였죠. 가게를 들를 때마다 탄산음료 코너의 직원이나 매장 판매직원과 잠시 이야기한 후에 사업주를 만나 주문을 받아갔어요. 어느 날 직원들과 수다를 떨다가 2층으로 올라갔는데, 사업주가 더 이상 존슨앤존슨 제품을 구매하지 않겠다면서 나가라고 했어요. 소규모인 약국 사업은 줄이고 음식점과 할인매장 사업에 더 집중하려 한다고요. 저는 다리 사이로 꼬리를 감추고 나와 차를 몰고 그 동네를 몇 시간 동안 돌아다녔죠. 마침내 돌아가서 적어도 우리 입장에 대해 가게 주인에게 설명이라도 해보자고 결심했어요.

돌아가서 늘 그랬던 것처럼 탄산음료 직원과 판매직원에게 인사를 하고 2층으로 올라갔죠. 그런데 사업주가 미소를 지으며 다시 와줘서 고맙다고 하더라고요. 그러더니 평소보다 두 배나 많은 제품을 주문했어요. 놀라서 그를 쳐다보며 무슨 일이 있었던 거냐고 물었죠. 겨우 몇 시간 전에 다녀갔는데 말이에요. 주인은 탄산음료 코너의 젊은이를 가리키며 말했어요. 제가 떠난 후에 그 직원이 올라왔었대요. 저처럼 매장을 방문했을 때 자신을 포함한 매장 직원에게 일일이 인사를 건네는 세일즈맨은 거의 없다고 했다는 겁니다. 이왕 주문할 거라면 저 같은 사람한테 해야 하지 않겠냐고 하더래요. 가게 주인도 그렇게 생각했고, 이후로도 쭉 좋은 고객으로 남았어요. 사람들에게 진정한 관심을 가지는 게 세일즈맨의 가장 중요한 덕목이라는 걸 저는 잊어본 적이 없어요. 사실 이건 누구라도 마찬가지죠."

사람들에게 진정으로 관심을 가지면 많은 사람이 찾는 인물에게도 관심과 시간과 협조를 얻어낼 수 있다는 사실을 나도 직접 경험한 적이 있다. 다음 사례를 보자.

몇 년 전에 브루클린 예술과학회관Brooklyn Institute of Arts and Sciences에서 소설 쓰기 수업을 했다. 우리는 캐슬린 노리스Kathleen Norris, 패니 허스트Fannie Hurst, 아이다 타벨Ida Tarbell, 앨버트 페이슨 터훈Albert Payson Terhune, 루퍼트 휴즈Rupert Hughes 같은 유명하고 바쁜 작가들을 브루클린으로 초청해서 그들의 경험담을 듣고 싶었다. 그래서 편지를 썼다. 우리가 그들의 작품을 얼마나 대단하게 생각하는지 이야기하면서 조언도 듣고 싶고 성공 비결도 간절히 배우길 바란다고 했다.

각각의 편지에 150명 정도의 학생이 서명을 했다. 우리는 이 작가들이 강연 준비를 할 수 없을 만큼 바쁘다는 사실을 알고 있다고 했다. 그래서 그들에 관한 사항 혹은 작업 방식에 대해 알고 싶은 사항을 질문 목록으로 만들어 편지에 동봉했다.

이것이 작가들의 마음을 움직인 듯했다. 누가 마다하겠는가? 그들은 기꺼이 집을 떠나 브루클린까지 와서 도움의 손길을 내밀었다.

똑같은 방법으로 내가 설득에 성공했던 사람으로 시어도어 루스벨트 내각에서 재무장관을 지낸 레슬리 쇼Leslie M.Shaw, 윌리엄 태프트 내각에서 법무장관을 지낸 조지 위커셤George W. Wickersham, 윌리엄 제닝스 브라이언William Jennings Bryan, 프랭클린 루스벨트도 있다. 이 밖에도 많은 유명인이 우리 퍼블릭 스피킹 수업에 와서 학생들에게 강연을 해주었다.

우리는 누구나, 공장 노동자이든, 사무실 직원이든, 심지어 왕위에 오른 여왕이라고 해도 나를 우러러봐 주는 사람을 좋아한다.

친구를 만들고 싶다면 타인을 위해 특별한 노력을 쏟아야 한다. 시간과 에너지와 이타심과 배려가 필요한 일을 해야 한다. 윈저 공(에드워드 8세)이 아직 웨일스 공[영국 왕세자에게 붙이는 공식 호칭]이던 시절에 남미 방문 일정이 잡혔다. 그는 출발하기 몇 달 전부터 스페인어를 공부했다. 그 나라 말로 대중 연설을 하기 위해서였다. 남미 사람들이 열광했음은 물론이다.

오랫동안 나는 친구들의 생일을 꼭 알아두었다. 어떻게 알아냈을까? 사실 나는 점성술을 손톱만큼도 믿지 않지만, 그래도 상대에게 먼저 사람의 생일이 혹시 성격이나 기질과 관계가 있다고 믿는지 물어보았다. 그런 다음 상대가 태어난 달과 날짜를 물었다. 만약 상대가 11월 24일이라고 하면, 나는 속으로 '11월 24일, 11월 24일' 하고 되뇌었다. 친구가 등을 보이는 순간 재빨리 이름과 생일을 적고 나중에 내 생일 수첩에 옮겨 적었다. 그러고는 매년 연초에 이 생일들을 일정표에 넣어서 자연스레 알 수 있게 했고, 그날이 오면 편지나 카드를 건네주었다. 이게 얼마나 반응이 좋았던지! 나는 지구상에서 그 친구의 생일을 기억해 준 유일한 사람인 경우가 많았다.

친구를 사귀고 싶다면 활기차고 열정적으로 인사를 건네자. 누가 전화를 걸어와도 똑같은 반응을 보여라. 상대의 목소리를 듣게 되어 얼마나 기쁜지 바로 알 수 있을 만큼 반가운 목소리로 "여보세요"를 말하라. 많은 기업이 사내 전화 교환원에게 모든 전화에 관심과 열정이 뿜어져 나오는 목소리로 인사하게끔 교육한다. 그러면 전화를 건 사람은 해당 회사가 자신에게 관심이 있다는 느낌을 받는다. 우리도 내일 전화를 받을 때 이 점을 기억하기로 하자.

타인에게 진정한 관심을 보인다면 친구를 얻을 뿐만 아니라 회사에 대한 고객 충성도를 높일 수도 있다. 뉴욕에 있는 내셔널 뱅크 오브 노스 아메리카National Bank of North America의 기관지인 《이글Eagle》에 예탁 고객인 메이들린 로즈데일Madeline Rosedale의 편지가 다음과 같이 실린 적이 있다.

"직원분들께 정말로 감사하다는 말을 전하고 싶어서 편지를 씁니다. 모두들 너무나 공손하며 예의바르고 잘 도와주세요.

한참을 기다린 후에 만나는 창구 직원이 반갑게 인사를 건네면 얼마나 기분이 좋은지요.

작년에 저희 어머니께서 다섯 달 동안 입원을 하셨습니다. 저는 마리 페트루첼로라는 창구직원을 자주 찾게 되었는데요. 마리는 저희 어머니를 걱정하면서 차도가 있으신지 물었습니다."

로즈데일은 틀림없이 이 은행을 계속해서 애용했을 것이다.

뉴욕시의 한 대형 은행에서 일하는 찰스 월터스^{Charles R. Walters}는 어느 기업에 대한 기밀 보고서를 준비하게 되었다. 그러려면 급히 필요한 정보가 있었는데, 그가 아는 사람 중에 그 정보를 가진 사람은 한 명밖에 없었다. 월터스가 그 회장님 방으로 안내를 받았을 때, 비서가 고개를 불쑥 내밀더니 회장에게 줄 우표가 없다고 했다.

"열두 살짜리 아들 때문에 우표를 모으거든요"라고 회장은 월터스에게 설명했다.

월터스는 찾아온 이유를 설명하고 질문을 하기 시작했다. 회장은 애매하고 일반적이며 모호한 말만 늘어놓았다. 이야기를 하고 싶지 않은 것이 분명했다. 무슨 말을 해도 설득할 수 없을 것 같았다. 인터뷰는 별 소득 없이 짧게 끝났다.

월터스는 우리 수업에서 이 이야기를 들려주면서 이렇게 말했다. "솔직히 어떻게 해야 할지 모르겠더라고요. 그런데 그때 비서와 회장이 나눈 대화가 생각나는 거예요. 우표, 열두 살짜리 아들. 우리 은행의 해외영업부에서도 우표를 모은다는 사실이 기억났어요. 거기는 오대양 육대주에서 편지가 쏟아져 들어오니까요.

다음 날 오후에 저는 회장님에게 전화를 걸어서 아드님께 드릴 만한 우표가 좀 있다고 슬쩍 말했어요. 다시 그 회장님 방으로 안내받았을 때 얼마나 열정적인 환영을 받았던지. 그 회장님이 국회의원에 출마한다고 해도 그렇게 열렬히 제 손을 쥐고 흔들 수는 없었을 거예요. 회장님의 온몸에서 미소와 호감이 뿜어져 나왔죠. '우리 조지가 이걸 정말 좋아할 거예요.' 회장님은 우표를 애지중지 만지면서 계속 그렇게 말했어요. '그리고 이걸 좀 보세요! 이거 정말 귀한 거예요.'

저희는 30분 동안 우표에 관해서 얘기를 나누고 회장님 아들의 사진을 함께 봤어요. 그런 다음, 회장님은 한 시간 이상 시간을 내서 제가 원했던 정보를 낱낱이 알려주었어요. 심지어 제가 부탁하지도 않았는데 말이죠. 회장님은 자신이 아는 내용을 몽땅 말한 다음, 부하직원에게 전화를 걸어 물어보기도 했어요. 지인에게도 전화를 돌려주었고요. 사실관계 자료며 수치 자료, 보고서, 서신 등을 잔뜩 안겨줬어요. 신문기자들의 표현을 빌자면, 저는 특종을 낚은 것이죠."

또 다른 이야기가 있다. 필라델피아에 사는 크네이플 주니어C.M.Knaphle, Jr.는 벌써 수년째 어느 대형 체인점 기업에 연료를 팔려고 애쓰고 있었다. 그러나 이 회사는 계속 다른 동네의 딜러에게 연료를 사서 크네이플의 사무실 앞으로 버젓이 끌고 지나 갔다. 어느 날 저녁 크네이플은 우리 수업에서 발표를 하며 이 체인점에 대한 울분을 토했다. 그는 그 회사를 나라의 수치라고 불렀다.

그러면서 여전히 왜 연료를 팔지 못하는지 의아해했다.

나는 크레이플에게 다른 전술을 써보자고 했다. 간단히 설명하면 일은 아래와 같이 진행되었다. 우리는 수업을 듣는 학생들끼리 토론회를 하나 만들었다. 해당 체인점이 확산되는 게 이 나라에 도움이 되는지 해가 되는지에 관한 토론이었다.

나의 제안으로 크네이플은 긍정 진영을 맡았다. 크네이플은 체인점의 입장을 방어해 보기로 하고 곧장 자신이 경멸하는 그 체인점 기업의 임원을 찾아가 이렇게 말했다. "연료를 팔러 온 게 아닙니다. 부탁을 하나 하려고 왔어요." 그런 다음 크네이플은 토론회에 관해 설명한 후 이렇게 말했다. "제가 이곳에 도움을 청하러 온 이유는 저한테 필요한 내용을 여기보다 더 잘 아는 분이 없을 것 같아서예요. 저는 이 토론에서 꼭 이기고 싶은데, 어떤 식으로든 도움을 주신다면 정말로 감사하겠습니다."

나머지는 크네이플 본인의 목소리로 들어보자. "저는 이분한테 정확히 1분만 시간을 내달라고 했어요. 그게 이분이 저를 만나주는 조건이었죠. 그런데 제가 설명을 하고 나자, 의자를 권하시더니 정확히 1시간 47분 동안 이야기를 들려주셨어요. 체인점에 관해 책을 쓴 다른 임원도 한 분 불러주셨고요. 미국체인점협회National Chain Store Association에 편지를 써서 이 주제와 관련한 다른 토론회 결과집을 한 부 받을 수 있게 해주셨어요. 그분은 이 체인점이 인류에 진정한 봉사를 하고 있다고 생각했어요. 수백 개 도시에서 본인이 하고 있는 사업을 자랑스러워했고요. 이야기를 하실 때는 눈이 반짝반짝했어요. 솔직히 저로서는 꿈에도 생각지 못했던 많은 것을 알게 된 기회였어요. 그분은 저의 태도를 완전히 바꿔놓았답니다.

나올 때는 제 어깨에 팔을 두르고 토론 잘하라고 응원해 주셨어요. 그리고 다시 들러서 어떻게 됐는지도 알려달라고 했어요. 그분의 마지막 말은 이거였어요. '나중에 봄이 되면 꼭 저를 보러 오세요. 연료 주문을 하고 싶으니까요.'

저한테는 정말 기적 같은 일이었어요. 제가 말도 꺼내지 않았는데 먼저 구매를 제안하다니요. 나와 내 제품에 관심을 가지게 하려고 10년간 그렇게 애를 썼는데, 그분과 그분이 가진 문제에 진심으로 관심을 가졌더니 두 시간 만에 훨씬 더 많은 진전이 이루어졌어요."

오래전에, 그리스도가 탄생하기 100년도 더 전에, 로마 시인 푸빌릴리우스 시루스Publilius Syrus는 이렇게 말했다. "우리는 남이 나에게 관심을 가질 때에야 그 사람에게 관심이 간다."

인간관계의 다른 모든 원칙과 마찬가지로 관심을 보여주는 것도 진심에서 우러나야 한다. 이는 관심을 보인 사람만이 아니라 관심을 받은 사람에게도 좋은 일로 돌아온다. 관심은 쌍방통행이고, 양쪽 모두에게 득이 된다.

뉴욕주 롱아일랜드에 거주하면서 수업을 들었던 마틴 긴즈버그Martin Ginsberg는 어느 간호사가 자신에게 관심을 보여준 일이 삶에 얼마나 큰 영향을 미쳤는지 들려주었다.

"그날은 추수감사절이었고 저는 열 살이었어요. 시립병원에 입원해 있었는데 다음 날 정형외과에서 큰 수술을 받아야 했죠. 저는 벌써 몇 달째 갇혀서 요양 중이었고 더 큰 고통을 앞두고 있었어요. 아비지는 돌아가셨고 어머니와 저는 작은 아파트에 살면서 정부 지원에 의존하고 있었죠. 그날은 어머니도 저를 보러 오지 못하셨고요.

하루가 지나가는데 외롭고 절망적이고 무서운 감정이 서서히 저를 압도해 왔어요. 어머니 혼자 집에서 저를 걱정하고 계실 걸 알고 있었죠. 함께 있어줄 사람도 없고, 함께 밥을 먹을 사람도 없고, 추수감사절에 걸맞은 식탁을 차릴 돈도 없으셨을 테죠.

눈물이 차올라서 베개 밑에 머리를 박고 그 위로 이불을 뒤집어썼어요. 조용히, 그렇지만 너무나 비통하게 울고 있었죠. 괴로움에 온몸이 다 아플 정도였어요.

어느 간호 실습생이 흐느끼는 소리를 듣고 저를 보러 왔어요. 제 얼굴의 이불을 걷어내더니 눈물을 닦아주기 시작했죠. 그 자신이 얼마나 외로운지도 이야기했어요. 그날도 일해야 해서 가족과 함께하지 못한다면서요. 그러곤 자기와 함께 저녁을 먹지 않겠냐고 묻더니, 두 사람분의 식사를 가져왔어요. 칠면조 슬라이스와 으깬 감자, 크랜베리 소스 그리고 디저트로는 아이스크림이 나왔어요. 그녀는 말을 건네며 제 두려움을 가라앉혀 주려고 애썼어요. 오후 4시가 그녀의 퇴근 시간이었지만 자기 시간을 써가며 11시까지 제 옆에 있어주었어요. 게임도 하고 대화도 나누면서 결국 제가 잠이 들 때까지 함께해 주었죠.

그때 이후로 수많은 추수감사절을 보냈지만, 단 한 번도 그날이 생각나지 않은 적이 없어요. 좌절감과 두려움, 외로움이 처음 보는 한 사람의 따뜻함과 다정함 앞에 모두 녹아버렸죠. 그녀 덕분에 모든 게 다 견딜 만해졌어요."

남들이 당신을 좋아하길 바란다면, 진정한 우정을 키우고 싶다면, 남을 돕는 동시에 스스로를 돕고 싶다면, 다음의 원칙을 꼭 기억하길 바란다.

원칙 1

다른 사람에게 진정한 관심을 가져라.

Become genuinely interested in other people.

좋은 첫인상을 남기는
아주 간단한 방법

2

➺➺ ─────── 찰스 슈와브는 자신의 미소가 100만 불짜리라
고 했다. 아마 실제보다 낮춰서 말했을 것이다. 슈와브의 성격과
매력, 그리고 사람들이 그를 좋아하게 만드는 능력은 그가 일군
남다른 성공의 거의 전부라고 해도 좋을 정도다. 그의 성격에서
가장 유쾌한 부분이 바로 사람을 사로잡는 미소였다.

행동은 말보다 목소리가 크다. 미소는 이렇게 말한다. "나는
당신을 좋아해요. 당신 덕분에 행복하네요. 만나서 반가워요."

개들이 그처럼 환영받는 이유도 이 때문이다. 개들은 우리
를 보면 반가워서 어쩔 줄 몰라 펄쩍 뛰어오른다. 그러니 우리
도 자연히 개들을 보면 반가워진다.

아기의 미소도 마찬가지다.

병원 대기실에서 주위를 둘러보았더니 기다리느라 짜증이

나서 뚱한 얼굴만 가득했던 경험이 있는가? 미주리주 레이타운에 사는 수의사 스티븐 스프롤Stephen K. Sproul이 들려준 이야기가 있다. 평범한 어느 봄날이었다. 동물병원 대기실에는 반려동물에게 예방접종을 맞히려고 기다리는 사람들로 가득했다. 아무도 다른 사람에게 말을 걸지 않았다. 아마도 거기 있는 모든 사람이 이렇게 동물병원에서 '시간 낭비'를 하기보다 더 하고 싶은 일을 수십 가지는 생각하고 있었을 것이다.

수업 시간에 스프롤은 이렇게 이야기했다. "고객 예닐곱 명이 그렇게 기다리고 있는데, 젊은 부인이 9개월 된 아기와 새끼고양이 한 마리를 데리고 들어왔어요. 무슨 우연인지, 부인이 앉은 옆자리에는 기다리다 지쳐 거의 심란해지려고 하는 신사분이 앉아 있었죠. 신사분이 정신을 차려보니 아기가 자신을 올려다보며 아기들 특유의 함박웃음을 짓고 있었어요. 그러니 신사분이 어떻게 했겠어요. 당연히 우리와 똑같이 했죠. 신사분도 아기에게 미소를 돌려주었어요. 이내 신사분은 아기와 본인의 손주들에 대해 부인과 대화를 하기 시작했고 얼마 지나지 않아 대기실에 있던 모든 사람이 동참했어요. 지루하고 긴장되던 시간은 순식간에 유쾌하고 즐거운 경험으로 바뀌었어요."

가짜 미소는? 안 된다. 가짜 미소는 아무도 속이지 못한다. 우리는 그게 억지라는 걸 알고 있고 그래서 싫어한다. 여기서 말하는 건 진짜 미소다. 마음이 따뜻해지는 미소, 마음에서 우러난 미소, 시장에서 비싼 값에 팔릴 그런 미소 말이다.

미시건대학교의 심리학 교수 제임스 매코널James V. McConnell은 미소를 이렇게 표현했다. "미소를 짓는 사람은 더 효과적인 관리자, 선생님, 판매원이 되며 자녀를 더 행복하게 키우는 경향이 있다. 미소는 찡그림보다 더 많은 정보를 담고 있다. 가르칠 때 벌을 주기보다는 격려를 하는 편이 훨씬 더 효과적인 이유다."

뉴욕에 있는 어느 대형 백화점의 채용 담당자는 판매직원을 뽑을 때 낯빛이 어두운 철학박사보다는 초등학교를 나오지 않았어도 기분 좋은 미소를 짓는 사람을 채용한다고 말했다.

미소의 효과는 강력하다. 심지어 눈에 보이지 않을 때조차 말이다. 미국 전역의 전화 회사는 전화로 서비스나 물건을 파는 직원들을 위해 '전화 활용 팁' 수업을 운영한다. 이 수업에서는 전화로 대화할 때조차 미소를 지으라고 이야기한다. '미소'는 목소리를 뚫고 나오기 때문이다.

오하이오주 신시내티에 있는 회사의 매니저인 로버트 크라이어Robert Cryer는 사람을 구하기 어려웠던 자리에 딱 맞는 직원을 채용할 수 있었던 비결을 들려주었다. "우리 부서에 과학박사 학위 소유자가 꼭 필요했어요. 마침내 이상적인 조건을 갖춘 젊은이를 하나 찾아냈는데 퍼듀대학교 졸업 예정자였죠. 그런데 몇 번 통화를 해보니 이 친구가 여러 기업에서 제안을 많이 받았더라고요. 그중 다수가 우리 회사보다 더 크고 잘 알려진 곳이었고요. 이 친구가 저의 제안을 수락해 주었을 때는 정말 기뺐죠. 그 친구가 출근하고 나서 왜 다른 곳이 아니라 우리 회사를 골랐는지 물어봤어요. 그 친구는 잠깐 생각하더니 이렇게 말했어요. '다른 회사 매니저분들은 전화로 말할 때 차갑고 비즈니스 같았어요. 사업상 거래 같은 기분이 들더라고요. 그런데 매니저님은 제 전화가 반가운 듯이 들렸어요. 정말로 제가 매니저님 조직의 일원이 되기를 바라는 것 같았어요.'

저는 지금도 전화를 받을 때 꼭 미소를 짓습니다." 크라이어는 그렇게 이야기를 마무리했다.

미국의 어느 대형 고무제조업체의 이사회 의장이 들려준 이야기다. 그는 오랫동안 지켜보니 무슨 일이 되었든 일을 하면서 즐거움을 느끼지 못하면 좀처럼 성공하지 못하더라고 했다. 업계 리더인 그는 열심히 일하는 것만이 우리가 바라는 결과를 가져다줄 마법의 열쇠라는 오래된 격언을 믿지 않았다. 그는 이렇게 말했다. "제가 아는 사람 중에 사업이 너무 즐거워서 성공했던 사람들이 있어요. 그런데 나중에 그 즐거움이 일로 바뀌니까 사람도 변하더군요. 사업 성장은 둔해졌고요. 결국 그들은 사업하던 기쁨을 모두 잃었고 사업도 실패로 끝났어요."

사람을 만날 때는 그 시간이 즐거워야 그들도 당신을 만나는 게 즐겁다.

나는 그동안 사업가 수천 명에게 일주일 동안 매시간 누군가에게 미소를 보여준 뒤 수업 시간에 그 결과에 대해 말해보자고 했다. 효과가 있었을까? 뉴욕의 주식중개인인 윌리엄 스타인하트$^{William B. Steinhardt}$가 보내온 편지를 한번 보자. 이 사람만 그랬던 게 아니다. 실은 수백 건의 사례에서 전형적으로 볼 수 있었던 결과였다.

스타인하트는 이렇게 썼다. "저는 결혼한 지 18년이 넘었습니다. 그 긴 시간 동안 아내에게 미소를 지은 적이 거의 없었어요. 사실, 일어나서 출근할 때까지 스무 마디 이상 말을 한 적도 별로 없을 거예요. 브로드웨이에서 일하는 사람 중에 저만큼 불평이 많은 사람도 없었을 거예요.

선생님께서 미소와 관련된 경험을 이야기해 보자고 하셨을 때 일주일간 한번 시도해 보기로 했어요. 그래서 다음 날 아침 머리를 빗으면서 거울에 비친 저의 시무룩한 얼굴을 쳐다보며 이렇게 말했죠. '윌리엄, 오늘은 저 우거지상을 싹 치워버리는 거야. 너는 오늘 미소를 지을 거야. 지금 바로 시작할 거야.' 아침 식탁에 앉으며 아내에게 '잘 잤어, 여보?'라고 인사를 건네며 미소를 지었어요.

선생님이 그러셨죠. 아내가 놀랄 수도 있다고요. 그런 정도가 아니었어요. 아내가 당황해서 어쩔 줄 몰라 하더라고요. 충격을 받은 듯했어요. 아내에게 앞으로도 저는 계속 이렇게 할 거라고 말했어요. 실제로 아침마다 하고 있고요.

그렇게 태도를 바꾸니까 집이 더 행복해졌어요. 이걸 시작하고 두 달간 느낀 행복이 작년 한 해의 행복을 합친 것보다 더 큰 것 같아요.

출근할 때는 엘리베이터 안내원에게 '안녕하세요?'라고 인사를 건네면서 미소를 지어요. 수위한테도 미소로 인사를 건네고요. 지하철 창구에서 잔돈을 바꿀 때도 직원한테 미소를 지어요. 증권 거래소에 서 있을 때도 사람들한테 미소를 보이고요. 최근까지 제 미소를 한 번도 본 적 없는 사람들한테 말이에요.

제가 미소를 지으면 다들 미소로 답한다는 걸 금세 알게 됐어요. 불만이나 고충이 있어서 저를 찾아온 사람들한테도 밝게 응대해요. 미소를 지으면서 경청하니까 조정도 훨씬 쉽더라고요. 미소가 매일 저한테 돈을 벌어다 준다는 걸 알게 됐어요.

저는 다른 주식중개인과 사무실을 함께 쓰고 있는데요. 그쪽 직원 중에 아주 호감 가는 젊은이가 한 명 있어요. 새롭게 얻은 결과가 너무 기뻐서 그 친구한테 최근에 제 인간관계의 철학이 바뀌었다고 이야기했어요. 그랬더니 그제야 그 친구가 고백을 하더군요. 제가 처음 사무실을 함께 쓰게 됐다고 왔을 때 저를 끔찍한 불평꾼이라고 생각했대요. 최근에 와서야 생각이 바뀌었고요. 제가 미소를 지으면 진짜 인간처럼 보인다고 하네요.

잘못을 지적하는 버릇도 없앴어요. 이제는 비난 대신 인정과 칭찬을 하죠. 내가 원하는 걸 말하는 것도 그만뒀어요. 이제 상대의 관점을 보려고 노력해요. 이런 것들이 말 그대로 제 인생을 완전히 바꿔놨어요.

저는 이제 전혀 다른 사람이 됐어요. 훨씬 부자예요. 우정도 행복도 훨씬 많아졌죠. 결국 중요한 건 그런 거니까요."

미소를 짓기 싫다면 어떻게 해야 할까? 두 가지 방법이 있다. 먼저 억지로 미소를 지어라. 혼자 있을 때 억지로 휘파람을 불거나 허밍을 해보라. 마치 이미 행복한 사람인 듯이 행동하라. 그러면 실제로 행복해지는 경향이 있다. 심리학자 윌리엄 제임스는 이렇게 말한다. "행동은 감정을 따라가는 것 같지만 실제로는 행동과 감정이 함께 간다. 의지에 따라 직접적으로 통제하기가 더 쉬운 행동을 통제하면 그렇지 못한 감정까지 간접적으로 통제할 수 있다. 쾌활함을 잃었을 때 금방 다시 쾌활해지려면 쾌활하게 똑바로 앉아서 마치 이미 쾌활한 것처럼 행동하고 말하면 된다."

세상 모든 사람이 행복을 찾아다닌다. 행복을 찾아내는 확실한 방법이 하나 있는데, 바로 내 생각을 통제하는 것이다. 행복은 바깥 상황에 좌우되지 않는다. 행복은 내면의 상황에 좌우된다.

가진 게 어떻고, 어떤 사람이고, 어디에 있고, 무슨 일을 하느냐가 당신의 행복과 불행을 좌우하지 않는다. 당신을 행복하고 불행하게 만드는 것은 행복에 대한 당신의 생각이다. 예를 들어 두 사람이 같은 장소에서 같은 일을 하고 똑같은 돈과 명망이 있다고 해도, 여전히 한 사람은 비참하고 다른 한 사람은 행복할 수 있다. 왜 그럴까? 정신적 자세가 다르기 때문이다. 열대의 무지막지한 더위 속에 땀을 뻘뻘 흘리며 일하는 빈곤한 농장 일꾼들 사이에서도 뉴욕이나 시카고 혹은 LA의 에어컨이 나오는 사무실 못지않게 행복해 보이는 얼굴을 한 이들을 많이 보았다.

셰익스피어는 이렇게 말했다. "좋고 나쁜 건 없다. 생각이 그렇게 만들 뿐이다."

에이브러햄 링컨이 언젠가 했던 말이 있다. "사람은 자신이 마음먹은 만큼 행복하다." 맞는 말이다. 이 말을 잘 보여주는 생생한 사례가 있다.

나는 뉴욕에 있는 펜 스테이션Penn Station에서 계단을 오르고 있었다. 그런데 바로 앞에 남자아이들 30~40명이 지팡이와 목발을 짚고 힘겹게 계단을 올라가고 있었다. 한 아이는 어른이 들어서 옮겨주어야 했다. 나는 그 아이들의 웃음소리와 유쾌함에 깜짝 놀랐다. 인솔자 중 한 명에게 물어보았더니 이렇게 말했다. "아, 네. 평생 걷지 못한다는 걸 알게 되면 처음에는 아이도 충격을 받죠. 하지만 그 충격을 극복하고 나면 자신의 상황에 적응하고 다른 아이들 못지않게 행복하게 지냅니다."

나는 아이들에게 모자를 벗어 경의를 표하고 싶은 심정이었다. 그 아이들이 가르쳐준 교훈을 절대로 잊고 싶지 않았다.

에세이 작가이자 출판업자였던 엘버트 허버드Elbert Hubbard가 남긴 현명한 조언이 있다. 그러나 기억하라. 아래의 글을 아무리 진지하게 읽어도 삶에 적용하지 않는다면 아무런 도움도 되지 않을 것이다.

"문밖을 나설 때면 언제나 턱을 당기고, 고개를 세우고, 가슴을 쫙 펴라. 햇빛을 들이마시고, 친구들에게 미소로 인사를 건네고, 악수할 때마다 영혼을 담아라. 오해를 살까 봐 두려워하지 말라. 나에게 적대적인 사람을 생각하느라 1분도 낭비하지 말라. 뭘 하고 싶은지 마음을 단단히 정하도록 노력하라. 그런 다음 옆으로 새지 말고 목표를 향해 직진하라. 당신이 하고 싶은 위대하고 아름다운 일에만 마음을 써라. 그렇게 시간이 흐르고 나면 바라는 것을 이루는 데 꼭 필요한 기회를 무의식적으로 움켜쥐게 될 것이다. 흘러가는 물살에서도 바다의 산호초가 필요한 양분을 섭취하듯이 말이나. 당신이 되고 싶은, 그 유능하고 성실하고 남에게 도움이 되는 사람을 마음속에 그려라. 그렇게 한 시간, 한 시간이 지나면 당신이 가진 생각이 바로 그런 사람으로 당신을 만들어줄 것이다. 생각은 절대적이다. 올바른 정신 자세를 유지하라. 용기 있고 솔직하며 쾌활한 태도를 유지하라. 생각을 바르게 하면 이루어진다. 모든 것은 바람에서 시작되고, 진실한 기도는 반드시 응답을 받는다. 우리는 내 마음 가는 대로 된다. 턱을 당기고 고개를 세워라. 우리는 번데기 상태의 신이다."

세상사에 현명했던 고대 중국인들이 남긴 속담이 있다. 잘 라내서 모자 안쪽에 붙여둬야 할 명언이다. "얼굴에 미소가 없는 사람은 장사를 하면 안 된다."

미소는 당신이 호의를 갖고 있음을 전한다. 당신이 미소를 지으면 보는 사람의 하루가 밝아진다. 열 명이 찡그리며 고개를 돌리는 모습을 본 사람에게 당신의 미소는 마치 구름을 뚫고 나오는 햇살과 같다. 힘들었던 그 사람이 바로 당신이라면 더욱더 그렇다. 상사와 고객, 선생님, 부모, 자녀에게 스트레스를 받는 당신. 미소를 지으면 모든 일이 다 그렇게까지 절망적이지는 않다는 걸, 세상에는 기쁨도 있음을 깨달을 수 있다.

몇 년 전에 뉴욕시의 어느 백화점이 크리스마스 시즌에 매장 직원들이 겪는 스트레스를 덜어주려고 다음과 같은 철학을 담은 광고를 냈다. 회사가 고객에게 이런 부탁을 하는 것은 이례적인 일이었다.

크리스마스에 미소가 좋은 이유

비용을 들이지 않아도 많은 것을 만들어낼 수 있어요.

주는 사람은 궁핍해지지 않고 받는 사람은 풍성해지지요.

순식간에 일어나지만, 때로는 영원히 기억되기도 해요.

아무리 부자여도 미소가 없으면 잘 지낼 수 없고, 아무리 가난해도 미소가 있으면 풍요로워집니다.

가정에는 행복을, 사업에는 호의를 만들어내고, 우리는 친구라는 표시가 되지요.

지친 자에게는 휴식이고, 낙담한 자에게는 빛이며, 슬픈 자에게는 햇살이고, 어려움을 겪는 자에게는 대자연이 주는 최고의 해독제입니다.

그러나 상대가 기꺼이 미소를 건네기 전에는 상품이 아니기에, 돈으로 살 수도 구걸해서 받을 수도 훔칠 수도 없어요.

그런데 만약 크리스마스 막바지에 선물을 사러 갔는데 우리 매장 직원들이 너무 지쳐서 여러분에게 미소를 건네지 못한다면, 혹시 여러분이 미소를 주고 가실 수는 없을까요?

줄 수 있는 미소가 남아 있지 않은 사람만큼 미소가 꼭 필요한 사람도 없으니까요!

원칙 2

미소를 지어라.

Smile.

이름만큼은
기억하라

3

➡➡ ─────────── 1898년에 뉴욕주 록랜드 카운티에서 비극적인 사건이 일어났다. 한 아이가 죽은 그날, 동네 사람들은 다들 장례식에 갈 준비를 하고 있었다. 짐 팔리Jim Farley는 헛간에서 말을 끌어냈다. 땅에는 눈이 덮여 있었고 공기는 차고 매서웠다. 말은 며칠 동안이나 운동을 못했다. 물통 쪽으로 끌고 가는데 말이 장난을 친답시고 몸을 획 틀어서 하늘을 향해 두 발을 뻥 찼다. 그 발길질에 그만 짐 팔리가 죽고 말았다. 그래서 스토니 포인트라는 작은 마을은 졸지에 장례를 두 번 치르게 되었다.

짐 팔리는 아내와 세 아들에게 겨우 보험금 몇백 달러를 남겨놓았다.

이 집의 장남이자 아버지와 이름이 똑같은 짐 팔리는 이때 열 살이었다. 짐은 벽돌 공장으로 일하러 갔다. 모래를 끌어와서 틀에 붓고 뒤집어서 햇볕에 말렸다. 어린 짐은 교육받을 기회가 별로 없었다. 그렇지만 타고나기를 다정해서 사람들이 그를 좋아하게 만드는 재주가 있었다. 그래서 정계에 진출했다. 시간이 지나자 그에게 사람들의 이름을 전부 기억하는 굉장한 능력이 생겼다.

짐은 고등학교를 구경도 못 했다. 그러나 마흔여섯이 되기 전에 대학교 네 군데에서 명예학위를 받았고 민주당 전국위원회Democratic National Committee 의장과 미합중국 우정장관이 됐다.

언젠가 짐 팔리를 인터뷰하면서 성공 비결을 물은 적이 있다. 그는 "노력"이라고 답했다. 나는 "농담은 그만하시고요."라고 했다. 그러자 짐은 내게 자신의 성공 요인을 뭐라고 생각하는지 오히려 내 생각을 물었다. 내가 답했다. "만 명의 이름을 기억하실 수 있다고 하던데요."

그가 말했다. "아뇨. 잘못 아셨어요. 5만 명이에요."

정말이다. 바로 이 능력 덕분에 팔리는 1932년 프랭클린 루스벨트의 선거 운동을 지휘할 수 있었고 그를 백악관에 앉히는 데 성공했다.

짐 팔리는 석고 회사의 세일즈맨으로 돌아다니고 스토니포인트에서 서기관으로 지내던 시절에 이름을 기억하는 체계를 세웠다. 처음에는 아주 간단했다. 새로운 사람을 만나면 상대의 이름과 그의 가족이나 사업, 정치 의견과 관련된 내용을 몇 가

지 알아냈다. 그 내용을 마치 그림처럼 마음속에 잘 기억해 두
었다가 다음번에 만나면, 설령 1년 후라고 할지라도 악수를 건
네며 가족의 안부를 묻고 뒷마당의 접시꽃은 괜찮은지 물을 수
있었다. 그러니 그를 따르는 사람들이 생긴 것도 놀랄 일이 아
니었다!

　루스벨트 대통령의 선거 운동이 시작되기 전 몇 달간 짐 팔
리는 서부 및 북서부 주의 사람들에게 하루에 몇백 통씩 편지
를 썼다. 그런 다음 기차로 19일간 20개 주를 돌며 1만 9000킬
로미터를 여행했다. 기차와 자동차, 마차, 보트까지 동원한 여행
이었다. 불쑥 어느 마을에 들러서 아는 사람들을 만나 아침이나
점심 식사, 차 한잔, 저녁 식사를 함께하며 '진심어린 대화'를 나
누었다. 그러고 나면 또 서둘러 다음 목적지로 향했다.

　다시 동부로 돌아오자마자 짐 팔리는 자신이 방문했던 마
을마다 한 사람씩 편지를 보내 그와 이야기를 나눈 모든 손님의
명단을 부탁했다. 그렇게 해서 만들어진 최종 목록에는 수천 개
의 이름이 적혀 있었다. 그런데도 그 사람들 한 명 한 명이 모두
짐 팔리로부터 개인적인 편지를 받았다. 편지를 받은 사람들은
어쩐지 우쭐한 마음이 들 수밖에 없었다. 편지는 모두 '친애하
는 제인' 혹은 '친애하는 빌'과 같이 시작했고, 마지막에는 항상
'짐Jim'이라고만 사인이 되어 있었다(영어에서 성 없이 이름만 썼다
는 것은 친한 사이를 뜻한다).

　짐 팔리는 사람들이 세상의 모든 이름을 합친 것보다 자기

이름에 더 관심 있다는 사실을 인생 초반에 일찌감치 깨달았다. 이름을 기억했다가 막힘없이 불러주는 건 상대방에 대한 조용한 찬사나 마찬가지다. 반면에 이름을 잊거나 철자를 잘못 썼다면 아주 난처한 상황이 된다. 예전에 프랑스 파리에서 퍼블릭 스피킹 수업을 개설한 적이 있다. 그때 파리에 살고 있던 모든 미국인에게 편지를 인쇄해서 보냈다. 그런데 이름을 입력하던 프랑스인 타이피스트가 영어를 잘 몰랐는지 그만 실수를 하고 말았다. 그러자 파리에 있는 대형 미국 은행의 한 매니저가 본인의 이름 철자가 잘못됐다며 엄중하게 꾸짖는 편지를 보내왔었다.

때로는 이름을 기억하기 어려울 수도 있다. 특히나 발음조차 어려운 이름이라면 말이다. 보통 그런 이름은 정확히 알려고 노력하기보다 이름을 모른 채로 지내거나 쉬운 별명으로 부른다. 시드 레비Sid Levy는 한동안 니코데무스 파파둘로스Nicodemus Papadoulos라는 이름의 고객을 만나야 했다. 대부분 그를 '닉'이라고 불렀다. 레비는 우리에게 이렇게 말했다. "저는 그의 이름을 혼자서 몇 번씩 연습해 본 다음에 그분을 방문했어요. 제가 인사하면서 '안녕하세요. 니코데무스 파파둘로스 씨'라고 이름을 제대로 불러드렸더니 충격을 받으셨어요. 그분이 대답하기까지 기다리는 시간이 마치 영원처럼 느껴졌어요. 마침내 그분의 뺨에 눈물이 또르르 흘러내리더니 이렇게 말씀하시더군요. '레비 씨, 제가 이 나라에 온 지 벌써 15년인데 지금까지 제 이름을 똑바로 불러주려고 일부러 노력한 사람은 아무도 없었어요.'"

앤드루 카네기가 성공한 요인은 무엇이었을까? 사람들은
그를 '철강왕'이라고 부르지만 사실 카네기는 철강 제조에 대해
아는 것이 별로 없었다. 그의 수하에 있던 수백 명의 직원이 철
강에 대해 훨씬 더 잘 알았다.

그러나 카네기는 사람을 다룰 줄 알았다. 바로 그 능력 덕
분에 미다스 왕처럼 부자가 되었다. 그는 어릴 때부터 이미 아
이들을 모아 조직을 구성할 줄 아는 재주를 드러냈다. 리더십의
천재였다. 열 살 무렵에는 사람들이 놀라울 만큼 자신의 이름을
중시한다는 사실을 알아챘다. 이를 활용해 사람들의 협조를 얻
어낸 일화가 있다. 그가 아직 스코틀랜드에 사는 어린 소년이었
을 때다. 카네기는 토끼 한 마리를 잡았다. 엄마 토끼였다. 짜잔!
얼마 지나지 않아 새끼 토끼들까지 한 아름 갖게 됐다. 그런데
먹일 것이 없었다. 어린 카네기는 기발한 아이디어를 생각해 냈
다. 동네 꼬마들을 불러 모아 토끼에게 먹일 클로버와 민들레를
넉넉히 뽑아온다면 새끼 토끼에게 아이들의 이름을 붙여주겠다
고 했다.

이 작전은 마법 같은 효과를 발휘했다. 그 뒤로 카네기는 이
일을 절대로 잊지 않았다.

세월이 흐른 뒤 카네기는 비즈니스에서도 똑같은 심리를 활
용해 수백만 달러를 벌었다. 한 가지 예로 카네기는 펜실베이니

아 철도^{Pennsylvania Railroad}에 철강 레일을 팔고 싶었다. 당시 펜실베이니아철도의 회장은 에드거 톰슨^{J. Edgar Thomson}이었다. 그래서 카네기는 피츠버그에 '에드거 톰슨 제강'이라고 이름 붙인 거대한 제철소를 지었다.

그렇다면 하나 물어보자. 펜실베이니아 철도에 철강 레일이 필요해지면 에드거 톰슨은 레일을 어디서 사왔을까?

카네기와 조지 풀먼^{George Pullman} 사이에 기차 침대차 사업의 패권을 놓고 한판 싸움이 붙었을 때도 철강왕은 토끼를 키우며 배웠던 교훈을 다시 한번 떠올렸다. 당시 카네기의 소유이던 센트럴 교통^{Central Transportation Company}과 풀먼 소유의 회사는 유니언 퍼시픽 철도^{Union Pacific Railroad}의 침대차 사업을 따내려고 했다. 치고받으며 가격을 후려치느라 이윤을 창출할 기회가 박살 나고 있었다. 카네기도, 풀먼도 유니언 퍼시픽의 이사진을 만나러 뉴욕으로 갔다. 어느 날 저녁 두 사람은 세인트 니콜라스 호텔에서 마주쳤다. 풀먼에게 카네기는 이렇게 말을 건넸다. "안녕하세요, 풀먼 씨. 우리 둘이 지금 바보짓을 하고 있는 건 아닐까요?"

"무슨 말씀이시죠?" 풀먼이 되물었다.

그러자 카네기는 마음속에 있던 말을 꺼내놓았다. 두 회사를 합병하자는 말이었다. 카네기는 서로 싸우기보다는 협력하면 서로에게 득이 되리라며 근사한 미래를 그려 보였다. 풀먼은 유심히 듣고 있었으나 긴가민가했다. 마침내 풀먼이 물었다. "새 회사를 뭐라고 부르실 건가요?" 카네기가 재빨리 대답했다.

"당연히 풀먼 팰리스 카Pullman Palace Car Company지요."

풀먼은 낯빛이 환해지며 말했다. "제 방으로 가서 얘기를 더 나누시죠." 이날의 대화가 업계 역사에 남을 한 페이지를 썼다.

이렇듯 친구나 사업 동료의 이름을 기억하고 기념하는 습관은 앤드루 카네기가 보여준 리더십의 비결이었다. 앤드루 카네기는 자신이 공장의 노동자들을 친근하게 이름으로 부른다는 사실을 자랑스러워했다.

사람들은 자기 이름에 대단한 자부심이 있어서 무슨 수를 써서라도 이름을 남기려 한다. 당대의 위대한 쇼맨 중 한 명인 바넘P.T.Barnum조차 자신의 이름을 이어받을 사람이 없자 실망해서는 손자인 실리C.H.Seeley에게 '바넘' 실리로 이름을 바꾸면 2만 5000달러를 주겠다고 했다.

오랫동안 귀족이나 재계의 큰손들은 자신에게 창작품을 헌정하기를 원해서 예술가나 음악가, 작가를 후원했다. 도서관이나 박물관의 귀한 소장품은 자신의 이름이 인류의 기억에서 사라지는 것을 상상조차 하기 싫은 사람들이 기부한 경우가 많다. 뉴욕 공공도서관에 가면 애스터Astor와 레녹스Lenox의 소장품들이 있다. 메트로폴리탄 미술관에 가면 벤저민 올트먼Benjamin Altman과 J. P. 모건J.Pierpont Morgan의 이름이 박제되어 있다. 교회를 아름답게 장식하는 스테인드글라스도 기부자의 이름을 기리는 경우가 많다. 대부분의 대학 캠퍼스에도 큰돈을 기부한 사람의 이름을 딴 건물이 있다.

대체로 사람들은 다른 사람의 이름을 기억하지 않는다. 반복해서 그 이름이 지워지지 않게끔 마음에 새기는 데 시간과 에너지를 들이지 않기 때문이다. 정말 단순한 이유다. 사람들은 핑계를 댄다. 너무 바쁘다고 말이다.

그러나 프랭클린 루스벨트만큼 바쁘지는 않았을 것이다. 그렇게 바쁜 루스벨트도 우연히 알게 된 정비공의 이름까지 시간을 내서 기억해 뒀다가 불러줬다.

자동차 회사 크라이슬러는 다리가 불편해 평범한 차를 운전할 수 없던 루스벨트를 위해 특별한 자동차를 만들었다. 체임벌린 W.F.Chamberlain은 이 차를 배달하러 정비공 한 명을 데리고 백악관을 찾았다. 지금 내 앞에는 체임벌린이 자기 경험담을 들려준 편지가 놓여 있다.

"저는 루스벨트 대통령에게 이 차를 운전하는 법을 가르쳐 드렸어요. 다른 자동차에서는 볼 수 없는 장치가 많이 달려 있었죠. 그런데 대통령은 저에게 사람을 다루는 정교한 기술에 관해 많은 걸 알려주셨어요.

백악관에 도착했을 때 대통령은 아주 기쁘고 신난 듯이 보였어요. 친근하게 제 이름을 부르며 마음을 편하게 만들어주셨죠. 제가 보여드리고 말씀드리는 것마다 큰 관심을 보이시는 점이 아주 인상 깊었어요. 그 차는 손으로만 작동할 수 있도록 특별하게 디자인되었어요. 이 차를 보려고 사람들이 모여들었죠. 대통령은 이렇게 말씀하셨어요. '기적 같네요! 버튼만 누르면 움직이다니, 이렇게 운전이 쉬울 수도 있군요. 정말 대단합니다. 대체 어떻게 굴러가는 걸까요? 시간을 내서 한번 분해해 보고 싶네요. 어떻게 작동하는 건지.'

지인과 동료들이 기계에 감탄하자 대통령은 그들 앞에서 이렇게 말했어요. '체임벌린 씨, 이 차를 개발하느라 들인 시간과 노고에 감사드립니다. 아주 훌륭한 작품이에요.' 대통령은 라디에이터와 덮개, 운전석의 높이 조절 기능, 트렁크에 넣어둔 그의 이니셜이 박힌 여행 가방까지 칭찬하셨어요. 말하자면 세부적인 작은 것까지 전부 다 주목해 주셨어요. 모두 제가 고심해서 만들었을 거라는 점을 아셨던 거죠. 이어서 그는 장치 하나하나를 루스벨트 여사와 퍼킨스 양, 노동부 장관, 비서에게 짚어주셨죠. 심지어 나이 많은 백악관 짐꾼까지 불러와서 이렇게 말씀하셨어요. '조지, 이 여행 가방은 특별히 잘 간수해 주게나.'

운전 수업이 끝나자 대통령은 저를 돌아보며 이렇게 말씀하셨어요. '아, 체임벌린 씨, 연방준비제도 이사회를 30분이나 기다리게 했네요. 그만 일하러 가봐야겠어요.'

그날 백악관에 정비공을 한 명 데리고 갔어요. 도착했을 때 대통령에게 소개를 드렸죠. 정비공은 대통령에게 아무 말도 하지 않았으니 대통령은 그의 이름을 딱 한 번 들으셨어요. 수줍음이 많은 친구라 있는 듯 없는 듯이 한 구석에 있었거든요. 그렇지만 자리를 뜨시기 전에 대통령은 그 정비공을 찾으시더니 이름을 부르며 악수를 건네고 워싱턴까지 와줘서 고맙다고 하셨어요. 그 감사의 말에는 가식이라고는 없었어요. 마음에서 우러나 하신 말씀이라는 걸 느낄 수 있었어요.

뉴욕으로 돌아와서 며칠이 지나고 대통령의 서명이 담긴 사진을 받았어요. 도와줘서 고맙다는 뜻을 다시 한번 표현한 작은 메모도요. 대통령이 어떻게 그럴 시간을 낼 수가 있었는지 저한 테는 미스터리예요."

프랭클린 루스벨트는 남의 호감을 사는 가장 간단하면서도 분명하고 중요한 방법이 바로 상대의 이름을 기억하고 그가 중요한 사람이라고 느끼게 만들어주는 것임을 알고 있었다. 우리 중에 그렇게 하는 사람이 과연 몇 명이나 될까?

처음 만나는 사람을 소개받고 몇 분간이나 수다를 떨었는데도 헤어지고 나서는 그 사람의 이름조차 기억하지 못하는 일이 태반이다.

정치가가 가장 먼저 배우는 교훈 한 가지가 바로 이것이다. "유권자의 이름을 기억하는 것은 정치의 기본이다. 이름을 잊는 정치가는 본인도 잊힐 것이다."

사람의 이름을 기억하는 능력은 정치 못지않게 비즈니스나 사회생활에서도 중요하다.

프랑스의 황제이자 보나파르트 나폴레옹의 조카인 나폴레옹 3세는 자신이 왕실의 그 많은 의무를 지키면서도 만나는 모든 이의 이름을 기억할 수 있다고 자랑했다.

나폴레옹 3세의 비결은 무엇이었을까? 간단하다. 이름을 분명하게 듣지 못했으면 이렇게 말했다. "정말 미안하오. 이름을 제대로 듣지 못했소." 만약에 이름이 특이하다면 이렇게 말하곤 했다. "철자를 어떻게 쓰는가?"

또한 대화를 나누면서 이름을 여러 번 반복해서 말하고 상대방의 이목구비나 표정, 모습과 연결해서 기억하려고 노력했다. 대화가 끝나고 혼자 남으면 재빨리 이름을 종이에 써서 바라보며 집중하고 마음에 단단히 새긴 뒤 그 종이를 찢어버렸다. 이렇게 하면 이름이 귀로만 남는 것이 아니라 눈으로도 남았다.

모두 시간이 걸리는 일이다. 하지만 에머슨은 이렇게 말했다. "매너가 좋으려면 소소한 희생이 필요하다."

이름을 기억했다가 불러주는 것은 왕이나 기업의 경영진만 할 수 있는 일이 아니다. 누구나 할 수 있다. GM의 직원이었던 켄 노팅엄Ken Nottingham은 주로 회사 카페테리아에서 점심을 해결했다. 노팅엄은 카운터 뒤에서 일하는 여성이 언제나 얼굴을 찌푸리고 있는 것을 알아챘다. "그분은 거의 두 시간째 샌드위치를 만들고 있었어요. 그분한테 저는 그냥 또 하나의 샌드위치였죠. 먹고 싶은 메뉴를 주문하자 조그만 저울에 햄을 달고 양상추 한 장과 감자칩 몇 개를 얹어서 건네줬어요.

다음 날에도 똑같이 줄을 섰어요. 똑같은 여성분이 똑같이 찌푸리고 있었죠. 차이가 있다면 이번에는 제가 그분의 이름표를 알아본 거예요. 미소를 지으면서 이렇게 말을 걸었어요. "유니스, 안녕하세요." 그런 다음 원하는 음식을 이야기했어요. 저울이 어디 있나요. 햄을 겹겹이 쌓더니 양상추 세 장과 감자칩을 접시에서 흘러내릴 만큼 담아 주셨어요."

이름에 담긴 '마법'을 반드시 알고 있어야 한다. 그것 하나만큼은 다른 누구에게도 속하지 않는, 온전히 그 자신의 것이기 때문이다. 이름은 사람을 구분해 준다. 많은 사람 속에서도 누군가를 특별하게 만든다. 상대의 이름을 알고 다가가면 우리가 전하는 정보나 요청하는 내용이 특별한 중요성을 띠게 된다. 식당 웨이터부터 회사 임원에 이르기까지, 이름은 타인을 상대할 때 마법 같은 효과를 낼 것이다.

원칙 3

어떤 언어를 사용하든, 누군가의 이름은 그 사람한테
세상에서 가장 달콤하고 중요한 노래임을 기억하라.

*Remember that a person's name is to that person
the sweetest and most important sound in any language.*

대화를 잘하는 사람의
단 한 가지 특별한 비법

4

◆▶ —————— 한번은 브리지(카드 게임의 일종) 파티에 참석했다. 나는 브리지를 하지 않는다. 그런데 거기에 나 말고도 브리지를 하지 않는 부인이 있었다. 부인은 로웰 토머스 Lowell Thomas 가 라디오 방송국에서 일하기 전에 내가 그의 매니저를 했었고 내가 그의 강연 준비를 도우며 유럽을 많이 여행했던 사실을 알고 있었다. 부인은 이렇게 말했다. "카네기 씨, 들르셨던 멋진 장소며 직접 보신 근사한 장면들 좀 이야기해 주세요."

소파에 자리 잡고 앉았을 때 부인은 최근에 남편과 함께 아프리카 여행을 다녀왔다고 했다. "아프리카!" 나는 탄성을 질렀다. "너무 궁금하네요! 저도 항상 아프리카를 구경하고 싶었는데 아직 가보지 못했어요. 알제리의 알제에서 24시간을 체류한 게 전부죠. 세상에, 호랑이나 사자가 있는 지역도 가보셨나요?

가셨다고요? 너무 좋으셨겠어요. 부럽네요. 아프리카는 어땠는지 이야기 좀 들려주세요."

부인은 45분 동안 아프리카 이야기를 했다. 내가 어디에 갔었고 무엇을 보았는지 다시는 묻지 않았다. 부인은 내 여행 이야기를 듣고 싶었던 것이 아니다. 본인이 어디에 갔었는지 말할 수 있도록 귀 기울여 들어줄 사람이 필요했던 것뿐이다.

그 부인이 특이한 걸까? 아니다. 대부분이 다 그렇다.

한 예로 뉴욕의 어느 출판사가 주최한 디너파티에서 유명한 식물학사를 만났다. 식불학자를 만나보긴 처음이었는데 아주 매력적인 사람이었다. 나는 말 그대로 의자 끝에 엉덩이만 걸치고 앉아 그가 들려주는 이야기에 귀를 기울였다. 그는 이국적인 식물, 새로운 형태의 식물을 개발하기 위한 실험, 실내 정원 등에 대해 말해주었다(심지어 별것 아닌 감자에 대한 놀라운 사실을 알려주기도 했다). 나도 조그만 실내 정원을 가꾸고 있었는데, 그는 내가 고민하던 몇 가지 문제도 너끈히 해결해 주었다.

말했듯이, 그 자리는 디너파티였다. 다른 손님들도 많이 있었다. 그런데도 나는 그 모든 사회적 예절의 원칙을 어겨가면서 다른 사람을 모두 무시하고 이 식물학자와만 몇 시간 동안 대화를 나누었다.

밤이 깊었다. 나는 모두에게 인사를 하고 자리를 떴다. 그러자 식물학자는 파티를 주최한 주인을 돌아보며 내 칭찬을 늘어놓았다. 그는 내가 "가장 자극이 되는 사람"이었다고 말했다. 내가 이러저러한 사람이었다고 묘사하면서 마무리로는 내가 "가장 흥미로운 대화 상대"였다고 말했다.

흥미로운 대화 상대? 사실 나는 말을 거의 하지 않았다. 말을 하고 싶었다고 해도 대화 주제를 바꾸지 않는 이상, 무슨 말을 할 수 있는 입장이 아니었다. 나에게 식물에 대한 지식이란 펭귄의 해부학적 구조에 관한 지식 못지않게 낯선 것이었기 때문이다. 그렇지만 나는 열중해서 들었다. 그렇게 경청한 이유는 진심으로 관심이 있어서였다. 그리고 그도 그걸 느꼈다. 그러니 기뻐할 수밖에. 이런 종류의 경청은 우리가 누군가에게 보내는 가장 큰 찬사다. 잭 우드퍼드Jack Woodford는 『사랑에 빠진 이방인들 Strangers in Love』에서 이렇게 썼다. "넋을 잃고 들어주는 건 일종의 아첨이다. 거기에 넘어가지 않을 인간은 거의 없다." 나는 식물학자의 이야기를 넋을 잃고 듣기만 한 게 아니다. 나는 '진심을 담아 칭찬했고, 칭찬을 아낌없이 쏟아부었다.'

대화를 마치면서 식물학자에게 대단히 즐거웠고 많이 배웠다고 말했다. 실제로 그랬다. 나도 당신처럼 많은 걸 알았으면 좋겠다고 했다. 진심이었다. 그와 함께 들판에 나가보고 싶다고 했고, 정말 나갔다. 꼭 다시 만나 뵙고 싶다고 했고, 만났다.

그는 나를 흥미로운 대화 상대라고 생각했지만 실제로는 그냥 잘 들어주고 계속 이야기해 달라고 독려했을 뿐이다.

사업상의 인터뷰가 성공하는 비결은 과연 무엇일까? 하버드대학교 총장을 지낸 찰스 엘리엇Charles W. Eliot은 이렇게 말했다.

"사업상의 대화가 성공하는 데 어려울 것은 하나도 없다. 당신한테 하고 싶은 말이 있는 상대에게 전적으로 집중하면 된다. 그보다 더 잘 보일 방법은 없다."

엘리엇은 스스로도 경청이라는 기술의 달인이었다. 미국 초기 위대한 소설가인 헨리 제임스$^{Henry\ James}$는 이렇게 기억했다. "엘리엇 박사에게 경청이란 그냥 입 다물고 있는 게 아니라 일종의 '행위'였어요. 무릎 위에 양손을 모으고 꼿꼿이 앉아 양쪽 엄지손가락을 엇갈리며 빠르게 혹은 느리게 뱅뱅 돌리는 것 말고는 일절 움직이지 않았죠. 상대를 바라보는 모습이 마치 귀뿐만 아니라 눈으로도 듣는 것 같았어요. 엘리엇 박사는 마음으로 들었어요. 그 말을 하는 당신이 정말로 하고 싶은 말이 무엇일까 주의 깊게 생각했죠.

인터뷰가 끝날 때면 엘리엇 박사와 대화한 사람은 마치 그가 할 말을 다 한 것 같은 기분이 들었어요."

자명한 이야기 아닌가? 이는 하버드에서 4년을 공부하지 않아도 알 수 있는 내용이다. 그러나 우리가 아는 백화점 중에는 비싼 공간을 대여하고, 돈을 들여 물건을 사서, 시선을 끄는 쇼윈도를 꾸미고, 수천 달러를 써서 광고하면서도 정작 남의 말을 잘 들어주는 정도의 지각조차 없는 사람을 매장 직원으로 고용하는 곳이 분명히 있다. 고객이 말을 하는데 가로막고, 고객의 생각을 반박하고, 고객을 짜증 나게 하고, 결국은 고객을 매장에서 쫓아내는 것이나 다름없이 행동하는 그런 직원 말이다.

시카고에 있는 어느 백화점도 해마다 수천 달러를 쓰는 단골 고객 한 명을 잃을 뻔했다. 매장 직원이 고객의 말을 들으려 하지 않았기 때문이다. 시카고에서 수업을 들었던 헨리에타 더글러스Henrietta Douglas는 특별 할인 기간에 코트를 샀다. 그런데 집으로 가져와 보니 안감이 찢어져 있었다. 더글러스는 다음날 다시 매장을 찾아가 직원에게 교환을 요청했다. 그런데 직원은 더글러스의 말을 들으려고도 하지 않았다. "특별 할인으로 구매하셨잖아요." 그렇게 말하면서 벽에 쓰여 있는 글을 가리켰다. "저걸 읽어보세요. '교환, 환불 안 됩니다.' 일단 구매하셨으면 가져가셔야 해요. 직접 꿰매세요."

"하지만 이건 제품에 하자가 있었잖아요." 단골 고객은 그렇게 항의했다.

"그래도 똑같아요." 직원은 고객의 말을 잘랐다. "안 되는 건, 안 되는 거예요."

헨리에타 더글러스는 분개하여 다시는 이 백화점에 오지 않겠다고 다짐하면서 밖으로 나오려던 참이었다. 그때 더글러스를 알아본 백화점 매니저가 인사를 했다. 매니저는 더글러스가 오랜 단골임을 알고 있었다. 더글러스는 매니저에게 방금 있었던 일을 이야기했다.

매니저는 더글러스의 이야기를 정중히 경청한 다음, 코트를 살펴보더니 이렇게 말했다. "특별 할인 제품이 교환이나 환불이 안 되는 건 맞아요. 그래야 시즌 막바지에 저희가 남은 제품을 처리할 수 있으니까요. 하지만 이런 정책은 하자 있는 제품에는 적용되지 않죠. 기꺼이 안감을 수선하거나 교환해 드리겠습니다. 혹시 싫으시면 환불해 드릴게요."

이 얼마나 다른 대처인가! 만약 매니저가 다가와서 고객의 이야기를 경청하지 않았다면, 백화점은 단골 고객 한 명을 영원히 잃을 뻔했다.

경청하는 법을 배우는 것은 가족 사이에서 더욱 중요하다. 그러나 안타깝게도 우리는 사랑하는 사람보다 낯선 사람의 말을 더 주의 깊게 듣는 듯하다. 배우자나 자녀의 말에 영혼 없이 답했던 적이 얼마나 많은가? 그들이 정말로 하고 싶은 말이 무엇인지 들으려고 진정한 노력을 기울였는가? 사랑에 빠졌을 때 다른 누구와도 비교할 수 없을 만큼 애인이 나를 잘 이해한다고 느끼는 이유는 내 말을 완전히 몰입해서 들어주기 때문이다.

뉴욕주 크로톤온허드슨에 사는 밀리 에스포지토^{Millie Esposito}는 가족의 말을 들어주는 것이 얼마나 중요한지 잘 알고 있었기에 아이들이 자신과 이야기를 하고 싶어 하면 늘 유심히 잘 듣는 것을 원칙으로 삼았다. 어느 날 저녁 아들 로버트와 주방에 앉아 로버트의 고민을 함께 상의했다. 이야기가 끝나자 로버트는 이렇게 말했다. "엄마, 저를 많이 사랑하신다는 거 알아요."

에스포지토는 감동을 받았다. "당연히 널 많이 사랑하지. 혹시 아니라고 느낀 적이 있었니?"

로버트가 대답했다. "아니요. 하지만 엄마가 날 사랑한다는 걸 정말로 알아요. 왜냐하면 언제든지 제가 이야기를 하고 싶을 때면, 엄마는 하던 일을 모두 멈추고 제 이야기를 들어주시니까요."

끊임없이 불만만 늘어놓던 사람도, 다른 사람을 맹비난하던 사람도, 참을성 있게 들어주며 함께 안타까워하는 사람을 만나면 부드러워지거나 잠잠해지는 경우가 흔히 있다. 남의 잘못을 지적하느라 격분해서 킹코브라처럼 독을 뿜어내는 사람조차도 말이다. 실제로 그런 사례가 있다. 몇 년 전 뉴욕전화회사가 정말 악독한 고객을 만났다. 그 고객은 서비스센터 직원에게 저주를 퍼붓고 욕을 했다. 고래고래 악을 쓰며 전화선을 몽땅 뽑아버리겠다고 협박했다. 전화요금 일부가 잘못 산정되었다면서 요금을 내지 않으려고 했다. 여러 신문사에다 뉴욕전화회사를 힐난하는 편지를 보냈다. 공공서비스위원회Public Service Commission에도 수도 없이 불만 접수를 했다. 전화회사를 상대로 여러 개의 소송도 제기했다.

마침내 뉴욕전화회사는 분란을 못 일으켜서 안달인 이 남자를 한번 만나보라고 가장 노련한 '해결사'를 파견했다. 해결사는 이 고약한 고객이 마음이 후련해질 때까지 실컷 불평을 쏟아놓게 해주었고 그 내용을 집중해서 들었다. 이 직원은 귀를 기울이며 '그렇죠'라고 대답하고 그의 고충을 함께 안타까워했다.

"그분이 열변을 토하는 걸 거의 세 시간 동안 듣기만 했어요." 해결사는 본인의 경험담을 그렇게 이야기했다. "그리고 나서 그분을 다시 찾아갔죠. 그리고 또 들었어요. 총 네 번을 만났어요. 네 번째 방문이 끝나기 전에 저는 그분이 설립하려던 조직의 창립 멤버가 됐어요. 그분은 그 조직을 '전화가입자보호협회'라고 불렀죠. 저는 아직도 이 조직의 멤버예요. 멤버라고는 이 세상에 그분 말고는 저뿐인 것 같지만요.

그렇게 면담을 하면서 그분이 뭔가를 지적할 때마다 경청하고 함께 안타까워했어요. 전화회사 직원이 그런 식으로 대화를 나눠준 건 처음이었나 봐요. 나중에는 한결 태도가 부드러워지시더군요. 첫 번째 방문에서는 그분을 찾아간 이유는 언급조차 하지 않았고, 두 번째, 세 번째에서도 이야기하지 않았어요. 네 번째 방문에서 사건을 완전히 해결했어요. 그분은 요금을 모두 내고, 그분과 전화회사와의 분쟁 역사상 처음으로 공공 서비스 위원회에 냈던 불만 접수를 전부 자발적으로 철회했어요."

이 고객은 틀림없이 자신을 어떤 신성한 사회 운동가라고 생각했을 것이다. 냉혹한 착취에 맞서 공공의 이익을 지키고 있다고 말이다. 그러나 실제로 이 고객이 원했던 것은 '나는 중요한 사람'이라는 느낌이었다. 처음에는 분란을 일으키고 항의를 하는 데서 그 느낌을 얻었다. 하지만 전화회사의 직원을 통해 자신이 중요한 사람이라는 느낌을 얻고 나자 그가 상상해 낸 '고충'은 온데간데없이 사라져 버렸다.

오래전에 있었던 일이다. 어느 아침에 성난 고객 하나가 줄리언 데트머 Julian F.Detmer의 사무실에 들이닥쳤다. 줄리언 데트머는 나중에 세계 최대의 양복용 모직 공급업체가 되는 데트머모직

회사 Detmer Woolen Company 의 설립자였다.

데트머는 나에게 이렇게 설명했다. "우리 소매점 중 하나를 운영하는 그 고객분이 저희에게 지급할 약간의 대금이 있었어요. 그런데 대금이 없다고 하는 거예요. 우리는 그분이 틀렸다는 걸 알고 있었죠. 그래서 재무팀에서 지급을 하셔야 한다고 이야기했어요. 재무팀에서 여러 통의 서신을 받은 그분은 짐을 싸서 시카고까지 찾아오셨어요. 제 사무실로 쳐들어와서 자신은 대금을 지급할 생각이 없을 뿐더러 다시는 데트머모직의 제품을 단 1달러어치도 사지 않겠다고 했어요.

저는 차분히 그분 말씀을 끝까지 들었어요. 중간에 끼어들고 싶은 마음이 굴뚝 같았지만, 좋은 생각이 아니라는 걸 알았죠. 그래서 하고 싶은 말씀을 다 하시도록 했어요. 마침내 그 분의 화가 좀 가라앉고 들을 준비가 되셨을 때 조용히 말했죠. '이 부분에 대해 알려주시려고 시카고까지 와주셔서 감사하다는 말씀을 드리고 싶습니다. 큰 도움이 됐어요. 저희 재무팀에서 고객님을 화나게 만들었다면, 아마 다른 고객분들도 화가 나셨을지도 모릅니다. 저희 회사에 너무나 안 좋은 일이죠. 정말이지, 고객님도 말씀해 주시고 싶으셨겠지만 저야말로 이런 얘기를 듣게 되어 정말 다행입니다.'

그분은 제가 그런 말을 할 거라고는 꿈에도 생각지 못한 듯했어요. 아마 몇 배로 실망하셨던 모양이에요. 왜냐하면 단단히 한 소리 하려고 멀리 시카고까지 찾아왔는데, 제가 그분과 싸움을 하기는커녕 고맙다고 했으니까요. 장부에서 그 대금을 삭제해 드릴 테니 걱정 마시라고 했어요. 그분은 아주 꼼꼼한 분인데다가 관리할 장부도 하나인데, 우리 직원들은 수천 개 장부를 관리하니까 그분보다는 우리가 틀렸을 가능성이 높다고 했죠.

저는 제가 그분 입장이었어도 틀림없이 똑같이 느꼈을 거라고 말했어요. 더 이상 저희한테서 제품을 구매하지 않으실 테니 다른 모직 공급회사를 몇 군데 추천해 드렸죠.

예전에 그분이 시카고에 오시면 함께 점심을 먹곤 했어요. 그래서 이번에도 점심을 함께하시자고 했죠. 그분은 마지못해 따라나섰어요. 하지만 다시 사무실로 돌아오고 나서 그 어느 때보다 큰 금액의 주문을 하셨어요. 기분이 풀려서 집으로 돌아가셨죠. 그러고 나서는 우리가 공정하게 대접해드린 것만큼 본인도 공정하고 싶은 마음에 장부를 다시 검토하셨대요. 그리고 잘못된 걸 하나 찾아내신 거죠. 사과의 말과 함께 수표를 보내주셨어요.

나중에 그분의 아들이 태어나자 미들네임을 데트머라고 지으셨어요. 그리고 22년 후 돌아가실 때까지 제 친구이자 우리 회사의 고객으로 남으셨죠.”

오래전에 가난한 네덜란드 이민자 가정의 한 소년이 있었다. 소년은 가족의 생계를 돕기 위해 학교가 끝나면 빵집 유리창을 닦았다. 집이 워낙에 가난해서 그 일 말고도 바구니를 들고 거리에 나가 떨어진 석탄 부스러기를 주웠다. 석탄을 실은 마차가 지나가면서 배수로 쪽에 흘리고 간 것이었다. 에드워드 복Edward Bok이라는 이름의 그 소년은 평생 학교 교육을 6년밖에 받지 못했다. 그렇지만 결국은 미국 저널리즘 역사상 가장 성공한 잡지의 편집자가 됐다. 어떻게 한 걸까? 긴 이야기지만, 시작 부분은 간단히 설명할 수 있다. 에드워드 복은 이번 장에서 설명한 원칙들을 이용해 성공의 첫걸음을 뗐다.

열세 살에 학교를 그만둔 그는 웨스턴 유니언Western Union의 사환이 됐다. 하지만 교육에 대한 뜻을 단 한 순간도 포기하지 않았다. 그래서 독학을 시작했다. 차비와 점심 도시락 비용을 아껴서 미국인의 인물백과 한 권을 샀다. 그런 다음 아무도 듣도 보도 못한 일을 했다. 당대 유명인들의 삶에 대해 읽고 그들에게 편지를 써서, 어린 시절에 관한 정보를 더 줄 수 없는지 물었다. 에드워드 복은 남의 얘기를 잘 들어주는 사람인 만큼 이 유명인들에게 본인의 얘기를 더 들려달라고 했다. 당시 대통령 선거에 출마 중이던 제임스 가필드James A. Garfield 장군에게 편지를 써서 운하에서 선원 일을 했던 게 맞는지 물었다. 가필드는 답장을 보내줬다. 율리시스 그랜트Ulysses S. Grant 장군에게도 편지를 보내 어느 전투에서 일어났던 일을 물었다. 그랜트는 지도를 그려서 보내준 것은 물론이고 이 열네 살 소년을 저녁 식사에 초대해 저녁 내내 이야기를 들려주었다.

얼마 지나지 않아 웨스턴 유니언의 사환 소년은 전국의 수

많은 유명인과 서신을 교환하고 있었다. 그중에는 랠프 월도 에머슨, 판사였던 올리버 웬들 홈즈Oliver Wendell Holmes, 시인 헨리 롱펠로Henry Wadsworth Longfellow, 에이브러햄 링컨 부인, 소설가 루이자 메이 올컷Louisa May Alcott도 있었다. 에드워드 복은 이 유명인들과 서신을 주고받는 데 그치지 않고 휴가가 생기면 곧잘 환영받는 손님으로 그들의 집에 방문했다. 이 경험은 에드워드 복에게 자신감을 채워주었다. 그 무엇과도 바꿀 수 없는 경험이었다. 이들은 에드워드 복의 마음에 비전과 포부라는 불을 붙여주었고 그것이 그의 인생을 결정시켰다. 다시 한번 말하지만, 이 모든 게 가능했던 이유는 에드워드 복이 오직 이 책의 여러 원칙을 실천한 덕분이었다.

수백 명의 유명인을 인터뷰한 저널리스트였던 아이작 마커슨Isaac F. Marcosson은 많은 사람들이 호감 가는 첫인상을 남기지 못하는 이유가 주의 깊게 듣지 않기 때문이라고 했다. "사람들은 '다음에 무슨 말을 할지' 걱정하느라고 귀를 열지 않는다. (…) 저명인사들은 말을 잘하는 사람보다는 잘 들어주는 사람을 좋아한다고 내게 말했다. 그런데도 경청하는 능력은 다른 그 어느 미덕보다 찾아보기 힘든 듯하다."

저명인사만 잘 들어줄 사람을 바라는 것은 아니다. 보통 사람들도 마찬가지다. 《리더스 다이제스트》에 실린 것처럼 말이다. "많은 사람이 오직 들어줄 사람이 필요해서 의사를 찾는다."

남북전쟁 중 가장 암울했던 시기에 링컨은 일리노이주 스프링필드에 사는 오랜 친구에게 편지를 썼다. 의논하고 싶은 문제가 있다면서 워싱턴으로 좀 와달라고 부탁했다. 이웃이었던 오랜 친구는 백악관을 방문했고, 링컨은 몇 시간 동안 친구에게 과연 지금 노예 해방을 선언해야 하는지에 관해 이야기했다. 링컨은 이 조치에 찬성하는 쪽과 반대하는 쪽의 주장을 하나하나 짚은 뒤 편지와 신문 기사를 읽었다. 어떤 이들은 링컨이 노예를 해방하지 않는다고 맹비난하고 다른 이들은 링컨이 노예를 해방할까 봐 두려워서 맹비난했다. 몇 시간을 떠든 후 링컨은 오랜 친구와 악수를 하고 잘 가라는 인사를 한 뒤 의견조차 묻지 않고 다시 일리노이로 돌려보냈다. 이야기는 링컨 혼자서 했다. 그걸로 마음이 정해진 모양이었다. "그 대화 이후 링컨은 마음이 좀 편해진 것처럼 보였다"라고 옛 친구는 말했다. 링컨은 조언을 원했던 게 아니었다. 그냥 이야기를 털어놓을 수 있는, 호의적이고 잘 공감하면서 들어줄 사람을 원했다. 어려움에 처했을 때 우리가 원하는 것도 그것이 전부다. 화가 난 고객이 원하는 것도, 불만이 있는 직원이나 마음에 상처를 입은 친구가 원하는 것도 그게 전부인 경우가 많다.

현대인 중에서 가장 잘 들어주었던 사람이 바로 지크문트 프로이트다. 프로이트를 만나본 어떤 사람은 그의 경청 방식을 이렇게 설명했다. "너무나 강렬한 인상을 받아서 절대로 잊을 수가 없을 겁니다. 다른 사람에게서 한 번도 보지 못한 자질을 가진 분이었어요. 그렇게 집중해서 듣는 사람은 처음 보았습니다. 흔히 말하는 '영혼을 꿰뚫어 보는 듯한 시선'은 아니었지만 그분의 두 눈은 부드럽고 온화했죠. 목소리는 낮으면서 친절했고요. 제스처도 별로 없으셨어요. 그렇지만 저에게 온전히 집중하고 제 말을 이해하려는 모습은 정말로 대단했어요. 심지어 제 표현이 서투를 때조차 말이죠. 누군가가 내 말을 그렇게까지 집중해서 들어준다는 것이 어떤 건지 상상도 못하실 거예요."

어떻게 하면 남들이 당신을 피하고, 등 뒤에서 비웃고, 심지어 경멸하게 만들 수 있는지 알고 싶다면 확실한 방법이 하나 있다. 누가 말을 하든, 오랫동안 듣고 있지 말라. 쉴 새 없이 당신의 이야기를 떠들어라. 다른 사람이 말하는 중인데 뭔가 생각이 떠오른다면 말이 끝날 때까지 기다리지 말고 문장 중간에 바로 끼어들어라.

주변에 혹시 저런 사람이 있는가? 안타깝게도 나는 있다. 놀라운 건 그중 일부는 여러분도 아는 이름이라는 것이다.

지루한 사람, 그게 바로 저 사람들이다. 남을 지루하게 만드는 사람들은 자기 자신에 대한 생각에 도취되어 있다. 내가 중요한 사람이라는 생각에 푹 빠져 있다.

자기에 관한 얘기만 떠드는 사람들은 자기에 대한 생각만 하고 있다. 오랫동안 컬럼비아대학교 총장을 지낸 니콜라스 버틀러Nicholas Murray Butler 박사는 이렇게 말했다. "자기에 대한 생각만 하는 사람들은 구제불능일 정도로 교양이 없다. 얼마나 많이 배웠든 간에 교양 있는 사람이 아니다."

그러니 대화를 잘하는 사람이 되고 싶다면, 주의 깊게 들어주는 사람이 되어라. 재미있는 사람이 되고 싶다면 관심을 가지고 들어라. 상대가 아주 즐겁게 답할 것 같은 질문을 던져라. 상대에 관한 이야기, 그가 이룬 것에 관한 이야기를 해달라고 요청하라.

지금 나와 대화 중인 상대는 나나 내 문제보다는 그나 그가 원하는 것, 그의 문제에 백 배는 더 관심이 많음을 기억하라. 지금 내가 치통으로 괴롭다면, 중국에서 기근으로 100만 명이 죽는 것보다 치통이 나에게는 더 큰 문제다. 내 목에 종기가 났다면 아프리카에서 지진이 40번 나는 것보다 나에게는 그 종기가 더 큰 관심사다. 다음에 누군가와 대화를 시작할 때는 이를 꼭 명심하라.

원칙 4

잘 들어주는 사람이 되어라.

상대가 자기 자신에 관해 이야기하게 하라.

Be a good listener.
Encourage others to talk about themselves.

상대의 관심을
끌고 싶다면

5

➻➻ ———————— 한 번이라도 시어도어 루스벨트의 손님이 되어본 사람은 그의 다양하고 폭넓은 지식에 깜짝 놀라게 되어 있었다. 손님이 카우보이이든 저 유명한 의용군 기병대원이든, 뉴욕의 정치가이든 외교관이든 루스벨트는 무슨 말을 해야 할지 알고 있었다. 어떻게 그랬을까? 답은 간단했다. 언제든 손님이 오기로 하면, 루스벨트는 전날 밤 늦게까지 손님이 관심을 가질 만한 주제에 관한 글을 읽었다.

루스벨트도 알고 모든 리더가 알았듯, 사람의 마음을 얻는 왕도는 상대가 가장 소중히 여기는 것에 관해 이야기하는 것이다.

예일대학교의 문학교수이자 에세이 작가였던 윌리엄 펠프스William Lyon Phelps는 일찌감치 이 교훈을 배웠다. 그는 『인간의 본성Human Nature』이라는 에세이에 이렇게 썼다. "여덟 살 때 나는 후

서토닉강 근처 스트랫퍼드에 위치한 리비 린슬리 숙모의 집에서 주말을 보내고 있었죠. 어느 날 저녁 한 남자가 찾아왔다. 그는 숙모와 공손히 인사를 나누고는 온전히 나에게 관심을 쏟았다. 당시 나는 우연히도 보트에 푹 빠져 있었다. 손님은 보트 이야기를 한참 했고 나는 너무너무 흥미로웠다. 그가 떠난 후 나는 그분에 대해 열정적으로 이야기했다. 얼마나 멋진 사람인가! 숙모는 그분이 뉴욕에 사는 변호사인데 보트에는 전혀 관심이 없다고, 그 주제에는 손톱만큼도 관심이 없다고 알려주었다. '그러면 왜 계속 보트 얘기만 한 거예요?'

'왜냐하면 그분이 신사니까 그렇지. 네가 보트에 관심이 있는 걸 아니까 네가 흥미를 갖고 즐거워할 만한 이야기를 한 거야. 호감 가는 사람이 된 거지.'"

윌리엄 펠프스는 이렇게 덧붙였다. "나는 숙모의 말을 단 한 번도 잊어본 적이 없다."

이번 장을 쓰면서 나는 보이스카우트 일을 하는 에드워드 캘리프Edward L. Chalif의 편지를 앞에 놓고 있다.

캘리프는 이렇게 썼다. "어느 날 도움이 필요한 일이 생겼어요. 대형 스카우트 잼버리가 곧 유럽에서 열릴 예정이었거든요. 미국의 대기업 회장님 중 한 분이 우리 보이스카우트 한 명의 경비를 대주셨으면 했죠.

다행인지 어쩐지, 만나러 가기 직전에 이분이 100만 달러짜리 수표를 썼다는 이야기를 들었어요. 그런데 그게 취소되어서 수표를 액자에 넣어두었다고 하더라고요.

사무실에 들어서자마자 그 수표를 혹시 볼 수 있는지 여쭤 봤어요. 100만 달러짜리 수표라니! 그런 수표를 썼다는 사람은 한 번도 본 적이 없었고 심지어 가능한 일인지도 몰랐어요. 스카우트 아이들한테 수표를 실제로 봤다고 말해주고 싶었어요. 그분은 기꺼이 보여주셨죠. 저는 감탄을 하면서 어쩌다 그런 수표를 쓰시게 됐는지 자세히 말씀해 달라고 했어요."

여러분도 눈치챘을 것이다. 캘리프는 보이스카우트나 유럽에서 열리는 잼버리나 자신이 정말로 원하는 것에 관한 내용으로 대화를 시작하지 않았다. 캘리프는 상대가 관심이 있을 만한 이야기를 했다. 그리고 다음과 같은 결과를 얻었다.

"이내 면담 중이던 그분이 이렇게 말씀하셨어요. '아, 그건 그렇고, 무슨 일로 보자고 하셨죠?' 그제서야 용건을 말했죠.

너무나 놀랍게도 그분은 제가 부탁한 것을 즉각 들어줬을 뿐만 아니라 훨씬 더 많은 걸 해주셨어요. 저는 소년 한 명을 유럽으로 보내달라고 했을 뿐인데, 다섯 명에 저까지 보내주셨어요. 1000달러짜리 신용장을 제게 주시면서 아이들과 유럽에서 7주를 보내고 오라고 하셨어요. 또 그 회사의 지부장들에게 소개장을 써서 저희를 도와주라 하고 본인도 파리로 와서 저희를 만나 구경을 시켜 주셨어요. 나중에는 형편이 어려운 집 아이들에게 일자리도 주셨죠. 지금도 저희 단체에서 활동하고 계세요.

그렇지만 그날 만약 이분이 무엇에 관심이 있는지부터 알아내지 못했다면, 그래서 따뜻한 분위기부터 만들지 않았더라면 그분에게 다가가기는 훨씬 더 어려웠을 거예요."

이 방법이 사업에서도 도움이 될까? 그럴까? 한번 보자. 뉴욕에 있는 제빵 납품회사인 듀버노이 앤드 선즈Duvernoy and Sons의 헨리 듀버노이Henry G. Duvernoy의 이야기다.

듀버노이는 뉴욕의 어느 호텔에 빵을 납품하려고 애쓰고 있었다. 무려 4년 동안 매주 지배인을 방문했고, 지배인이 참석하는 행사에도 참석해 봤다. 심지어 사업을 따내려고 그 호텔에 방을 얻어서 지낸 적도 있다. 그러나 모두 실패였다.

듀버노이는 이렇게 말했다. "인간관계를 공부하고 나서 전술을 한번 바꿔보기로 결심했어요. 이분의 관심사가 뭔지 알아보기로 했죠. 과연 이분의 열정은 뭘까.

그분이 미국호텔운영자협회Hotel Greeters of America라는 경영자 모임에 소속되어 있는 걸 알게 됐어요. 그냥 소속된 정도가 아니라 열정이 끓어 넘쳐서 조직의 회장 겸 국제호텔운영자협회International Greeters의 회장직까지 맡고 계시더라고요. 그 모임에서 주최하는 컨벤션은 무조건 참석하고요.

다음번에 그분을 뵈었을 때는 호텔운영자협회 얘기를 꺼냈어요. 그때 그 반응이란! 호텔운영자협회에 대해 30분을 이야기하는데, 목소리에서 열정이 뿜어져 나오더라고요. 이 협회가 취미를 넘어 삶의 열정이라는 걸 알 수 있었어요. 사무실을 나오기 전에 저더러 협회에 들어오라고 '영업'을 하시더군요.

그러는 내내 저는 빵에 대해서는 일절 한마디도 하지 않았어요. 그런데 며칠 후 호텔 식품 조달부에서 전화가 왔어요. 저더러 빵 샘플과 가격표를 가지고 찾아오라고요.

도착하니 책임자가 그러더군요. '대체 지배인님께 어떻게 하신 거예요? 뭔지는 몰라도 홀딱 넘어가신 건 확실하네요!'

생각해 보세요! 사업을 따내려고 쫓아다닌 지가 4년이에요. 만약 끝까지 그분이 무엇에 관심이 있고 어떤 화제로 대화를 나누는 걸 좋아하는지 알아내려 하지 않았다면 아마 아직도 쫓아다니고 있었겠죠."

메릴랜드주 해거스타운에 살고 있었던 에드워드 해리먼 Edward E. Harriman은 군복무를 마치고 메릴랜드주 내에서도 가장 아름다운 컴벌랜드 밸리에 살기로 했다. 안타깝게도 당시에는 그 지역에 일자리가 별로 없었다. 조사를 좀 해보니 그 지역의 많은 회사가 괴짜 사업가 R. J. 펑크하우저R.J.Funkhouser의 소유이거나 그 밑에 있었다. 가난한 집에서 태어나 자수성가한 펑크하우저는 해리먼의 호기심을 자극했다. 그러나 펑크하우저는 구직자들이 만나기가 어렵기로 유명했다. 해리먼은 이렇게 썼다. "꽤 많은 사람을 만나서 이야기를 들었는데, 펑크하우저의 주된 관심사는 권력과 돈에 대한 욕구였다. 펑크하우저는 나 같은 사람을 만나고 싶지 않아서 단호한 전담 비서를 두고 있었다. 나는 이 비서의 관심사와 목표를 알아본 후 약속도 없이 그녀의 사무실을 찾았다. 그녀는 벌써 15년째 펑크하우저의 주위를 맴도는 위성처럼 살고 있었다. 나는 펑크하우저 씨에게 제안할 내용이 있는데, 잘되면 그의 경제적·정치적 성공으로도 이어질지 모른다고 했다. 비서는 열광했다. 나는 또 그녀가 적극적으로 도운 덕분에 펑크하우저가 그처럼 크게 성공했다고도 했다. 대화 후 비서는 내가 펑크하우저를 만나볼 수 있게 약속을 잡아주었다.

으리으리한 사무실로 들어서면서 나는 직접적으로 일자리를 부탁하지는 않을 생각이었다. 그는 화려한 조각이 새겨진 거대한 책상 뒤에 앉아 있다가 나를 보고는 천둥 같은 목소리로 말했다. '안녕하시오, 젊은이.' 내가 말했다. '펑크하우저 씨, 제가 돈을 좀 벌게 해드릴 수 있을 것 같습니다.' 그는 즉각 자리에서 일어나더니 커다란 안락의자를 권했다. 나는 아이디어를 죽 늘어놓고 이를 실현하는 데 내 자질이 어떻게 도움이 될지와, 이런 아이디어가 그의 개인적 성공뿐만 아니라 사업적 성공에도 도움이 될 이유를 설명했다. 그는 자신을 'R. J.'라고 부르라 했고, 그 자리에서 바로 나를 고용했다. 20년이 넘는 세월 동안 나는 그의 회사에서 일했고, 그의 사업도, 나도 번창했다."

상대의 관심사를 중심으로 대화하는 것은 양쪽 모두에게 도움이 된다. 직원 소통 분야의 선구자인 하워드 허지그^{Howard Z.Herzig}는 늘 이 원칙을 따랐다. 어떤 보상이 있었냐고 물어보자 허지그는 상대에 따라 받은 보상도 다르겠지만, 크게는 타인과 대화할 때마다 자신의 삶이 확장된 것 자체가 보상이라고 했다.

듀버노이, 해리먼을 비롯해 이번 5장에 나온 인물들이 발견한 진리야말로 인간관계에서는 황금과도 같다. 우리가 정말로 매력적이라고 느끼는 대화 상대들은, 콘월에서 새를 관찰한 경험을 늘어놓으며 깊은 인상을 주려고 한다거나, 다가오는 딸의 결혼식에 관한 소소한 내용을 시시콜콜 떠들며 우리를 지루하게 만들지는 않는다. 그것이 아무리 본인이 잘 아는 주제라고 하더라도 말이다. 그 사람들과 함께 있는 게 즐거운 이유는 그들이 '우리'의 관심사와 '우리'의 의견을 중심으로 이야기하기 때문이다. 그러니 즐겁지 않을 사람이 어디 있겠는가?

역사적으로 외교관부터 고급 접대부, 왕, 왕비에 이르기까지 수많은 사람이 이 원칙을 이용해 정치 동맹을 중개하고, 사랑하는 사람에게 구애하고, 큰돈을 벌었다. 당신도 이 원칙을 활용한다면 서로에게 도움이 될 것이다. 상대는 여러분과 하는 대화가 즐거울 테고, 여러분 역시 보상을 받을 것이다. 매번 누군가와 이야기를 나눌 때마다 '당신'의 삶이 확장될 테니 말이다.

원칙 5

상대의 관심사를 중심으로 이야기하라.

Talk in terms of the other person's interests.

상대의 마음을
단번에 사로잡는 법

6

➻ ——————— 나는 편지를 한 통 부치려고 뉴욕 33번가 8번
로의 우체국에 줄을 서서 기다리고 있었다. 그러다 접수창구의
직원이 따분해하는 모습이 보였다. 봉투의 무게를 재고, 우표를
나눠주고, 잔돈을 바꿔주고, 영수증을 발행하는 등. 매일매일 똑
같이 단조로운 저 업무를 대체 얼마나 오랫동안 해왔을까. 나는
속으로 생각했다. '저 직원이 나를 좋아하게 만들어봐야지.' 나
를 좋아하게 하려면 뭔가 듣기 좋은 이야기를 해주어야 할 것이
다. 나에 관한 것 말고, 저 사람에 관한 얘기 말이다. 그래서 스
스로에게 물어봤다. '저 남자한테 정직하게 칭찬할 수 있는 점
이 뭐가 있을까?' 이는 특히나 처음 보는 상대라면, 어려운 질문
이 될 수도 있다. 우연히도 이번에는 쉽게 답을 찾았다. 내가 한
없이 칭찬할 수 있는 점이 즉각 눈에 들어온 것이다.

남자가 내 봉투를 저울에 다는 동안 열정을 담아 말을 걸었다. "머릿결이 정말 부럽네요."

남자는 살짝 놀란 듯 고개를 들더니 이내 활짝 웃었다. "아이고, 예전만은 못해요." 그는 겸손하게 말했다. 나는 한창때가 지났는지 어떤지는 모르겠지만 여전히 참 멋지다고 했다. 남자는 아주 고마워했다. 우리는 유쾌한 담소를 이어갔고, 그는 마지막으로 이렇게 말했다. "머릿결 좋다는 말은 많이 들었어요."

장담하건대 그 남자는 그날 점심을 먹으러 나갈 때 아마 구름 위를 걷는 기분이었을 것이다. 그날 저녁 집에 가서는 아내에게 오늘 있었던 일을 이야기했을 것이다. 그리고 거울을 보면서 이렇게 말했을 것이다. "내가 머릿결이 좋긴 하지."

한번은 강연에서 이 이야기를 들려줬는데, 강연이 끝나자 이런 질문을 받았다. "그 남자한테서 뭘 얻어내고 싶으셨나요?"

내가 그 남자한테서 뭘 얻어내고 싶었냐니! 내가 그 남자한테서 뭘 얻어내고 싶었냐니!

우리가 그토록 한심할 정도로 이기적이어서 상대에게 답례로 무언가를 얻어내려는 목적 없이는 약간의 행복을 나누거나 정직한 칭찬의 말 한마디조차 건넬 수 없다면, 우리의 영혼이 그처럼 간장 종지만 하다면 우리는 앞으로 어떤 실패를 겪더라도 당연하다고 여겨야 할 것이다.

아, 맞다. 그 대화에서 내가 원했던 게 분명히 있기는 했다. 나는 돈으로 값을 매길 수 없는 무언가를 바랐다. 그리고 그걸 얻었다. 나는 그 남자를 위해 내가 무언가를 했다고 느끼고 싶었다. 그 남자가 나에게 아무것도 보답할 수 없더라도 말이다. 이런 감정이야말로 한참이 지나서까지도 우리의 기억을 타고 다니며 머릿속에서 아름다운 노래를 불러줄 것이다.

인간 행동을 규율하는 아주 중요한 법칙이 하나 있다. 이 법칙을 준수한다면 곤란에 빠지는 일은 절대로 없을 것이다. 아니, 잘 지키기만 하면 이 법칙은 수많은 친구와 끊이지 않는 행복을 가져다줄 것이다. 그러나 이 법칙을 깨는 순간 끝없는 곤경에 처하고 말 것이다. 그 법칙이란 이것이다. **언제나 상대가 중요한 사람이라고 느끼게 하라.** 앞서 이야기했듯이, 존 듀이는 "중요한 사람이고 싶은 욕망"이 인간 본성의 가장 깊은 곳에 있는 충동이라고 했다. 윌리엄 제임스는 이렇게 말했다. "인간 본성의 가장 깊은 곳에 있는 원칙은 인정받고 싶은 갈망이다." 앞에서 언급했듯이 바로 이 충동이 우리를 동물과 구별한다. 바로 이 충동이 문명 자체를 성립하게 했다.

수천 년간 철학자들은 인간관계의 수칙을 만들어보려고 했다. 그렇게 생각해 낸 것 중에 기나긴 세월을 거쳐 진화하며 살아남은 가장 중요한 지침은 오직 하나뿐이다. 조로아스터는 2500년 전 페르시아에서 추종자들에게 이를 가르쳤다. 공자는 2400년 전 중국에서 이를 설교했다. 도교의 창시자인 노자는 계곡에서 제자들에게 이를 가르쳤다. 붓다는 이를 예수보다

500년 앞서 갠지스강 강둑에서 설교했다. 힌두교 경전은 그보다 1000년을 앞서서 이를 가르쳤다. 1900년 전 유대의 돌산에서 예수는 이를 하나의 생각으로 요약했다. 이는 '황금률'이라고 불리는데, 아마도 세상에서 가장 중요한 법칙일 것이다. "남에게 대접을 받고자 하는 대로 너희도 남을 대접하라."[누가복음 6장 31절]

우리는 주변 사람에게 인정받길 원한다. 나의 진정한 가치를 알아주기를 바란다. 우리는 나만의 작은 세상에서 중요한 사람이고 싶어 한다. 영혼 없는 싸구려 아첨을 원하는 것이 아니다. 진심에서 우러난 인정을 갈망한다. 찰스 슈와브의 말처럼 우리는 친구나 동료가 "잘했다고 말할 때는 진심을 담고, 칭찬을 할 때는 아낌없이 쏟아부어 주기를" 바란다. 이는 모든 사람이 바라는 바다.

그러니 이 황금률을 따르자. 남에게 대접받고 싶은 그대로 다른 사람들을 대접하자.

언제? 어디서? 언제나, 어디서든 말이다.

한 예로 나는 라디오 시티Radio City 안내데스크에서 헨리 수베인Henry Souvaine의 사무실 번호를 물은 적이 있다. 깔끔한 유니폼을 입은 직원은 본인이 아는 내용을 알려주는 데 자부심이 있는 듯했다. 그는 또박또박한 목소리로 이렇게 대답했다. "헨리 수베인 님이요. (잠깐 쉬고) 18층입니다. (잠깐 쉬고) 1816호입니다."

나는 엘리베이터 쪽으로 급히 향하다가, 다시 돌아와 이야기했다. "질문에 답해주시는 방식이 정말 군더더기 없어서 그냥 지나갈 수가 없네요. 정말 또렷하고, 정확하고. 마치 무슨 예술가 같아요. 이런 경우는 흔치 않은데."

남자는 환하게 웃으면서 왜 자신이 중간중간 멈추면서 이야기했고 왜 정확히 그런 표현을 사용했는지 알려주었다. 나의 몇마디에 남자는 어깨가 으쓱해진 듯했다. 나는 18층으로 쏜살같이 올라가면서 그날 오후 인류의 행복 총량을 약간은 늘려놓은 듯한 기분이 들었다.

주프랑스 미국대사가 아니어도 이런 인정의 철학을 실천할 수 있다. 거의 매일 마법을 부릴 수 있다.

예를 들어, 프렌치프라이를 시켰는데 종업원이 실수로 으깬 감자를 가져왔다면 이렇게 말할 수도 있다. "귀찮게 해드려서 죄송한데 저는 프렌치프라이를 더 좋아해요." 그러면 종업원은 아마도 "전혀 귀찮지 않습니다"라고 말하고 기꺼이 감자를 바꿔다 줄 것이다. 당신이 종업원에게 존중을 보여줬기 때문이다.

별것 아닌 말들이다. "귀찮게 해드려서 죄송합니다." "정말 죄송하지만 ○○을 해주실 수는 없을까요?" "부탁드려도 될까요?" "○○을 해주시는 건 힘들까요?" "감사합니다." 이런 작은 예의의 말이 단조롭게 반복되는 일상의 톱니바퀴에 기름칠을 해준다. 더불어 이런 예의바른 표현은 가정교육을 잘 받았다는 징표이기도 하다.

또 다른 예를 하나 더 보자. 홀 케인Hall Caine의 소설들, 그러니까 『크리스천The Christian』 『재판관The Deemster』 『맨섬 사람The Manxman』 등은 20세기 초 대단한 베스트셀러였다. 수백만 명이 그의 소설을 읽었다. 무려 수백만 명이다. 홀 케인은 대장장이의 아들로 평생 학교 교육이라고는 8년밖에 받지 못했다. 그러나 죽을 때는 당대의 문학가 중 가장 부자였다.

홀 케인은 여러 종류의 시 중에서도 소네트와 발라드를 아주 좋아했다. 그래서 단테이 게이브리얼 로세티Dante Gabriel Rossetti의 모든 시를 섭렵했다. 심지어 로세티의 예술적 성취를 찬양하는 글을 지어서 로세티에게 한 부 보내기까지 했다. 로세티는 기뻐했다. "나의 능력을 이토록 높이 평가하는 사람이라면 틀림없이 아주 영특한 젊은이일 것이다." 영특하다는 말은, 아마도 은연 중에 로세티 본인을 두고 한 말이었을 것이다. 로세티는 이 대장장이의 아들을 런던으로 불러 조수로 채용했다. 이 일이 홀 케인의 인생에서 전환점이 됐다. 로세티의 조수가 되고 나서 홀 케인은 매일 여러 문학가를 만났다. 그들의 조언은 피가 되고 살이 되었으며, 그들의 격려에서 홀 케인은 영감을 얻었다. 결국 홀 케인은 문학가의 길을 걷게 되었고 하늘을 찌르는 명성을 얻었다.

맨섬Isle of Man에 있는 홀 케인의 집 그리바 캐슬Greeba Castle은 전 세계 곳곳에서 찾아온 관광객의 메카가 됐고, 그는 수백만 달러의 재산을 남겼다. 그렇지만 누가 알까? 만약에 홀 케인이 유명인을 찬탄하는 에세이를 쓰지 않았더라면 이름 없는 가난한 사람으로 인생을 마쳤을지도 모를 일이다.

진심에서 우러난 거짓 없는 인정의 힘은 이처럼 막강하다. 누군가 우리를 중요한 사람이라고 느끼게 해주기만 한다면 많은 사람의 인생이 바뀔 것이다.

"당신은 중요한 사람입니다." 이 점을 잊지 않으려 나는 액자를 만들었고, 모두가 볼 수 있게, 모든 학생이 똑같이 중요하다는 사실을 내가 기억할 수 있게 교실 앞에 걸어두었다.

결코 바뀌지 않는 한 가지 진실이 있다. 여러분이 만나는 사람은 거의 모두가 자신이 어떤 면에서는 당신보다 뛰어나다고 느낀다는 사실이다. 그런 사람들의 마음에 다가갈 수 있는 확실한 한 가지 방법이 있다. 상대가 중요한 사람이라는 사실을 진심으로 인정하고, 내가 그렇게 생각한다는 걸 은연중에 알려주는 것이다.

에머슨의 말을 기억하라. "내가 만나는 사람은 누구나 나보다 뛰어난 점이 있다. 그리고 그 점을 통해 나는 그 사람을 더 잘 알게 된다."

안타까운 점은 자신이 대단한 사람이라고 느낄 하등의 이유가 없는 사람일수록 법석을 피우거나 우쭐거리며 자존심을 세워서 우리를 불쾌하게 한다는 사실이다. 셰익스피어의 말처럼 말이다. "(…) 인간, 교만한 인간, / 잠깐의 하찮것없는 권위에 취해 / (…) 하늘 무서운 줄 모르고 기막힌 잔재주를 부리며

/ 천사들을 통탄하게 하네."

이 원칙을 적용해 놀라운 결과를 얻은 사업가들도 있다. 코네티컷주의 어느 변호사(이름은 언급하지 말아 달라고 했다)의 예를 한번 보자.

수업을 들은 지 얼마 안 되었을 때 R씨는 아내와 함께 롱아일랜드에 있는 친척 집을 방문했다. 아내는 연세가 지긋한 숙모님과 R씨만 남겨두고 더 젊은 친척들과 이야기하러 가버렸다. R씨는 조만간 인정의 원칙을 실천한 사례를 발표해야 했기에, 이참에 노부인과 대화를 나누며 가치 있는 경험을 쌓아보기로 했다. 집 안을 둘러보니 정직하게 감탄할 수 있는 대상이 금세 눈에 들어왔다.

"이 집은 1890년 즈음에 지어졌지요?" R씨가 물었다.

부인이 대답했다. "맞아. 정확히 그해에 지었지."

R씨가 말했다. "제가 태어난 집이 생각나네요. 아름다워요. 잘 지었고, 널찍하고. 요새는 더 이상 이런 집을 짓지 않죠."

노부인이 맞장구를 쳤다. "맞아. 요새 젊은 사람들은 집이 아름다운 데는 관심이 없으니까. 다들 작은 아파트만 찾지. 그러고 그냥 차 타고 돌아다니고."

그리운 추억이 생각나는 듯, 말을 잇는 노부인의 목소리가 떨려 나왔다. "이 집은 우리가 꿈꾸던 집이었어. 사랑으로 지은 집이지. 남편과 나는 오랫동안 이 집을 꿈꾸었어. 건축가도 두지 않고 둘이서 설계했지."

노부인은 R씨에게 집 안 곳곳을 보여주었다. 특히 R씨는 노부인이 여행 중에 수집하고 평생을 간직해 온 아름다운 여러 보물을 보고 진심에서 우러난 감탄을 표했다. 그중에는 페이즐리〔곡옥 모양의 무늬〕 숄이며 오래된 영국 다기 세트, 웨지우드 도자기, 프랑스산 침대와 의자, 이탈리아산 그림, 한때 프랑스 대저택에 걸려 있었다는 실크 커튼까지 있었다.

집 안 구경이 끝나자 노부인은 R씨를 데리고 차고로 갔다. 거기에는 패커드〔당시의 고급 자동차 브랜드〕에서 나온 자동차가 새것처럼 말끔하게 보관되어 있었다.

"남편이 죽기 직전에 사 준 자동차야." 노부인이 다정하게 말했다. "남편이 죽은 후로는 한 번도 타지 않았지. 좋은 물건을 알아볼 줄 아니 이걸 자네에게 줄게."

"아, 저런, 숙모님." R씨가 말했다. "몸 둘 바를 모르겠네요. 후한 마음씨는 너무나 감사하지만, 제가 받을 수는 없죠. 저는 숙모님의 조카도 아닌데요. 제 자동차도 최근에 샀어요. 다른 친척분들 많으시잖아요. 다들 이 패커드를 갖고 싶어 할 겁니다."

"친척들!" 노부인은 소리를 꽥 질렀다. "있긴 있지. 다들 저 차를 가지려 나 죽을 날만 기다리고 있지. 그렇지만 안 줄 거야."

"주기 싫으시면 중고상한테 보여주시는 건 어떨까요? 거기서도 얼마든지 사려고 할 겁니다." R씨가 노부인에게 말했다.

"팔다니!" 노부인이 목소리를 높였다. "내가 이 차를 팔 것 같아? 알지도 못하는 사람들이 이 차를 타고 돌아다니는 걸 내가 어떻게 보겠어? 남편이 나한테 사준 차를? 이 차를 파는 건 꿈에도 생각해 본 적이 없어. 자네에게 줄게. 아름다운 걸 알아보는 사람이니까."

R씨는 어떻게든 차를 받지 않으려고 노력해 보았으나, 노부인의 감정을 상하게 하지 않으려면 어쩔 수 없었다.

대저택에 혼자 덩그러니 남겨진 이 노부인에게는 페이즐리 숄과 프랑스산 앤티크 가구, 그리고 추억밖에 없었다. 노부인이 가장 목말랐던 부분은 누군가 이것들을 알아봐 주는 일이었다. 그녀도 한때는 젊고, 아름답고, 많은 이들이 찾는 사람이었다. 그녀는 사랑으로 따뜻한 집을 지었고, 그 집을 아름답게 꾸미기 위해 유럽 곳곳에서 물건을 수집했다. 이제 늙고 외로운 몸이 되어 찾는 사람도 없어진 지금, 그녀가 갈망하는 것은 별것 아닌 인간적 따뜻함과 진정한 찬사였다. 그런데 아무도 그것을 내어주지 않았다. 마침내 원하던 것을 찾게 되니 사막에서 오아시스를 만난 듯, 아끼던 패커드 자동차를 선물로 주지 않고서는 도저히 그 고마움을 다 표현할 수가 없었던 것이다.

아무리 '중요'하고 성공한 인물이라고 해도, 누군가 자신에게 인간적으로 관심을 보여주면 기쁠 수밖에 없다. 뉴욕주 라이에서 묘목 및 조경 사업을 하는 도널드 맥마흔 Donald M. McMahon의 증언처럼 말이다. "제가 데일 카네기의 '친구를 얻고 사람을 변화시키는 방법' 강연을 듣고 얼마 지나지 않았을 때였어요. 유명한 어느 법률가의 저택에서 조경을 맡게 됐습니다. 철쭉이며 진달래를 어디에 심을지 알려주려고 집주인이 나왔죠.

제가 말했습니다. '판사님, 멋진 취미를 갖고 계시네요. 개들이 너무 근사해서 감탄하던 중이에요. 매디슨 스퀘어 가든의 도그쇼에서 해마다 1등 상도 여러 개 타신다고요.'

이 작은 감탄의 표현이 불러온 효과는 정말 놀라웠습니다.

'맞아요.' 판사님이 말했습니다. '개들 덕분에 정말 즐거워요. 우리 개들 구경 한번 하실래요?'

그러고는 거의 한 시간 동안 본인의 개와 그동안 받은 상을 보여주셨어요. 심지어 혈통서까지 들고 와서 그렇게 아름답고 똑똑한 개가 어떻게 태어났는지 과정을 설명해 주셨죠.

마지막에는 저를 돌아보며 물으셨어요. '혹시 댁에 어린아이가 있나요?'

제가 대답했죠. '네, 있어요. 아들이 하나 있습니다.'

'흠, 혹시 강아지를 좋아하나요?' 판사님이 물었어요.

'아, 그럼요. 강아지라면 죽고 못 살죠.'

'잘됐네요. 그러면 한 마리 줘야지.' 판사님이 말했어요.

판사님은 강아지에게 밥을 어떻게 먹이는지 저한테 설명하기 시작했어요. 그러다가 갑자기 말을 멈추고 이렇게 말씀하시더군요. '말로 해서는 잊어버릴 거예요. 적어드릴게요.' 판사님은 다시 집 안으로 들어가시더니, 혈통서와 먹이 주는 법을 타이핑해서 가져오셨어요. 몇백 달러짜리 강아지와 1시간 15분이라는 귀한 시간을 내주셨죠. 이게 다 그분의 취미와 성과를 제가 정직하게 칭찬한 결과였어요."

저 유명한 코닥Kodak의 조지 이스트먼George Eastman은 투명 필름을 발명했다. 그 덕분에 세상에 영화라는 것이 탄생했다. 이스트먼은 1억 달러에 이르는 재산을 모았고 지구상에서 가장 유명한 사업가 중 한 명이 되었다. 그런데 이처럼 어마어마한 업적이 있는데도, 그가 정말 갈망했던 것은 여러분이나 나와 다름없이 '별것 아닌 무언가를 알아봐 주는 것'이었다.

이스트먼이 로체스터에 이스트먼 뮤직 스쿨과 킬번 홀을 짓고 있을 때다. 당시 뉴욕에 있는 슈피리어 의자Superior Seating Company의 회장이었던 제임스 애덤슨James Adamson은 이들 건물에 극장용 의자를 수주하고 싶었다. 애덤슨은 건축가에게 전화를 걸어 로체스터에서 이스트먼을 만날 약속을 잡았다.

애덤슨이 도착하자 건축가가 주의를 줬다. "이 계약을 따내고 싶으신 건 알아요. 그런데 제가 분명히 말씀드리는데, 조지 이스트먼의 시간을 5분 이상 빼앗으면 성공하기 힘들어요. 굉장히 엄격하고 규율을 강조하는 분이거든요. 아주 바쁜 분이세요. 그러니까 용건만 빠르게 이야기하고 나오세요."

애덤슨은 꼭 그렇게 하겠다고 마음먹었다.

방으로 안내되어 가보니, 이스트먼은 책상에서 등을 구부려 서류 더미를 들여다보고 있었다. 이내 이스트먼은 고개를 들더니 안경을 내려놓고 건축가와 애덤슨 쪽으로 걸어왔다. "안녕하세요, 여러분. 뭘 도와드릴까요?"

건축가가 두 사람을 소개하자, 애덤슨이 말했다. "이스트먼 씨, 기다리는 동안 사무실에 감탄하고 있었습니다. 저도 이런 사무실에서 한번 일해보고 싶네요. 저도 나름 인테리어와 목공 사업을 하는 사람인데, 제 평생 이렇게 아름다운 사무실은 본 적이 없어요."

조지 이스트먼이 대답했다. "저도 거의 잊어버릴 뻔했는데 덕분에 기억이 나네요. 아름답지요? 처음에 지었을 때 참 좋아했어요. 그런데 이제는 여기 올 때마다 여러 생각으로 머리가 가득 차 있어서, 어떨 때는 몇 주씩 방이 눈에 들어오지 않기도 하죠."

애덤슨은 이스트먼 쪽으로 가서 나뭇결을 손으로 쓰다듬었다. "영국산 오크죠? 이탈리아 오크랑은 질감이 약간 달라요."

이스트먼이 대답했다. "맞아요. 영국산 오크를 수입해 왔어요. 목재를 전공한 친구가 특별히 추천해 준 겁니다."

그런 다음 이스트먼은 사무실 곳곳을 보여주며 여러 가지 비율과 색상, 장인이 직접 새긴 조각 등을 언급했고 본인이 설계 단계부터 의견을 내서 만들었다고 설명했다.

그렇게 목공예에 감탄하며 방 안을 함께 돌아다니다가 창문 앞에 멈춰 섰다. 조지 이스트먼은 창밖을 바라보며 겸손하면서도 나긋나긋한 목소리로 자신이 인류에 도움이 되고자 짓고 있는 시설을 하나씩 짚어주었다. 그중에는 로체스터대학교, 종합병원, 동종요법병원(동종요법이란 질병 증상과 비슷한 증상을 유발해 면역기능을 깨우는 데 초점을 맞춘 치료법이다), 요양원, 아동전문병원까지 있었다. 애덤슨은 인류의 고통을 덜어주기 위해 자신의 부를 이상적인 방식으로 쓰고 있는 이스트먼에게 따뜻한 축하의 말을 건넸다. 잠시 후 조지 이스트먼은 유리 상자를 하나 열더니, 본인의 첫 카메라를 꺼냈다. 어느 영국인에게서 산 발명품이라고 했다.

애덤슨은 이스트먼이 사업 초창기에 고생한 이야기를 한참 물어보았다. 이스트먼은 가난했던 어린 시절이 아직도 생생한 듯, 보험사 사무실에서 일할 때까지도 홀어머니가 하숙집을 계속 운영했던 이야기를 들려주었다. 가난에 대한 공포가 밤낮으로 그를 사로잡았고, 어머니가 더 이상 일하지 않아도 되도록 반드시 돈을 벌겠다고 결심했다고 한다. 애덤슨은 거듭 질문하고 귀담아들으며 이야기에 푹 빠져들었다. 조지 이스트먼은 사진용 건판을 가지고 실험했던 이야기를 들려주었다. 그는 온종일 사무실에서 일하며 때로는 밤을 새워 실험한 적도, 화학작용이 진행되는 동안 쪽잠을 잔 적도 있다고 했다. 72시간 동안 자다 일하다를 반복하기도 했다고 했다.

제임스 애덤스가 조지 이스트먼의 사무실로 안내를 받은 게 10시 15분이었고, 5분 이상을 빼앗지 말라는 경고를 받았다. 그런데 한 시간이 지나고 두 시간이 지났는데도 두 사람은 아직도 이야기를 나누고 있었다.

　마침내 조지 이스트먼이 애덤슨을 돌아보며 말했다. "지난번에 일본에 갔을 때 의자를 몇 개 샀어요. 집으로 가져와서 볕이 잘 드는 발코니에 두었는데, 페인트가 벗겨지더군요. 며칠 전에 시내에 나가 페인트를 사 와서 직접 칠을 했어요. 제가 의자 칠한 솜씨 한번 보실래요? 좋습니다. 집으로 가서 함께 점심을 드시죠. 직접 보여드릴게요."

　점심 식사를 마친 후 이스트먼은 일본에서 사 온 의자를 보여줬다. 겨우 몇 달러짜리였지만 백만장자인 조지 이스트먼은 그 의자들을 자랑스러워했다. 본인이 직접 칠했기 때문이었다.

　극장용 의자의 수주 금액은 9만 달러에 달했다. 누가 수주했을까? 제임스 애덤슨이었을까, 아니면 다른 경쟁자였을까?

　이날부터 이스트먼이 죽기까지, 이스트먼과 제임스 애덤슨은 친한 친구로 지냈다.

　'인정'이라는 이 마법의 시금석을 여러분이나 나는 어디서부터 적용해야 할까? 제일 가까운 집에서부터 적용해 보는 건 어떨까? 나는 집만큼 그런 인정이 필요하면서도 소홀하기 쉬운 곳도 없다고 생각한다. 여러분의 배우자도 분명히 훌륭한 점이 있을 것이다. 적어도 한때는 여러분도 분명 그렇게 생각했을 것이다. 그렇지 않았다면 결혼하지 않았을 테니 말이다. 그렇지만 배우자에게 매력적이라고 마지막으로 표현해 본 것이 언제인가? 얼마나 오래됐는가? 대체 얼마나?

오늘 밤 혹은 내일 밤에는 배우자가 가장 좋아하는 곳에서 한 끼 식사를 하며 사랑하는 사람을 놀라게 만들어보라. 그냥 '그래. 그래야겠어'라고 생각만 하지 말고, 실제로 하라! 그런 다음, 미소와 함께 배우자에게 애정 어린 따뜻한 말을 선물하라.

어떻게 하면 누군가가 당신을 사랑하게 만들 수 있는지 알고 싶은가? 비결을 알려주겠다. 효과가 좋을 것이다. 내가 생각해낸 말은 아니다. 훌륭한 저널리스트이자 칼럼니스트인 도로시 딕스Dorothy Dix에게서 빌려온 것이다. 딕스는 한 번에 여러 사람과 결혼하며 무려 여성 스물세 명의 마음과 은행 통장을 얻어낸 유명한 사기꾼을 인터뷰한 적이 있었다(감옥에 면회를 가서 이뤄진 인터뷰였음을 분명히 밝힌다). 남자에게 어떻게 이 여성들이 그를 사랑하도록 만들었는지 묻자, 남자는 속임수 따위는 전혀 없었다고 말했다. 그냥 상대 여성에 관한 이야기를 서로 나눴을 뿐이라고 했다.

이 방법은 남자에게도 똑같이 효과가 있다. 대영제국을 통치했던 인물 중에서도 가장 빈틈이 없었던 디즈레일리는 이렇게 말했다. "남자에게 그 사람에 관한 이야기를 하라. 그러면 몇 시간이라도 들어줄 것이다."

그러니 남들이 당신을 좋아하길 바란다면, 이를 꼭 기억하라. '상대가 중요한 사람이라고 느끼게 하라. 그리고 거기에 진심을 담아라.'

여기까지 읽었다면, 이 책을 많이 읽은 것이다. 이제 책을 덮고 중간 점검을 한번 하자. 지금 당장 이 책에서 보았던 인정의 철학과 타인에 대한 관심을 가장 가까이 있는 사람한테 실천하라. 그리고 마법이 펼쳐지는 것을 지켜보라.

원칙 6

상대가 중요한 사람이라고 느끼게 하라.

그리고 거기에 진심을 담아라.

Make the other person feel important

— and do it sincerely.

누구에게나 호감을 얻는 6가지 원칙

원칙 1 다른 사람에게 진정한 관심을 가져라.

원칙 2 미소를 지어라.

원칙 3 어떤 언이를 사용하든, 누군가의 이름은 그 사림한테
　　　　세상에서 가장 달콤하고 중요한 노래임을 기억하라.

원칙 4 잘 들어주는 사람이 되어라.
　　　　상대가 자기 자신에 관해 이야기하게 하라.

원칙 5 상대의 관심사를 중심으로 이야기하라.

원칙 6 상대가 중요한 사람이라고 느끼게 하라.
　　　　그리고 거기에 진심을 담아라.

3부

다른 사람을
잘 설득하는 12가지 원칙

---≫≫⊱≪≪---

HOW TO WIN FRIENDS
AND
INFLUENCE PEOPLE

논쟁의 승자는 없다 **1**

➤➤ ——————— 제1차 세계대전이 끝난 직후 어느 날 밤 런던
에서 나는 더할 나위 없이 귀한 교훈을 하나 얻었다. 당시 나는
비행사 로스 스미스^{Ross Smith} 경의 매니저였다. 호주 사람이던 로
스 경은 전쟁 기간 팔레스타인에서 맹활약을 펼쳤다. 평화 선언
직후 로스 경은 30일 만에 지구를 반 바퀴 돌아 세상을 놀라게
했다. 이전까지 그런 위업을 시도한 사람은 한 명도 없었고, 그
야말로 어마어마한 센세이션을 일으켰다. 호주 정부는 로스 경
에게 5만 5000달러의 상금을, 영국 국왕은 기사 작위를 수여했
다. 한동안 로스 경은 대영제국에서 가장 많은 사람의 입에 오
르내린 인물이었다. 어느 날 밤 나는 로스 경을 축하하는 연회
에 참석했다. 저녁 식사를 하면서 내 옆에 앉아 있던 남자가 유
머를 하나 들려줬다. "우리는 그냥 대충 깎아놓을 뿐이고, 마지

막을 완성하는 것은 신"이라는 문구를 활용한 이야기였다.

남자는 이 문구가 성경에 나온다고 했다. 나는 그가 틀렸음을 알고 있었다. 확실히 알았다. 한 점 의심할 필요도 없었다. 그래서 내가 중요한 사람이라는 느낌을 얻고 나의 우월함을 드러내기 위해, 아무도 청하지 않았고 환영받을 일도 없는데도 '틀린 사람 수정해 주기 위원회'의 위원으로 나 자신을 위촉했다. 남자는 의견을 굽히지 않았다. 뭐라고요? 셰익스피어라고요? 그럴 리가요! 말도 안 돼요! 이건 성경에 나오는 구절이에요. 남자는 그렇게 확신했다.

　이 남자는 내 오른쪽에 앉아 있었고, 내 왼쪽에는 오랜 지인인 프랭크 개먼드^{Frank Gammond}가 앉아 있었다. 개먼드는 긴 세월 셰익스피어를 연구한 사람이었다. 그래서 남자와 나는 개먼드에게 물어보기로 합의를 봤다. 개먼드는 이야기를 듣더니 테이블 밑으로 내 다리를 발로 한 번 차고는 이렇게 말했다. "데일, 자네가 틀렸어. 이 신사분이 맞아. 성경에 나오는 구절이야."

　그날 밤 집으로 돌아오는 길에 내가 개먼드에게 말했다.

　"프랭크, 셰익스피어에 나오는 문구라는 거 아시잖아요."

　개먼드가 답했다. "당연히 알지.『햄릿』5막 2장이잖아. 그렇지만 우리는 축하 파티에 초대받은 손님인걸. 누가 틀렸다고 증명할 필요가 뭐가 있어? 그랬으면 그 남자가 자넬 좋아했을까? 상대방 체면을 좀 세워주면 어때. 자네 의견을 묻지 않았잖아. 그 사람이 바랐던 게 아니라고. 그런데 왜 반박하는 거야?

날 선 대립은 항상 피하는 게 좋아." 그 남자는 나에게 잊지 못할 교훈을 주었다. 나는 이야기를 들려준 사람을 불편하게 만들었을 뿐만 아니라, 개먼드를 당황스러운 상황에 처하게 했다. 내가 반박하지 않았더라면 얼마나 좋았을까.

이건 나한테 꼭 필요한 교훈이었다. 나는 늘 논쟁을 좋아했기 때문이다. 어릴 때는 형이 하는 말이라면 무엇이든 반박했다. 대학에 가서는 논리와 논증을 공부했고 토론 대회에도 나갔다. 미주리 사람들이 얼마나 따지기를 좋아하는지 아는가? 내가 바로 미주리 출신이다. 나중에는 뉴욕에서 토론과 논쟁을 가르치기도 했다. 한번은, 창피한 일이지만, 이 주제로 책을 쓸 계획까지 세웠었다. 이후로 나는 논쟁이 어떤 효과를 일으키는지 수천 건을 듣고, 참여하고, 지켜보았다. 덕분에 논쟁에서 최선의 결과를 얻는 방법은 단 하나뿐이라는 결론에 도달했다. 바로 '논쟁을 피하는 것'이다. 논쟁을 방울뱀이나 지진 같은 자연재해라 생각하고 무조건 피하라.

열에 아홉은 양쪽 모두 그 어느 때보다 더 자신이 절대적으로 옳다고 확신하면서 끝나는 것이 논쟁이다.

논쟁은 이길 수가 없다. 져도 지고, 이겨도 지기 때문이다. 왜일까? 당신이 상대의 허점을 모조리 드러내고 상대가 '제정신이 아님'을 증명해서 승리를 거두었다고 치자. 그래서? 당신의 기분은 좋아질 것이다. 하지만 상대는? 당신은 상대가 열등감을 느끼게 했다. 상대의 자존심에 상처를 냈다. 상대는 당신의 승리

에 분개할 것이다. 그리고

자신의 뜻에 반해서 설득당한 사람은
여전히 의견을 바꾸지 않는다.

오래전에 패트릭 오헤어Patrick J. O'Haire라는 사람이 내 수업을 들었다. 교육을 별로 받지 못한 사람이었다. 싸움을 어찌나 좋아하던지! 한때 그는 운전기사였다고 했다. 나를 찾아온 이유는 트럭을 팔고 싶은데 도무지 팔리지 않아서였다. 몇 가지 질문을 해보니 오헤어는 트럭을 사려는 고객과 끊임없이 싸움을 벌이면서 상대방을 적으로 돌리고 있음을 알 수 있었다. 예비 구매자가 트럭을 조금이라도 깎아내리면 오헤어는 숙적이라도 만난 사람처럼 바로 고객에게 대들었다. 그리고 그런 말싸움에서 자주 이겼다. 나중에 패트릭은 이렇게 말했다. "사무실을 나오면서 저는 흔히 이렇게 말했어요. '거봐, 내 말이 맞지.' 분명히 제 말이 맞았는데, 저는 아무것도 팔지를 못한 거죠."

패트릭 오헤어에게는 말하는 법을 가르치는 것이 문제가 아니었다. 가장 먼저 해결해야 할 일은 그가 말을 자제하도록 훈련시키고 말싸움을 피하도록 가르치는 것이었다.

나중에 오헤어는 뉴욕에 있는 화이트 모터White Motor Company에서 스타 세일즈맨 중 한 명이 됐다. 어떻게 한 걸까? 그의 말을 들어보자. "만약에 제가 예비 구매자의 사무실에 들어섰는데 상대가 이렇게 말을 하잖아요. '뭐라고요? 화이트 트럭? 별로잖아요! 나라면 거저 줘도 안 받아요. 저는 아무개 트럭을 살 겁니다.' 그러면 저는 이렇게 대답하죠. '아무개 트럭은 좋은 트럭이에요. 아무개 트럭을 사시면 절대로 후회는 안 하실 겁니다. 좋은 회사에서 만들었고 판매하는 사람들도 착해요.'

그러고 나면 상대는 할 말이 없어지죠. 논쟁의 여지가 없어요. 상대가 아무개 트럭이 최고라고 하면 맞다고 인정합니다. 그러면 상대도 그만해야 하죠. 제가 동의하는데, 오후 내내 '그게 최고예요'만 하고 있을 수는 없으니까요. 그러면 이제 아무개 트럭이라는 주제는 완전히 벗어날 수가 있어요. 그때부터 저는 화이트 트럭의 좋은 점을 이야기하는 거죠.

상대가 처음에 저런 말을 하면 붉으락푸르락했던 시절도 있었어요. 저는 아무개 트럭을 반박하는 논리를 펴곤 했죠. 그런데 제가 반박하면 할수록 예비 고객은 아무개 트럭을 더 옹호했어요. 그리고 옹호하다 보니, 예비 고객은 제 경쟁사 제품을 더 좋아하게 되어버리는 거죠.

지금에 와서 생각해 보면 제가 트럭을 한 대라도 팔았던 게 신기할 정도예요. 말싸움하고 반박하느라 인생의 많은 부분을 날렸어요. 이제는 입을 닫을 줄 알죠. 결국은 그게 보상으로 돌아오니까요."

현명한 벤저민 프랭클린이 했던 말 그대로다.

"논쟁을 벌이고 짜증을 유발하고 상대를 반박해서 가끔은 이길지도 모른다. 하지만 그건 껍데기뿐인 승리다. 왜냐하면 절대로 상대의 호의를 살 수가 없기 때문이다."

스스로 잘 생각해 보기 바란다. 어느 쪽을 갖겠는가? 학문적이고 극적인 승리인가, 아니면 상대의 호의인가? 둘 다 얻을 수 있는 경우는 거의 없다.

보스턴의 《트랜스크립트^{Transcript}》에 다음과 같은 짧은 글이 실린 적이 있다.

여기 윌리엄 제이가 잠드노니,
그는 자신만의 길을 고수하다가 죽었다.
그렇게 달릴 때에, 그는 옳았다. 철저히 옳았다.
그런데 지금 죽은 그는, 틀린 사람과 다를 게 없다.

당신이 옳을 수도 있다. 철저히 옳을 수도 있다. 논쟁에 열 올리고 있을 때는 말이다. 그렇지만 상대의 마음을 바꾸는 일에서는 틀린 사람과 똑같이 헛고생을 했을 뿐이다. 우드로 윌슨 내각에서 재무장관을 지낸 윌리엄 기브스 매커두^{William Gibbs McAdoo}는 정치를 하면서 온갖 일을 겪어보니 "무지한 사람에게 논쟁으로 이기는 것은 불가능"하더라고 선언했다.

'무지한 사람'이라고? 매커두가 좋게 돌려서 말했다고 생각한다. 내 경험상 '그 누구도' 논쟁으로 이기기는 불가능하다. 상대의 IQ가 어떻든 언쟁을 벌여서 그의 마음을 바꿀 수는 없다.

세무사인 프레더릭 파슨스 Frederick S. Parsons는 정부의 세무 조사관과 한 시간째 논쟁을 벌이고 있었다. 9000달러가 달린 세목 하나가 문제였다. 파슨스는 이 9000달러가 실제로는 악성 부채여서 도저히 회수될 수 없고 따라서 세금도 부과해서는 안 된다고 주장했다. "악성 부채는 무슨!" 조사관이 쏘아붙였다. "세금을 내셔야 해요."

수업에서 파슨스는 이렇게 이야기했다. "그 조사관은 차갑고 거만하며 고집스럽더군요. 논리도 소용없고, 사실을 들이대도 소용없었죠. 논쟁을 하면 할수록 더 완고해졌어요. 논쟁은 피하고 주제를 바꾸기로 결심했어요. 그 사람을 칭찬해 줬죠.

제가 말했어요. '그래요, 조사관님이 내려야 하는, 진짜 중요하고 어려운 결정에 비하면 이건 아주 사소한 문제겠지요. 저도 세무 공부를 했지만 책에서 얻은 지식일 뿐이에요. 조사관님은 최전방에서 경험으로 지식을 얻고 계시겠네요. 가끔은 저도 조사관님 같은 일을 했으면 좋겠어요. 많은 걸 배울 수 있겠지요.' 한 마디 한 마디가 진심이었어요.

그러자 조사관이 자세를 고쳐 앉았어요. 의자 뒤로 기대더니 자기 업무 얘기를 한참 했어요. 자기가 잡은 아주 기발한 사기 사건들도 들려줬고요. 말투가 점점 친근해지더니 어느새 제게 자기 아이들 이야기를 해주고 있었죠. 나가면서는 제 문제를 좀 더 고민해 보고 며칠 뒤에 결정해서 알려주겠다고 했어요.

사흘 뒤에 제 사무실로 전화를 걸어 와서는 제가 요청한 대로 환급을 해주겠다고 알려줬어요."

　이 세무 조사관은 인간의 흔한 약점을 잘 보여준다. 그는 자신이 중요한 사람이라고 느끼고 싶어 했다. 파슨스와 논쟁을 벌일 때는 큰 목소리로 자기 권위를 주장해야만 자신이 중요한 사람이라고 느낄 수 있었다. 하지만 그가 중요한 사람이라고 기꺼이 인정하고 논쟁을 멈추자 그도 생각을 확장할 여유가 생겼다. 그러자 타인의 문제에 공감하는 친절한 사람이 될 수 있었다.

　붓다는 말했다. "미움으로는 미움을 끝낼 수 없다. 사랑이 있어야 한다." 논쟁으로는 결코 오해를 끝낼 수가 없다. 오해를 끝내려면 요령과 수완과 조정이 필요하다. 상대의 관점을 한번 들여다보겠다는, 공감하려는 의지가 필요하다.

　링컨이 젊은 육군 장교를 질책한 적이 있다. 동료와 격렬한 논쟁을 벌였다는 이유에서였다. "내가 가진 최고의 모습을 발휘하겠다고 결심한 사람은 사적인 언쟁에 낭비할 시간이 없다. 그로 인해 성격을 버리고 자제력을 잃는 것과 같은 부작용을 겪을 여유도 없다. 똑같이 권리가 있다면 큰 것도 양보하라. 분명히 내 것이더라도 작은 것은 양보하라. 권리를 다투느라 개에게 물어 뜯기느니 개에게 길을 양보하라. 개를 죽인들 물린 상처가 낫지는 않는다."

　뉴저지주 페어필드의 이코노믹 프레스 Economic Press에서 출판한 《단편들 Bits and Pieces》에 〈의견 차이가 논쟁으로 번지지 않는 법〉이 실렸다.

의견 차이를 환영하라. 이 격언을 기억하라. '두 동업자가 항상 같은 의견일 바에는, 한 명은 필요 없다.' 미처 생각지 못했던 부분을 알려준 것에 고마워하라. 그 의견 차이는 심각한 실수를 저지르기 전에 생각을 고칠 좋은 기회다.

본능적으로 반응하지 마라. 불쾌한 상황에서는 무심결에 방어적인 반응이 나오기 쉽다. 그러니 조심하라. 차분함을 유지하고, 무심결에 반응하지 않도록 유의하라. 아무 생각 없이 내놓는 반응이야말로 최선이 아니라 최악의 모습이 될지 모른다.

성질을 죽여라. 기억하라. 무엇에 화를 내는지 보면 그 사람의 그릇을 알 수 있다.

일단 들어라. 상대에게 말할 기회를 줘라. 상대가 말을 끝낼 때까지 기다려라. 저항하거나 방어하거나 반박하지 말라. 그러면 벽만 더 높아진다. '이해'라는 다리를 놓도록 노력하라. 오해라는 벽을 더 높이 쌓지 말라.

동의할 수 있는 부분을 찾아라. 상대의 말을 끝까지 들었으면 먼저 동의할 수 있는 지점부터 생각하라.

정직하라. 내가 실수했다고 인정할 수 있는 부분을 찾아보라. 실수에 대해 사과하라. 상대를 무장 해제시키고 방어적인 태도를 줄이는 데 도움이 될 것이다.

상대의 아이디어를 생각해보겠다고 약속하고 철저히 연구하라. 실제로 그렇게 하라. 상대가 옳을 수도 있다. 이 단계에서는 상대의 논점을 생각해 보겠다고 말하는 편이 괜히 서둘러서 앞질러 나갔다가 나중에 다음과 같은 말을 듣는 것보다 훨씬 낫다. "이야기해 주려고 했는데, 전혀 듣지 않았잖아요."

상대가 관심을 가져준 것에 진심으로 감사하라. 누구든 시간을 내서 당신과 다른 의견을 내주었다는 것은, 당신과 같은 문제에 관심이 있다는 뜻이다. 당신을 정말로 돕고 싶어 하는 사람이라고 생각하라. 어쩌면 적을 친구로 만들 수 있을지도 모른다.

양측 모두 문제를 끝까지 생각할 시간을 가질 수 있도록 결정을 미루라. 나중에 또는 내일 다시 회의하자고 하라. 그러면 사실관계를 더 많이 알아낼 수도 있다. 다음 회의를 준비하면서 스스로 다음과 같은 질문을 어렵더라도 던져보라.

상대가 옳은 것은 아닐까? 혹은 부분적으로 옳은 점이 있을까? 상대의 입장이나 논지에 진실이나 장점이 있을까? 내 반응은 문제를 해결하기 위한 것일까, 아니면 좌절감을 완화하기 위한 것일까? 내 반응은 상대를 더 멀리 밀쳐낼까, 아니면 더 가까이 끌어당길까? 이 반응이 나에 대한 훌륭한 사람들의 평가를 높여줄까? 내가 이길까, 아니면 질까? 이긴다면 어떤 대가를 치러야 할까? 내가 입을 다물면 의견 차이가 지나갈까? 이 어려운 상황이 내게 어떤 기회가 될까?

오페라 테너 얀 피어스Jan Peerce는 결혼한 지 50년 가까이 됐을 때 이런 말을 했다. "아내와 나는 오래전에 약속을 하나 했습니다. 서로에게 아무리 화가 나도 이 약속만큼은 지켰습니다. 한 명이 소리를 지르면 다른 한 명은 듣자고요. 왜냐하면 두 사람이 동시에 소리를 지르면 소통은 안 되고 소음과 나쁜 진동밖에 안 생기니까요."

원칙 1

논쟁에서 최선의 결과를 얻는 유일한 방법은
논쟁을 피하는 것이다.

The only way to get the best of an argument is to avoid it.

적을 만들지 않는
확실한 방법

2

⇾ ——————— 시어도어 루스벨트가 백악관에 있을 때 이런 고백을 했다. 자신이 옳을 가능성이 75퍼센트만 되어도 더 바랄 게 없다고 말이다.

20세기의 가장 뛰어난 인물 중 한 명이 바랄 수 있는 최고 수준이 75퍼센트라면, 여러분이나 나는 어떨까?

만약 당신이 옳을 가능성이 55퍼센트라고 확신할 수 있어도, 지금 당장 월스트리트에 가서 하루 100만 달러는 벌 수 있을 것이다. 그 55퍼센트조차 옳다고 확신할 수 없으면서 왜 다른 사람에게 틀렸다고 말하는가?

꼭 '말'을 해야만 상대에게 '틀렸다'고 표현하는 것은 아니다. 바라보는 눈길로, 억양으로, 제스처로 우리는 얼마든지 상대가 틀렸다고 표현할 수 있다. 당신이 상대를 틀렸다고 했는데 그 상대는 당신에게 동의해 주고 싶을까? 그럴 리가! 당신은 상대의 지적 능력에, 판단력에, 자존심에, 자존감에 직격타를 날렸다. 그러면 상대도 반격하고 싶어진다. 절대로 마음을 바꾸고 싶지 않다. 상대에게 플라톤이나 임마누엘 칸트의 논리를 들이밀어 본들 결코 의견을 바꾸지 않을 것이다. 당신이 이미 감정을 상하게 했기 때문이다.

대화를 시작할 때 절대로 '내가 이걸 너한테 증명해 보일게'라고 선언하지 말라. 좋은 태도가 아니다. '내가 너보다 똑똑해. 내가 몇 가지를 알려주면 너도 마음을 바꾸게 될 거야'라고 말하는 것이나 다름없다.

이는 상대에 대한 도전이다. 반발을 부르고 상대는 싸우고 싶어진다. 설사 당신이 아직 싸움을 시작하지 않았더라도 말이다.

상황이 좋을 때조차 남의 마음을 바꾸기는 쉽지 않다. 그런데 왜 일을 더 어렵게 만드는가? 왜 자진해서 핸디캡을 뒤집어쓰는가?

뭔가를 증명할 요량이라면 절대로 누구한테도 그 사실을 알게 하지 말라. 아주 교묘하고 노련하게 증명하라. 아무도 당신이 뭔가를 증명하고 있다는 사실조차 느끼지 못하게 하라. 알렉산더 포프Alexander Pope는 이를 다음과 같이 명료하게 표현했다.

사람을 가르칠 때는 가르치지 않는 것처럼 해야 한다.
상대가 모르는 것도 상대가 잊은 것처럼 말하라.

벌써 300년 전에 갈릴레오는 이렇게 말했다. "사람에게 무언가를 가르칠 수는 없다. 그저 자기 안에서 찾아내게끔 도와줄 수 있을 뿐이다."

체스터필드 경Lord Chesterfield은 아들에게 이렇게 말했다. "가능하면 다른 사람들보다 현명해져라. 하지만 그 사실을 입 밖에 내지는 마라."

소크라테스는 아테네의 추종자들에게 여러 번 이야기했다. "내가 아는 것은 내가 아무것도 모른다는 사실뿐이다."

내가 소크라테스보다 더 똑똑할 수는 없으므로 나는 진즉에 남들에게 틀렸다고 말하기를 그만뒀다. 지나고 보니 결국 나에게 득이 되었다.

상대가 무슨 말을 했는데 그게 틀렸다고 생각되더라도, 심지어 그게 틀렸다는 걸 '알고 있더라도,' 다음과 같이 말을 꺼내는 편이 낫지 않을까? "저기, 제 생각은 달라요. 그런데 제가 틀렸을 수도 있습니다. 저도 자주 틀리니까요. 만약에 틀렸으면 바로잡아 주세요. 사실관계부터 한번 확인해 봅시다."

이 표현에는 마법이 있다. 긍정적인 마법이 있다. "제가 틀렸을 수도 있습니다. 저도 자주 틀리니까요. 사실관계부터 한번 확인해 봅시다."

당신이 이렇게 말하는데 반대할 사람은 세상에 없다. "제가 틀렸을 수도 있습니다. 사실관계부터 한번 확인해 봅시다."

내가 틀렸을 수도 있다는 걸 인정한다고 해서 곤란해질 일은 절대로 없다. 오히려 이렇게 하면 논쟁은 중단되고, 상대도 당신만큼 공정하고 열린 마음이 되고 싶어진다. 상대도 역시 틀렸을 수도 있다는 걸 인정하고 싶어진다.

상대가 틀렸다는 걸 확실히 알 때, 직설적으로 대놓고 말하면 어떻게 될까? 사례를 보자. S씨는 뉴욕에 사는 젊은 변호사다. 그가 대법원에서 꽤 중요한 사건(러스트가텐^{Lustgarten} 대 플릿코퍼레이션^{Fleet Corporation} 사건. 280 U.S. 320.)을 변호한 적이 있었다. 상당한 돈과 중요한 법적 문제가 걸려 있는 사건이었다. 변론 중에 한 대법원 판사가 말했다. "해사법상 공소시효가 6년이죠? 아닌가요?"

S씨는 말을 멈추고 판사를 잠시 멍하니 바라보다가 대놓고 말했다. "판사님, 해사법에는 공소시효가 없습니다."

"법원에 갑자기 적막이 흐르더군요." 우리 수업에서 이 경험담을 이야기하면서 S씨는 그렇게 표현했다. "법원 내부가 갑자기 얼어붙은 것 같았어요. 제가 맞았죠. 판사님이 틀렸고. 그래서 그렇게 말했어요. 그런데 판사님이 저희에게 우호적으로 변했을까요? 아니죠. 법적으로는 여전히 저희가 유리했다고 생각해요. 그 어느 때보다 제가 변호를 잘했다는 것도 알고요. 그렇지만 통하지 않았어요. 아주 많이 배우고 유명한 사람한테 '당신이 틀렸다'고 말하는 커다란 실수를 저질렀으니까요."

논리적인 사람은 몇 안 된다. 우리는 대부분 선입견과 편견이 있다. 대부분 고정관념과 질투, 의심, 두려움, 부러움, 자존심

등에 시달린다. 사람들은 대부분 자신의 종교나 헤어스타일, 공산주의에 대한 생각, 좋아하는 영화배우를 바꿀 마음이 없다. 그러니 남들에게 틀렸다고 말하고 싶다면, 아래의 글을 매일 아침 식전에 읽기 바란다. 제임스 하비 로빈슨James Harvey Robinson이 쓴, 깨우침을 주는 책『정해지지 않은 마음The Mind in the Making』에서 가져온 것이다.

"때로 우리는 아무런 저항도 억하심정도 없이 쉽게 마음을 바꾼다. 그렇지만 틀렸다는 말을 들으면 비방을 당했다는 사실에 분개하고 마음이 딱딱하게 굳어버린다. 우리는 믿기지 않을 만큼 별생각 없이 여러 가지 신념을 형성한다. 그런데 그동안 죽 함께해 온 신념을 누가 뺏어가려고 하면 갑자기 그것들에 대한 이상한 열정이 차오른다. 우리가 애지중지하는 것은 어느 아이디어 그 자체가 아니다. 위협받는 것은 우리의 자존감이다. (…) '나의'라는 작은 단어가 인간사에서는 가장 중요하다. 이걸 잘 다루는 것이 현명함의 시작이다. 그게 '나의' 저녁 식사이든, '나의' 개이든, '나의' 집이든, '나의' 아버지이든, '나의' 조국이든, '나의' 신이든 모두 같은 힘을 갖고 있다. 우리는 내 시계가 틀렸다, 내 차가 허름하다는 비방에만 분개하는 게 아니다. 화성에 있는 운하에 관한 생각이든, 에픽테토스Epictetus를 발음하는 방법이든, 해열제 살리신의 의학적 가치이든, 사르곤 1세의 재위 기간이든 뭐든 수정해야 한다고 하면 분개한다. 우리는 진실이라고 받아들여 이미 익숙해진 내용을 그대로 계속 믿고 싶다.

그래서 우리의 가정을 누가 하나라도 의심하면 분개하며 어떤 핑계든 찾아내서 그 믿음을 계속 고수하려고 한다. 그 결과 소위 '추론'이라고 부르는 것의 대부분은 기존에 믿고 있던 것을 계속 믿기 위한 논거를 찾는 일에 지나지 않는다."

저명한 심리학자 칼 로저스Carl Rogers는 『진정한 사람 되기』에 다음과 같이 썼다.

"상대를 이해하도록 스스로를 허용하는 일은 엄청난 가치가 있다. 이렇게 표현하면 이상하게 들릴지도 모른다. 상대를 이해하도록 나 자신을 '허용'해야 한다고? 하지만 나는 그래야 한다고 생각한다. 대부분의 말(남들이 하는 말)에 대해 우리가 보이는 첫 반응은 평가가 아니면 판단이지 '이해'는 아니다. 누군가 어떤 감정이나 태도, 신념을 표현하면 우리는 즉각 '저건 옳아' '저건 바보 같아' '저건 비정상이야' '저건 비이성적이야' '저건 부정확해' '저건 좋지 않아'와 같이 느낀다. 그 말이 상대에게 어떤 의미인지 정확히 '이해'하도록 스스로에게 허용하는 경우는 아주 드물다."

전에 집에 커튼을 설치하려고 인테리어업자를 고용한 적이 있다. 그런데 청구서를 받아보고는 경악했다.

며칠 뒤 친구가 우리 집에 들러서 그 커튼을 봤다. 가격을 말했더니 친구는 의기양양한 목소리로 이렇게 말했다. "뭐라고? 말도 안 돼. 그 업자가 널 속인 것 같아."

정말일까? 그렇다. 친구는 진실을 이야기했다. 그러나 나의 판단력을 의심하는 진실을 듣고 싶은 사람은 별로 없다. 그러니 인간인 나는 자신을 방어하려고 했다. 나는 제일 좋은 제품을 사는 것이 장기적으로 보면 더 저렴하다, 헐값에 품질과 예술적 안목까지 기대할 수는 없다 등등의 반박을 했다.

다음 날 또 다른 친구가 우리 집에 들렀다. 이 친구는 그 커튼을 보고 끓어 넘치는 열정을 주체하지 못하며 감탄했다. 자기도 이렇게 아름다운 물건을 집에 설치할 여유가 되면 좋겠다고 했다. 내 반응은 완전히 달라졌다. 나는 이렇게 말했다. "실은, 나도 이런 걸 살 여유가 안 돼. 돈을 너무 많이 줬어. 주문한 게 후회돼."

자신이 틀렸을 때 우리는 그 사실을 스스로 인정할 수 있다. 상대가 요령 있고 부드럽게 접근해 온다면 잘못을 인정하고 나 자신의 솔직함과 관대함에 뿌듯해할지도 모른다. 그러나 입맛에 맞지 않는 진실을 남이 내 목구멍에 쑤셔 넣을 때는 그렇게 하지 못한다.

남북전쟁 기간에 미국에서 가장 유명한 편집자였던 호러스 그릴리Horace Greeley는 링컨의 정책을 격렬히 반대했다. 링컨을 반박하고, 조롱하고, 욕하면 링컨이 자신에게 동의해 주리라고 믿었다. 이런 작전을 몇 달, 몇 년이 지나도록 끊임없이 계속했다. 부스가 링컨을 암살한 날조차 그릴리는 링컨을 잔혹하고 신랄하게 공격하고 빈정댔으며 인신공격을 마다하지 않았다.

그러나 그런 모진 말로 링컨이 동의하게 할 수 있었을까? 전혀 아니다. 조롱과 욕설은 절대 통하지 않는다.

사람을 상대하고 자신을 다스리며 성격을 고치는 방법에 관해 훌륭한 조언을 원한다면 벤저민 프랭클린의 전기를 읽어보라. 지금까지 쓰인 가장 매력적인 인생담 중 하나이자 미국 문학의 고전이다. 프랭클린 자신이 논쟁을 좋아하는 사악한 버릇을 어떻게 이겨내고 어떻게 미국 역사상 가장 유능하고 원만하며 수완 있는 사람으로 거듭났는지 들려준다.

프랭클린이 아직 좌충우돌하던 젊은 시절의 이야기다. 어느 날 퀘이커 교도인 오랜 친구가 프랭클린을 불러내더니 날카로운 진실을 들려줬다.

"벤, 너 때문에 좀 난감해. 네 주장은 너와 의견이 다른 모두를 때리고 있잖아. 너무 공격적이어서 아무도 좋아하지 않아. 네 친구들이 네가 없는 자리를 더 좋아해. 네가 너무 아는 척을 하니까 아무도 너한테 무슨 말을 할 수가 없어. 실제로 아무도 시도조차 하지 않을 거야. 그래봤자 힘만 들고 불편해지기만 할 테니까. 그러면 네가 지금 아는 것 이상은 알 수가 없게 돼. 지금 알고 있는 건 절대로 많지 않잖아."

벤저민 프랭클린의 가장 훌륭한 면모 중 하나는 쓰라린 질책을 받아들이는 태도였다. 프랭클린은 친구의 말이 진실임을 깨달을 만큼 그릇이 크고 현명했다. 자신이 잘못된 길로 가고 있으며, 여러 사람을 불편하게 하고 있다는 걸 직감했다. 그래서 태도를 180도 바꿔 무례하고 독선적이던 기존의 자세를 즉각 고쳤다.

프랭클린은 이렇게 썼다. "타인의 감정과 직접적으로 충돌하거나 내 감정을 너무 강하게 표현하는 일은 모두 삼가기로 했다. 또 언어 중에 '틀림없이'나 '의심의 여지 없이'처럼 고정된 의견을 내포하는 단어나 표현은 절대 쓰지 않기로 했다. 대신에 '내 생각에는' '내가 파악하기로는' '아마도' '지금으로 봐서는' 같은 표현을 썼다. 다른 사람의 주장이 틀렸다고 생각해도 직설적으로 반박하거나 그의 주장이 터무니없음을 즉각 보여주며 즐거워하는 일은 절대로 하지 않기로 했다. 대답할 때는 상대의 의견이 옳을 경우나 상황에 대해 먼저 이야기하고, 그다음에 지금은 상황이 좀 달라 보인다거나 하는 식으로 말하기로 했다. 이런 태도의 변화가 유리한 점이 무엇인지는 금세 알 수 있었다. 대화가 훨씬 유쾌하게 흘러갔다. 겸손하게 의견을 제시하면 상대도 좀 더 쉽게 받아들이고 반박을 덜 했다. 내가 틀려도 덜 굴욕스러웠고 혹시나 내가 옳아도 상대가 잘못된 의견을 포기하고 나에게 동조하게끔 설득하기가 더 쉬웠다.

처음에는 타고난 성향에 반해서 이렇게 하려고 억지로 노력해야 했다. 시간이 지나니 자연스러운 습관이 되었다. 아마도 지난 50년 동안 내가 독단적인 표현을 쓰는 모습은 아무도 보지 못했을 것이다. 이 습관 덕분에(완전히 내 성격으로 자리 잡은 후에) 새로운 제도를 제안하거나 낡은 것에 변화를 시도해도 동료

시민들이 내 말을 더 무게 있게 들어주고, 내가 여러 공공 위원회의 위원이 됐을 때도 더 많은 영향력을 미칠 수 있었다고 생각한다. 나는 여전히 말을 잘 못하고, 달변도 아니고, 단어를 고를 때도 많이 망설이고, 정확한 언어를 사용하는 경우가 거의 없지만, 그래도 대체로 내 요점은 잘 전달하는 것 같다."

벤저민 프랭클린의 방법이 비즈니스에서는 어떤 효과를 낼까? 두 가지 사례를 보자.

노스캐롤라이나주 킹스마운틴에 살고 있는 캐서린 올레드 Katherine A. Allred는 방적사 처리 공장의 기술팀 감독이다. 올레드는 우리 교육을 받은 후에 자신이 예민한 문제를 처리하는 방식이 어떻게 달라졌는지 들려주었다.

수업 시간에 그녀는 이렇게 말했다. "공장 직원의 인센티브 기준과 시스템을 마련하고 유지하는 것도 제 일 중에 하나예요. 직원들은 실을 더 많이 생산하면 돈을 더 많이 받거든요. 기존에 사용하던 시스템도 괜찮았어요. 저희가 생산하는 실이 두세 가지였을 때는 말이죠. 그런데 최근에 생산능력을 높이고 품목을 늘리면서 열두 가지 이상의 실을 생산하게 되었어요. 기존 시스템은 직원들에게 공정한 임금을 지급하거나 생산량을 늘릴 인센티브를 제공하기에 더 이상 적절하지 않았죠. 저는 언제든지 작업하는 실의 종류에 따라 임금을 지급하는 새로운 시스템을 고안했고, 이 시스템을 회의에 들고 들어갔죠. 경영진에게 이게 맞는 방법이라는 걸 증명할 작정이었어요. 경영진에게 어디가 틀렸고, 어디가 불공정하며, 필요한 답을 제가 다 갖고 있음을 자세히 설명했어요. 결과는, 좋게 말해서, 처참한 실패였어요! 저는 새로운 시스템을 방어하는 데 급급해서 경영진이 기존의 문제를 품위 있게 인정할 수 있는 길을 터주지 않았어요. 결국 이 문제는 그대로 묻히고 말았죠.

이 수업을 몇 번 듣고 나서 제가 어디서 실수를 저질렀는지 정확히 알았어요. 그래서 새로 회의를 소집했어요. 이번에는 경영진에게 뭐가 문제라고 생각하는지 물었죠. 각 문제점을 논의하고 최선의 해결법이 뭐라고 생각하는지 물었어요. 조심스럽게 몇 가지 의견을 제안한 후에 적절히 시간 간격을 두고 제가 만든 시스템을 경영진이 직접 발전시키도록 했어요. 회의가 끝날 때 나온 방법은 사실상 이전에 제가 만든 시스템이었는데, 경영진은 열렬히 수용했죠.

이제는 확실히 알았어요. 누군가에게 틀렸다고 대놓고 말한다면, 좋은 일은 하나도 안 생기고 손해만 크게 입을 수 있어요. 상대의 체면을 깎아버리고, 나는 더 이상 논의에서 환영받지 못하는 존재가 되는 거죠."

또 다른 예를 보자. 지금 인용하는 사례는 수천 명이 전형적으로 겪는 문제임을 기억하자. 크롤리R.V.Crowley는 뉴욕에 있는 목재회사의 세일즈맨이었다. 크롤리는 자신이 오랫동안 해왔던 행동을 인정했다. 완고한 목재 조사관들에게 당신이 틀렸다고 말해왔다고 말이다. 물론 논쟁에서 이길 때도 있었다. 하지만 도움이 되지는 않았다. 크롤리는 이렇게 말했다. "이 목재 조사관들은 마치 야구 심판 같아요. 한번 판단을 내리면 절대로 바꾸지 않죠."

크롤리는 자신이 논쟁을 이겼기 때문에 회사가 수천 달러의 손해를 입은 것을 목격했다. 그래서 작전을 바꾸기로 결심했다. 논쟁을 내다버리기로 했다. 그리고 어떻게 됐을까? 그가 직접 한 말을 들어보자.

"어느 날 아침 제 사무실에 전화가 울렸어요. 벌써 화가 나 있더라고요. 저희가 그쪽 공장으로 보낸 목재가 전혀 마음에 들지 않는다고 했어요. 짐을 내리다가 중단했다면서, 저희더러 즉각 자기네 하역장에서 물건을 치워달라고 했어요. 차에 있는 짐을 4분의 1정도 내렸는데 그쪽 조사관이 목재의 55퍼센트가 등급에 미달한다고 보고했대요. 그러니 수령을 거부한 거죠.

저는 바로 공장으로 출발하면서 곰곰이 생각해 봤어요. 이 상황을 처리하는 최선의 방법이 뭘까. 보통 때 같으면 이런 상황에서 등급 규칙을 들먹였을 거예요. 저도 목재 조사관을 했었고 그쪽으로 경험과 지식이 있으니까요. 저쪽 조사관에게 사실은 이 목재들이 등급에 맞다고 설득하려고 시도했을 거예요. 그가 등급 규칙을 잘못 해석했다고요. 하지만 이번에는 이 수업에서 배웠던 원칙을 한번 적용해 봐야겠다고 생각했어요.

공장에 도착해서 구매 담당자와 목재 조사관을 만났어요.

두 사람 다 싸울 준비가 되어 있더군요. 우리는 함께 짐을 내리는 쪽으로 갔고 저는 상황을 파악하고 싶으니 짐을 계속 내려보라고 했어요. 조사관에게 좀 전까지 하시던 그대로 계속해 보라고 했어요. 미달인 것은 거절하고, 합격품은 다른 쪽에 쌓고, 그렇게요.

잠깐 관찰해 보니 이 사람의 검사 기준이 너무 엄격하기도 했지만 등급 규칙을 잘못 해석하고 있다는 걸 알 수 있었어요. 그 목재는 무른 스트로브잣나무였는데, 이 조사관이 단단한 목재는 철저하게 교육받았지만 이쪽은 경험이 부족한 걸 알 수 있었어요. 이건 특히나 제가 잘 아는 분야였거든요. 그렇다고 해서 조사관이 등급을 매기는 방식에 이의를 제기했을까요? 전혀요. 그냥 계속 지켜보기만 했죠. 그러면서 조금씩 질문했어요. 어떤 목재가 왜 미달이라고 생각하냐고요. 한순간도 조사관이 틀렸다는 뉘앙스는 풍기지 않았어요. 이렇게 물어보는 이유는 오직 다음번에는 정확히 그쪽 회사가 원하는 목재를 보내주기 위해서라고 강조했어요.

아주 호의적이고 협조적인 태도로 질문하고, 그쪽 회사의 목적에 어울리지 않는 목재들은 거절하는 게 맞다고 계속 이야기했더니 그 사람도 마음이 좀 풀리는 것 같았어요. 우리 둘 사이의 긴장감도 서서히 녹아 없어졌죠. 저는 아주 조심스럽게 말하며 이렇게 거절된 목재 중에 사실 그들이 구매한 등급 이내의 물건이 있을 수도 있다는 생각을 조사관의 마음속에 심어줬어요. 그 사람들에게 필요한 목재는 더 비싼 등급일 수도 있다고 말이죠. 그렇지만 제가 그 점을 문제 삼고 있다는 생각은 들지 않도록 아주 조심했어요.

서서히 조사관의 태도가 바뀌었어요. 마침내 자기가 이 목재에는 경험이 없다고 인정하더라고요. 그러면서 제게 차에서 내리는 각 목재에 대해 물어보기 시작했어요. 저는 각 목재가 왜 특정 등급 이내에 속하는지 설명해 줬어요. 그러면서도 해당 목재가 그들의 목적에 맞지 않는다면 가져가지 않아도 된다고 계속 이야기했어요. 결국 조사관은 부적격 쪽 더미에 목재를 하나 추가할 때마다 죄책감을 느끼는 지경까지 이르렀어요. 결국 필요한 만큼 좋은 등급을 주문하지 않은 그들 쪽에 잘못이 있다는 사실을 조사관도 알게 됐죠.

결국 조사관은 제가 떠난 후에 목재 더미 전체를 다시 검사했어요. 그 후 물량 전체를 수락하고 대금도 전액 지급했죠.

이 일 하나만 보더라도 작은 요령 하나가 얼마나 중요한지 알 수 있었어요. 저는 절대로 상대방한테 틀렸다고 말하지 않겠다고 결심했고 그 결과 우리 회사의 돈을 엄청나게 절약했어요. 더구나 상대의 호의를 잃지 않은 일은 돈으로 가치를 매길 수 없을 만큼 소중한 결과죠."

이번 장에서 이야기한 내용이 새삼스럽지는 않다. 2000년 전에 이미 예수 그리스도는 이렇게 말했다. "너를 고발하는 자

와 함께 길에 있을 때 급히 사화(화해)하라."(마태복음 5장 25절)

그리스도가 태어나기 2200년 전에 이집트의 악토이^{Akhtoi} 왕은 아들에게 훌륭한 조언을 했다. 오늘날에도 꼭 필요한 조언이다. "요령 있게 다가가라. 그 편이 네 주장을 펼치는 데 더 도움이 된다."

다시 말하면 고객이나 배우자, 상대방과 싸우지 말라. 상대가 틀렸다고 말하지 말라. 상대의 속을 휘저어놓지 말라. 요령 있게 접근하라.

원칙 2

상대의 의견을 존중하는 태도를 보여줘라.

절대로 상대가 '틀렸다'고 말하지 말라.

Show respect for the other person's opinions.

Never say, "You're wrong."

틀렸을 때는
인정하라

3

➡➡ ───────── 집에서 1분만 걸어가면 자연 그대로 보존된 야생 숲이 있었다. 봄이 되면 블랙베리 덤불이 거품처럼 하얗게 뒤덮이고, 다람쥐가 둥지를 틀고 새끼를 키우며, 쥐꼬리망초가 어른 키만큼 자랐다. 훼손되지 않은 이 삼림지대를 포레스트 파크Forest Park라고 불렀다. 콜럼버스가 아메리카 대륙을 발견했을 때와 크게 다르지 않은 모습을 간직한 곳이었다. 이 공원에서 우리 집 보스턴 불도그 렉스와 산책을 자주 했다. 렉스는 다정하고 무해한, 조그만 사냥개였다. 공원에서 사람을 마주치는 일이 좀처럼 없어서 렉스를 데려갈 때 줄을 묶거나 입마개를 하지 않았다.

어느 날 공원에서 말에 탄 경찰관과 마주쳤다. 본인의 권위를 보여주고 싶어 몸이 근질근질한 사람이었다.

"입마개도 하지 않고 목줄도 없이 공원에 개를 풀어놓으면 어쩌자는 겁니까?" 경찰관은 나를 질책했다. "법을 위반하고 있는 거 모르세요?"

"네, 압니다." 내가 부드럽게 대답했다. "여기서는 별일 없을 거라 생각했어요."

"생각하다니! 생각했다고요! 법은 당신이 무슨 생각을 하는 지에는 하등 관심이 없어요. 개가 다람쥐를 죽이거나 어린아이를 물 수도 있단 말입니다. 이번에는 그냥 보내드리겠습니다. 하지만 또 한 번 목줄이나 입마개 없이 여기서 이 개를 다시 보게 되면, 판사님 앞에 가서 그 이유를 말씀하셔야 할 겁니다."

나는 순순히 시키는 대로 하겠다고 했다.

실제로 그가 시킨 대로 따랐다. 몇 번은 말이다. 그렇지만 렉스는 입마개를 싫어했고 그건 나도 마찬가지였다. 그래서 도박을 해보기로 했다. 한동안은 모든 것이 순조로웠다. 그러다가 암초를 만났다. 어느 날 오후 렉스와 언덕배기를 뛰어 올라갔더니 근엄한 법의 집행관이 암갈색 말을 타고 떡하니 서 있었다. 나보다 한발 앞서 달리던 렉스는 경찰관을 향해 똑바로 달려들었다.

골치 아프게 생겼다. 내 이럴 줄 알았다. 그래서 나는 경찰관이 입을 열 때까지 기다리지 않았다. 선수를 쳤다. "경찰관님, 현행범을 잡으셨네요. 제가 잘못했습니다. 변명할 거리도, 핑계 댈 거리도 없습니다. 지난주에 이미 경고하셨죠. 입마개 없이 다시 개를 데리고 나오면 벌금을 물리시겠다고요."

경찰관이 부드러운 목소리로 대꾸했다. "뭐, 그렇죠. 이렇게 작은 개는 여기서 뛰어놀게 두고 싶은 유혹이 생기죠. 아무도 없을 때는요."

내가 대답했다. "유혹이야 생기지만, 법률 위반이지요."

"뭐, 이렇게 작은 개가 누구를 해치겠어요." 경찰관이 다시 말했다.

"그렇지만 다람쥐를 죽일 수도 있죠." 내가 말했다.

"음, 너무 심각히 생각하시는 거 같은데요." 경찰관이 말했다. "어떻게 하면 되는지 알려드릴게요. 저한테 안 보이는 저쪽 언덕 너머에서 뛰어다니게 하세요. 그리고 우리는 다 잊어버리면 되죠."

이 경찰관도 인간이기에 자신이 중요한 사람이라고 느끼고 싶어 했다. 그러니 내가 자책해 버리자 그가 자존감을 높일 유일한 방법은 너그러운 태도로 자비를 보여주는 것뿐이었다.

만약에 내가 방어를 시도했다고 한번 상상해 보라. 혹시 경찰관에게 반박해 본 적이 있는가?

나는 경찰관과 논쟁을 벌이느니 그가 절대적으로 옳고 내가 절대적으로 틀렸다고 인정했다. 빠르고 공개적이고 마음을 담아 인정했다. 결국 내가 그의 편을 들고 그가 내 편을 들면서 사건은 아름답게 종결되었다. 체스터필드 경 본인이었다고 해도 이 경찰관보다 더 자애로울 수는 없었을 것이다. 불과 일주일

전만 해도 법대로 하겠다고 위협했던 사람이었는데 말이다.

어차피 질책받을 것이 분명한 상황이라면 선수를 쳐서 스스로를 꾸짖는 편이 훨씬 낫지 않을까? 남의 입에서 나오는 비난을 참아내느니 내가 나를 비판하는 걸 듣는 편이 훨씬 수월하지 않을까?

상대가 생각하고 있거나, 말하고 싶거나, 말하려고 의도하는 그 모든 경멸에 찬 말을 직접 하라. 상대가 말할 기회도 생기기 전에 직접 말하라. 그러면 상대는 너그럽게 용서하는 태도로 당신의 잘못을 최소화할 가능성이 크다. 말에 타 있던 경찰관이 나와 렉스에게 했던 것처럼 말이다.

상업 미술가 퍼디낸드 워런Ferdinand E. Warren은 바로 이 방법으로 괴팍하게 호통을 치는 어느 바이어의 호의를 샀다.

워런은 당시 상황을 이렇게 들려주었다. "광고나 출판 목적의 그림을 그릴 때는 아주 정확해야 하거든요. 어떤 아트 디렉터는 주문을 한 뒤 즉각 결과물을 보여달라고 하는 경우도 있어요. 그러면 오류가 발생하기 쉽죠. 항상 별것도 아닌 걸 책잡기 좋아하는 아트 디렉터가 한 명 있었어요. 그 사람 사무실을 나올 때면 역겹다고 느낄 때가 많았어요. 비난 자체가 문제가 아니라 상대를 공격하는 방식 때문에요. 최근에 이 사람에게 급한 작품을 하나 전달했어요. 그런데 전화가 왔더라고요. 즉각 자기네 사무실로 오라고. 뭔가가 잘못됐다면서요. 도착해 보니 예상했던 그대로였어요. 그 사람은 이미 적대적이었고, 절 비난할 기회가 생겨서 아주 고소해하는 것 같았어요. 왜 이런저런 식으로 했냐면서 열을 뿜어냈어요. 저는 그동안 배웠던 자책 요법을 써볼 기회라고 생각했죠. 그래서 이렇게 말했어요. '아무개 씨, 말씀하신 대로라면 제 잘못이고 변명의 여지가 전혀 없습니다. 그렇게 오랫동안 했으면 이제 좀 잘할 때도 됐는데, 저 자신이 정말 부끄럽네요.'

그 사람은 즉시 저를 변호하기 시작했어요. '네, 맞아요. 하시만 심각한 실수는 아니에요. 그냥⋯.'

제가 끼어들었죠. '모든 실수는 비용이고, 짜증나는 일이죠.'

그 사람이 치고 들어오려고 했지만 제가 용납하지 않았어요. 재미있더군요. 인생에서 처음으로 저 자신을 비난한 건데, 좋더라고요.

계속 말했죠. '제가 더 주의를 기울여야 했어요. 일감도 많이 주시는데 최고의 결과물을 받아보셔야죠. 이 드로잉은 처음부터 완전히 다시 할게요.'

'아뇨, 아뇨!' 그 사람이 저를 뜯어말렸어요. '그렇게까지 하시라고 말씀드린 건 아닙니다.' 그 사람은 제 작품을 칭찬하면서 그저 조그만 것 하나를 바꾸기를 바랄 뿐이라고 거듭 이야기했어요. 저의 사소한 실수로 자기네 회사에 비용이 드는 것은 전혀 없다며, 아주 작은 부분에 불과하니 걱정하지 말라고요.

제가 스스로를 비난하지 못해서 안달이니까 그 사람이 전의를 완전히 상실한 것 같았어요. 결국 저한테 점심을 사줬어요. 헤어지기 전에 결제를 해주면서 또 다른 작품을 주문했죠."

자신의 실수를 인정할 용기를 내보면 어느 정도의 만족감을 느낄 수 있다. 죄책감이나 방어적인 태도가 싹 사라질 뿐만 아니라, 실수 때문에 생긴 문제도 해결되는 경우가 많다.

뉴멕시코주 앨버커키에 사는 브루스 하비Bruce Harvey는 병가를 냈던 어느 직원에게 실수로 월급 전액을 지급한 것을 알게 됐다. 본인의 실수를 발견한 하비는 해당 직원을 불렀다. 실수를 바로잡으려면 다음 달 월급에서 잘못된 금액 전체를 공제해야 한다고 설명했다. 그러자 직원은 그렇게 하면 재정적으로 큰 문제가 생긴다면서 몇 달에 걸쳐 천천히 공제해 달라고 간청했다. 하비는 그러려면 상급자의 승인이 필요하다고 설명했다. 하비는 수업에서 이렇게 이야기했다. "그렇게 되면 제 상사가 제대로 폭발할 걸 알고 있었거든요. 상사들이 흔히 하는 그거 있잖아요. 그래서 이 문제를 어떻게 처리해야 하나 고민하다가 깨달았어요. 이 사태가 모두 제 잘못이고, 상사에게 제 실수를 인정해야 한다는 걸요.

상사의 사무실로 찾아가서 실수를 저질렀다고 말했어요. 자초지종을 설명했죠. 상사는 폭발하면서 인사팀의 실수라고 했어요. 제 실수라고 다시 이야기했어요. 상사는 또 한 번 폭발하면서 회계팀이 부주의했다고 했죠. 다시 또 제 실수라고 설명했어요. 상사는 사무실에 있는 다른 두 사람을 탓했어요. 그렇지만 그때마다 제 잘못이라고 했어요. 결국 상사는 저를 보면서 이렇게 말하더군요. '그래, 자네 실수야. 이제 바로잡으라고.' 실수는 정정했고, 아무도 곤란을 겪지 않았어요. 기분이 아주 좋았어요. 긴장을 유발할 수 있는 상황을 저의 힘으로 처리했을 뿐만 아니라 다른 핑계를 찾지 않고 용기를 냈으니까요. 상사는 그 어느 때보다 저를 존중해 줬어요."

본인의 실수를 방어하려는 시도는 어떤 바보라도 할 수 있다. 그리고 대부분의 바보가 그렇게 한다. 그러나 실수를 먼저 인정하는 사람은 무리에서도 눈에 띈다. 스스로도 한 차원 높은 희열을 맛볼 수 있다.

실수를 인정하는 것은 결코 쉽지 않다. 그 일이 제일 어려운 순간은 나에게 중요한 사람, 즉 내가 사랑하는 사람을 마주해야 할 때다. 실수를 인정하지 않아서 결혼 생활이 끝장나거나 가족 간의 유대가 파괴되는 일은 고대 파라오 시대부터 있었다. 자존심을 극복하기가 쉽지 않은 건 대부분 겪어봐서 알 것이다. 그런데 늘 믿어왔던 '진리'까지 의심해야 하는 상황이라면 얼마나 더 힘들지 한번 상상해 보라.

우리 수업의 강사 중 한 명인 마이클 청Michael Cheung이 수업에 참여했던 어느 남자의 이야기를 들려주었다. 이 남자는 아주 전통적인 중국 가정에서 자랐다. 중국 문화권에서는 체면이 목숨만큼 중요했다. 이 때문에 남자는 가족에게 야기한 고통을 책임지기가 쉽지 않았다. 남자는 한때 아편 중독자였다. 그래서 남자의 아들은 오랫동안 남자와 말도 섞지 않았다. 이제 아버지는 마약 중독으로 생겼던 균열을 메우고 싶었지만 방법이 문제였다. 아버지는 아들과 재회하고 손주들까지 처음으로 볼 수 있기를 간절히 바랐으나, 중국의 전통에서는 연장자가 첫걸음을 뗄 수는 없었다. 아버지는 젊은 사람이 어른을 공경해야 한다고 배운 세대였다. 누가 먼저 손을 내밀어서 화해할지는 전적으로 아들에게 달려 있었다! 처음에 아버지는 자신의 바람을 꾹 참고 아들이 찾을 때까지 기다리는 것이 옳다고 생각했다. 하지만 그러다가 마음이 바뀌었다. 아버지는 자신이 두려움을 피하기 위한 핑계로 전통을 이용하고 있다는 사실을 깨달았다. 아버지는 수업 시간에 이렇게 이야기했다. "이 문제를 곰곰이 생각해 보니 우리가 배운 게 맞았어요. '틀렸을 때는 빠르고 단호하게 인정하라.' 빠르게 인정하기에는 너무 늦어버렸지만, 단호하게 인정할 수는 있었죠. 저는 아들에게 잘못을 했어요. 아들이 저를 보고 싶지 않아 하고 인생에서 저를 밀어내는 것은 당연한 일이에요. 저보다 나이 어린 아들에게 용서를 구하는 게 체면을 구길 수도 있지만, 잘못은 저한테 있으니까 인정하는 것도 제 책임이죠."

수업을 함께 들었던 사람들은 박수를 치며 진심으로 남자를 응원했다. 다음번 수업에 남자는 아들 집에 다녀온 이야기를 들려주었다. 세월이 많이 흘렀기 때문에 아들이 사과를 받아주지 않으면 어떻게 하나 걱정했다고 한다. 하지만 아들은 아버지를 다시 가족의 일원으로 환영해 주었다. 이제 남자는 아들과 며느리, 그리고 마침내 만난 손주들과 새로운 관계를 쌓아가고 있다.

엘버트 허버드는 온 나라에 화제가 되었던 아주 독창적인 작가 중 한 명이었다. 하지만 그의 신랄한 문장은 곧잘 극심한 분노를 자아냈다. 그러나 사람을 다루는 기술이 빼어났던 허버드는 적을 친구로 돌려놓는 일이 자주 있었다.

일례로 화가 난 어느 독자가 편지를 보내온 적이 있었다. 독자는 허버드의 이런저런 글에 동의하지 않는다면서 허버드에 대한 인신공격으로 편지를 마무리했다. 엘비트 히비드는 다음과 같이 답장을 보냈다.

다시 생각을 해보니 제가 쓴 글에 저도 모조리 동의할 수는 없네요. 어제 쓴 글이 오늘의 제게도 마음에 다 드는 건 아닙니다. 이 주제에 관한 귀하의 의견을 알게 되어 기쁩니다. 다음번에 우리 동네에 오시면 저를 꼭 찾아주세요. 이 주제를 함께 탈탈 털어보시죠. 멀리서나마 약속드립니다. 진심으로 감사드립니다.

저렇게 나오는 사람에게 대체 무슨 말을 더 할 수 있을까?

우리가 옳을 때는 부드럽게, 요령껏 상대를 우리 생각 쪽으로 끌어오자. 우리가 틀렸을 때는(정직하게 생각해 보면 아마 놀랍도록 자주 있는 일일 것이다) 실수를 빠르게 열정적으로 인정하자.

이렇게 하면 놀라운 결과를 얻을 수 있을 뿐만 아니라, 그런 상황에서는 나를 방어하는 것보다 훨씬 더 재미도 있다. 믿거나 말거나지만.

옛 속담을 기억하라. '싸움은 결코 만족을 주지 않는다. 항복하면 기대 이상을 얻는다.'

원칙 3

내가 틀렸을 때는 빠르고 단호하게 인정하라.

If you are wrong, admit it quickly and emphatically.

우호적으로 다가가라 4

화가 나서 한두 마디 뱉고 나면 감정을 쏟아냈기에 내 기분은 좋아질 수도 있다. 하지만 상대방은 어떨까? 상대도 당신처럼 즐거울까? 호전적인 목소리와 적대적인 태도를 본 상대가 더 쉽게 동의할까?

우드로 윌슨은 이렇게 말했다. "두 주먹을 꽉 쥐고 저를 찾아오면, 저도 당신만큼이나 빨리 두 주먹을 꽉 쥐게 될 겁니다. 하지만 저를 찾아와 '앉아서 얘기 좀 합시다. 만약에 서로 생각이 다르다면 왜 다르고 어디가 문제인지 한번 알아봅시다'라고 말한다면, 우리 사이가 그리 멀지 않다는 걸 이내 깨닫게 될 겁니다. 의견이 다른 지점은 몇 개 되지 않고, 동의할 수 있는 지점은 많습니다. 인내심을 가지고 솔직하게 서로 마음을 합치려고 하면 얼마든지 한 마음이 될 수 있음을 금세 알게 될 겁니다."

만약 누군가가 당신과의 불화로 마음이 괴롭고 당신을 향해 악감정을 품고 있다면, 세상의 모든 논리를 다 동원해도 그 사람의 생각을 당신 쪽으로 돌릴 수는 없다. 자녀를 꾸짖는 부모, 부하 직원에게 고압적인 상사, 싸움을 좋아하는 배우자는 이 점을 반드시 깨달아야 한다. '사람들은 마음을 바꿔 먹고 싶지 않다'는 것 말이다. 억지로 몰아간다고 해서 그들이 우리 생각에 동의해 주지는 않는다. 하지만 부드럽게 우호적으로, 한없이 부드럽고 한없이 우호적으로 접근한다면, 어쩌면 그들도 마음을 바꿀지 모른다.

링컨은 벌써 100년도 더 전에 그렇게 말했다. 그가 한 말을 직접 들어보자.

"'한 바가지의 쓸개즙보다 꿀 한 방울이 더 많은 파리를 잡는다'는 말은 오래된 명언이다. 그러니 사람 문제에 관해 누군가를 당신의 대의에 동참시키고 싶다면, 먼저 당신이 그의 진실한 친구라는 사실부터 납득시켜라. 그게 바로 그 사람의 마음을 사로잡을 꿀 한 방울이다. 말하자면 이성에 이르는 가장 확실한 길이다."

회사 경영진들은 파업 노동자에게 우호적인 태도를 취하는 일이 도움이 된다는 걸 알고 있다. 한 예로 자동차 회사 화이트 모터의 공장에서 근로자 2500명이 임금 인상과 노동조합 가입 의무화를 요구하며 파업한 적이 있다. 당시 회장이었던 로버트 블랙Robert F. Black은 화를 내거나 그들을 규탄하거나 위협하거나 폭군이나 공산주의자처럼 말하지 않았다. 블랙 회장은 파업 노동자들을 칭찬했다. 클리블랜드의 여러 신문에 광고를 내서 그들이 "평화적인 방식으로 공구를 내려놓았다"며 찬사를 보냈다. 파업 근로자들이 할 일이 없는 것을 보고는 야구 방망이와 글러브 수십 개를 사주면서 공터에서 야구를 하라고 했다. 볼링을 더 좋아하는 사람들에게는 볼링장을 빌려주었다.

블랙 측의 이런 우호적인 태도는, 늘 그렇듯이, 상대편에도 호의적인 태도를 불러왔다. 파업 노동자들은 빗자루와 삽과 쓰레기 수레 등을 빌려서 공장 주변에 떨어져 있는 성냥과 종이, 담배꽁초 등을 줍기 시작했다. 한번 상상해 보라! 임금 인상과 노동조합 인정을 위해 투쟁하는 파업 노동자가 공장 마당을 청소하고 있다니 말이다. 폭풍 같은 미국 노동 전쟁의 기나긴 역사에서 한 번도 들어보지 못한 일이었다. 이 파업은 일주일 내에 협상 타결로 마무리되었다. 아무런 악감정도 원한도 남기지 않았다.

대니얼 웹스터Daniel Webster는 마치 신처럼 보이는 외모에 여호와처럼 말하는 사람이었다. 그는 역사상 가장 성공한 변호사로 손꼽힌다. 그는 아주 강력한 주장을 펼칠 때도 다음과 같이 우호적인 표현으로 발언을 시작했다. "배심원단께서 판단하시겠지만" "이 점을 생각해 보는 것도 도움이 될지 모릅니다" "배심원단께서 간과하지 않으시리라 믿는 몇 가지 사실관계가 있습니다" "인간 본성을 잘 이해하시는 여러분은 이 점이 중요하다는 사실을 금세 아실 겁니다" 등이었다. 그는 불도저처럼 밀어붙이지 않았다. 상대를 압박하지도 않았다. 본인의 의견을 타인에게 강요하려고 하지도 않았다. 웹스터는 부드러운 말로 조용하고 우호적으로 접근했다. 이는 그가 그토록 유명해지는 데 도움이 되었다.

어쩌면 여러분은 파업 협상을 벌이거나 배심원단에게 호소할 일은 영원히 없을지도 모른다. 그러나 여러분도 임차료를 깎을 일은 생길지도 모른다. 그때도 우호적인 접근법이 도움이 될까? 다음 사례를 보자.

엔지니어인 스트라우브O.L.Straub는 임차료를 깎고 싶었다. 그렇지만 임대인이 쉽지 않은 사람임을 알고 있었다. 스트라우브는 수업 시간에 이렇게 이야기했다. "편지를 썼습니다. 임차 기간이 끝나는 대로 아파트를 비우겠다고 알렸어요. 실은 이사 가고 싶지 않았어요. 임차료를 깎을 수만 있다면 계속 있고 싶었어요. 하지만 상황은 절망적으로 보였죠. 다른 세입자들도 임차료를 내리려고 시도했지만 실패했으니까요. 다들 우리 임대인이 극도로 상대하기 까다로운 사람이라고 했어요. 하지만 저는 속으로 이렇게 말했습니다. '나는 지금 사람을 상대하는 방법에 대한 수업을 듣고 있으니까, 우리 임대인한테 한번 그 방법을 써보겠어. 어떻게 되는지 보자고.'

제 편지를 받자마자 임대인이 비서를 대동하고 저를 보러왔어요. 문 앞에서 반갑게 맞았죠. 넘치는 호의와 열정을 보여줬어요. 시작부터 임차료가 얼마나 높은가 하는 이야기는 꺼내지 않았죠. 이 아파트가 얼마나 좋았는지부터 말했어요. 장담하건대 저야말로 '좋았다는 말에는 진심을 담았고, 칭찬을 할 때는 아낌없이 쏟아부었어요.' 임대인이 건물을 운영하는 방식을 칭찬했어요. 1년을 더 있을 수 있으면 너무 좋겠지만 임차료를 감당할 형편이 안 된다고 했죠.

임대인은 세입자에게 그런 환대를 받아본 적이 처음인 게 분명했어요. 어찌할 바를 모르더라고요.

그러더니 임대인은 본인이 겪는 어려움을 털어놓기 시작했어요. 세입자들의 불평 같은 거요. 한 사람은 편지를 14통이나 보냈대요. 그중에는 모욕적인 말도 있었고요. 또 한 사람은 임대인에게 위층 사람이 코 고는 걸 막아주지 않으면 임차 계약을 파기하겠다고 협박했대요. 임대인이 말했어요. '당신처럼 만족한 세입자가 있다니 얼마나 다행인지 모르겠네요.' 그러더니 제가 부탁하지도 않았는데 임차료를 약간 깎아주겠다고 했어요. 저는 더 깎고 싶었죠. 그래서 제가 감당할 수 있는 금액을 이야기했어요. 임대인은 한마디 말도 없이 받아들여줬고요.

나가면서 임대인은 저를 돌아보며 말했어요. '혹시 인테리어 필요한 거 없으세요?'

만약에 다른 세입자들과 똑같은 방법으로 임차료를 깎으려고 했다면, 저도 똑같이 실패했을 게 틀림없어요. 우호적으로 공감과 감사를 표현하며 다가간 것이 주효했죠."

펜실베이니아 피츠버그에 사는 딘 우드콕 Dean Woodcock 은 지역 전기회사의 부서장이었다. 전봇대 꼭대기에 있는 장비를 수리해 달라는 요청이 들어왔다. 원래 이런 유형의 작업은 다른 부서에서 처리하다가, 최근에서야 우드콕의 부서로 업무가 이전됐다. 우드콕 부서의 직원들은 해당 작업에 대한 훈련을 하긴 했지만 실제 작업 요청은 처음 받았다. 사내의 모든 사람이 우드콕의 부서가 과연 이 작업을 할 수 있을지, 또 어떻게 해낼지 궁금해했다. 우드콕은 부서의 과장 몇 명, 타 부서 사람 몇 명과 함께 현장을 보러 갔다. 그곳에는 자동차와 트럭 여러 대가 서 있었다. 많은 사람이 둘러서서 전봇대 위에서 작업하는 두 사람을 지켜봤다.

주위를 흘끗 둘러보던 우드콕은 길 저쪽 위에서 한 남자가 카메라를 들고 차에서 내리는 모습을 보았다. 남자는 작업 장면을 카메라로 찍기 시작했다. 전기회사 같은 공공사업 업체는 여론에 매우 예민했다. 불현듯 우드콕은 이 장면이 카메라를 든 저 남자에게 어떻게 보일지 깨달았다. 두 사람이 하면 될 일에 수십 명이 나와 있다고 생각할 게 분명했다. 우드콕은 남자를 향해 걸어갔다.

"저희 작업에 관심이 있으신가 봐요."

"네. 그리고 저희 어머니가 더 관심이 크실 거예요. 그쪽 회사의 주식을 갖고 계시거든요. 이걸 보면 깜짝 놀라실 거예요. 이런 회사는 인력 낭비가 심하다고 몇 년째 말씀드렸거든요. 이게 증명해 주네요. 아마 신문사도 이런 사진을 좋아할 거예요."

"그렇게 보이죠? 저라도 그렇게 생각할 것 같아요. 그런데 이게 좀 특이한 상황이에요." 우드콕은 이런 종류의 작업이 왜 자신의 부서에는 처음 있게 됐는지, 왜 경영진을 포함한 모든 사람이 관심을 보이게 됐는지 하나씩 설명했다. 평소 같은 상황이었다면 두 사람이면 처리할 수 있는 작업이라고 장담했다. 사진을 찍은 남자는 카메라를 치우더니 우드콕과 악수를 나눴다. 시간을 들여 이렇게 상황을 설명해 주어 고맙다고 했다.

닌 우드콕이 남자와 원만하게 대화한 덕분에 회사는 창피나 나쁜 여론을 피할 수 있었다.

수업을 들었던 또 다른 학생 중에 뉴햄프셔주 리틀턴에 사는 제럴드 윈Gerald H. Winn이 있다. 윈도 우호적으로 접근한 덕분에 손해배상 문제를 아주 만족스럽게 합의했다고 했다. 윈은 이렇게 회상했다. "초봄이었어요. 아직 얼어붙은 땅이 다 녹지도 않았는데 유례없이 비가 많이 왔어요. 그렇게 되면 보통은 물이 인근의 배수로나 길을 따라서 난 빗물 배수관으로 빠지죠. 그런데 느닷없이 제가 새집을 지은 땅으로 물이 흘러든 겁니다.

빠지지 못한 물이 집의 기반 주위로 계속 고였어요. 콘크리트 지하층 아래로 흘러들고 점점 고이다가 결국 터져버렸죠. 지하실에 물이 가득했어요. 보일러와 온수기가 망가졌죠. 수리하는 데만 2000달러가 넘게 들었어요. 이런 피해에 대한 보험은 들어놓지 않았고요.

그런데 얼마 후 이 구역의 땅 주인이 집 주변에 빗물 배수관을 설치하지 않았다는 걸 알게 됐어요. 그게 있었다면 애초에 이런 문제가 생기지 않을 수 있었는데 말이죠. 그래서 그 사람을 만나기로 약속을 잡았어요. 40킬로미터 떨어진 그의 사무실로 가면서 찬찬히 상황을 되짚어 봤죠. 이 수업에서 배운 원칙이 생각났어요. 화를 내봤자 그 어떤 목적에도 도움이 되지 않는다고 판단했죠. 도착했을 때 저는 아주 차분한 태도를 유지했어요. 최근에 서인도 제도를 다녀온 그의 휴가 이야기부터 꺼냈어요. 그런 다음 때가 무르익었다 싶었을 때 수해 피해와 관련해서 '작은' 문제가 있다고 언급했죠. 그는 문제를 해결하기 위해서 도와야 할 부분이 있다면 돕겠다고 이야기했어요.

며칠 후에 전화가 와서 말하길, 피해를 본 부분에 대해서는 자기가 비용을 지불하고 같은 일이 또 발생하지 않도록 빗물 배수관도 설치하겠다고 했어요.

문제 자체가 땅 주인의 잘못이기는 했지만, 만약 제가 호의적으로 시작하지 않았다면 그에게 전적으로 책임을 지우기는 쉽지 않았을 거예요."

오래전 내가 미주리 북서부에서 맨발로 숲을 지나 시골 학교까지 걸어 다니던 시절, 태양과 바람에 관한 우화를 하나 읽었다. 둘은 서로 누가 강한지 다투었고, 바람은 이렇게 말했다. "내가 더 강하다는 걸 증명해 볼게. 저기 코트 입고 있는 늙은이

보이지? 내가 너보다 더 빨리 저 노인의 코트를 벗길 수 있어."

그래서 태양은 구름 뒤로 잠시 숨었다. 바람은 거의 토네이도가 될 정도로 세게 불었다. 그렇지만 바람이 세게 불수록 노인은 코트를 더 바짝 여몄다.

결국 바람은 잦아들며 노인을 포기했다. 그리고 태양이 구름 밖으로 나와 노인에게 온화한 미소를 지었다. 노인은 이마의 땀을 닦더니 이내 코트를 벗어버렸다. 태양은 바람에게 부드럽고 우호적인 것이 분노나 강압보다 늘 더 강하다고 말해주었다.

부드럽고 호의적인 접근이 좋다는 사실은 언제 어디서나 볼 수 있다. 메릴랜드주 루터빌에 사는 게일 코너F. Gale Conner는 넉 달 된 새 자동차를 대리점의 서비스팀에 벌써 세 번째로 가지고 갔다. 수업 시간에 코너는 이렇게 말했다. "서비스 담당자에게 이야기하고, 설득하고, 고함을 지른다고 해도 제 문제에 대해 만족스러운 해결책은 나오지 않을 것 같았어요.

전시장으로 들어가서 대리점의 점주인 화이트 씨를 만나고 싶다고 했어요. 잠시 후에 화이트 씨의 사무실로 안내받았죠. 제 소개를 하고 친구의 소개로 이 대리점에서 차를 구매했다고 설명했어요. 친구가 이전에 여기서 차를 샀는데 가격이 아주 경쟁력 있고 서비스도 훌륭하다는 얘기를 들었다고 했어요. 화이트 씨는 제 이야기를 들으면서 만족스러운 미소를 지었죠. 그다음에 저는 서비스팀과 겪고 있던 문제를 설명했어요. 그러면서 이렇게 덧붙였죠. '이곳의 훌륭한 명성에 누가 될 수도 있는 상황을 화이트 씨가 알고 싶어 하실 거라고 생각했어요.' 그는 상황을 알려주어서 고맙다고 하면서 제 문제가 잘 처리될 거라고 장담했어요. 그런 다음 직접 제 문제를 챙겼을 뿐만 아니라 제 차가 수리되는 동안 본인의 차를 빌려주었지요."

이솝Aesop은 그리스의 노예였다. 그리스도가 태어나기 600년 전 크로이수스의 궁전에 살면서 불멸의 우화를 많이 남겼다. 인간 본성에 대해 그가 가르쳤던 진리는 2600년 전 아테네 못지않게 오늘날의 보스턴이나 버밍엄에서도 똑같이 적용된다. 바람보다는 태양이 코트를 더 빨리 벗길 수 있다. 친절한 태도, 우호적인 접근, 상대에 대한 인정이야말로 세상의 모든 바람과 폭풍보다 더 쉽게 사람들의 마음을 바꿀 수 있다.

링컨의 말을 기억하라. '한 바가지의 쓸개즙보다 꿀 한 방울이 더 많은 파리를 잡을 수 있다.'

원칙 4

우호적으로 시작하라.

Begin in a friendly way.

"네"라고
먼저 말하게 하라

5

⇢ ———— 대화를 할 때 처음부터 서로 의견이 다른 부분을 이야기하지 말라. 의견이 같은 부분부터 부각하며 시작하라. 가능하면 양쪽이 똑같은 목적을 향해 노력 중이고 실현하는 방법에 차이가 있을 뿐이라는 점을 강조하라.

처음에 상대가 "네, 맞아요"라고 말하게 하라. 가능하다면, 상대가 '아니요'를 말할 일이 없게 하라.

해리 오버스트리트 교수는 이렇게 말한다. "'아니요'는 가장 극복하기 힘든 핸디캡이다. 일단 한 번 '아니요'라고 말하면 내 모든 자존심을 걸고 그 입장을 지키게 된다. 나중에 '아니요'가 경솔했다는 생각이 들더라도 귀중한 내 자존심을 고려할 수밖에 없다! 일단 한 번 뱉었다면 반드시 고수해야 할 것 같은 기분이 든다. 따라서 긍정으로 '시작'하는 것이 매우 중요하다.

노련하게 말을 잘하는 사람은 처음부터 '맞아요'라는 반응을 여러 개 끌어내고 시작한다. 그렇게 되면 듣는 사람의 심리가 긍정 쪽으로 흘러가게 된다. 마치 당구공의 움직임과 비슷하다. 한쪽으로 보낸 후에 방향을 틀려고 하면 힘이 든다. 그걸 다시 반대쪽으로 보내려면 훨씬 더 많은 힘이 든다.

여기에 적용되는 심리 패턴은 명확하다. 누군가 '아니요'라고 했는데 정말로 그 뜻을 의도했다면, 이건 단순히 그냥 말 한두 마디를 했다는 정도의 의미가 아니다. 온몸의 조직이, 그러니까 온몸의 내분비선과 신경과 근육이 '거절'에 맞춰 정비된다는 뜻이다. 보통은 몸도 약간, 가끔은 눈에 보일 정도로, 뒤로 물러나거나 그러려는 조짐을 보인다. 간단히 말해서 모든 신경 조직과 근육이 무언가 받아들이기를 경계하는 상태에 놓인다. 반대로 '맞아요'라고 말했다면, 그런 물러나는 행동은 전혀 일어나지 않는다. 몸이 앞으로 움직이고 받아들이는 열린 태도가 된다. 따라서 시작할 때 '맞아요'를 많이 끌어낼수록 궁극적으로 제안할 내용에 대한 관심을 사로잡는 데 성공할 확률이 높아진다.

이 '맞아요' 반응이라는 것은 아주 간단한 기술이다. 그런데도 사람들은 얼마나 이를 하찮게 여기는지! 사람들은 처음부터 타인과 대립하여 내가 중요한 사람이라는 느낌을 얻으려는 것처럼 보이기도 한다.

만약 처음에 학생이나 고객, 아이, 배우자가 '아니요'를 말했다면, 그렇게 곤두서 있는 부정적 태도를 긍정으로 바꿔 놓기 위해서는 천사 수준의 지혜와 인내가 필요하다."

이 '네, 맞아요' 기술 덕분에 뉴욕시에 있는 그리니치 저축 은행Greenwich Savings Bank에서 일하는 제임스 엘버슨James Elberson은 놓칠 뻔했던 고객을 확보할 수 있었다.

엘버슨의 회상을 들어보자. "한 남자분이 계좌를 개설하러 오셨어요. 저는 평소대로 작성 양식을 드렸죠. 그분은 몇 가지 문항은 선뜻 작성했지만, 다른 문항 몇 가지는 단호하게 작성을 거부하셨어요.

인간관계를 공부하기 전이었다면, 예비 고객에게 은행이 요구하는 정보를 내놓지 않으면 계좌를 개설할 수 없다고 했을 거예요. 부끄럽지만 과거에는 정말로 그렇게 했고요. 당연히, 그렇게 최후통첩을 하고 나면 제 기분은 좋아졌죠. 누가 우위에 있는지를 보여줬으니까요. 은행의 규칙과 규정은 어길 수 없다고 말이죠. 하지만 그런 태도로는 고객이 되려고 우리 은행을 찾아준 분이 중요하다거나 환영받는다는 느낌을 주지는 못했죠.

그날 아침에는 지혜를 한번 발휘해 보기로 했어요. 은행이 원하는 것 말고 그분이 원하는 것을 이야기하기로 마음먹었죠. 다른 무엇보다 처음부터 그분에게서 '네, 맞아요'를 듣기로 결심했어요. 그래서 그분의 말에 동의해 드렸어요. 그분이 내어주기를 거절한 정보가 절대적으로 필요한 건 아니라고 했어요.

저는 이렇게 말했죠. '그렇지만, 돌아가셨을 때 은행 계좌에 잔액이 있다고 한번 생각해 보세요. 은행이 그 돈을 가장 가까운 친척분에게 송금해 드리는 편이 좋지 않을까요? 법적으로 권한이 있는 분에게 말이에요.'

'그렇죠, 당연하죠.' 그분이 대답했어요.

제가 계속 말했어요. '가장 가까운 친척분의 성함을 알려주시면 돌아가셨을 때 저희가 오류나 지체 없이 원하시는 대로 이행할 수 있지 않을까요?'

다시 한번 그분은 '그렇죠'라고 하셨어요.

우리가 이 정보를 요구하는 이유가 우리를 위해서가 아니라 본인을 위해서란 걸 알고 나니까 그 젊은 남성분의 태도는 한결 부드럽게 바뀌었어요. 은행을 나서기 전에 자신의 모든 정보를 주셨을 뿐만 아니라 저의 제안으로 신탁 계좌도 하나 개설했어요. 어머니를 수혜자로 해서요. 어머니에 대한 질문 역시 모두 기꺼이 답해주셨고요.

처음부터 '네, 맞아요'를 듣고 나니까, 그분은 당면한 이슈는 잊어버리고 기꺼이 제가 부탁하는 일을 모두 해주셨어요."

'네, 맞아요'가 바로 옆에 있는 줄도 모르고, '아니, 아니요'를 듣는 바람에 얼마나 많은 실패와 좌절을 겪었던가! 웨스팅하우스 전기회사Westinghouse Electric Company에서 세일즈맨으로 일하는 조지프 앨리슨Joseph Allison은 이렇게 말했다. "제 구역에 우리 회사가 정말로 제품을 팔고 싶었던 사람이 있었어요. 제 전임자가 그분을 10년 동안 찾아갔지만 아무것도 팔지 못했죠. 이 구역을 넘겨받고 나서 저도 3년간 그분을 방문했어요. 주문은 받지 못했고요. 그러다가 13년간의 전화와 상담 끝에 마침내 모터를 몇 개 팔았어요. 이 모터가 별 탈 없다면 이제 수백 개의 주문이 들어올 참이었죠. 저는 그렇게 기대하고 있었어요.

별 탈이 없을까? 당연히 없을 걸 알고 있었죠. 그래서 3주 후에 부푼 꿈을 안고 방문했어요. 그런데 저의 부풀어오른 꿈은 그리 오래 가지 못했죠.

저를 만난 기술팀장이 충격적인 얘기를 하더라고요. '앨리슨, 나머지 모터는 살 수가 없을 것 같아요.'

'왜요?' 제가 깜짝 놀라서 물었죠. '왜요?'

'모터가 너무 뜨거워요. 손을 올릴 수가 없어요.'

반박해 봤자 아무 도움이 되지 않을 걸 알고 있었어요. 그런 건 옛날에 많이 시도해 봤으니까요. 그래서 저는 어떻게 하면 '네, 맞아요' 반응을 끌어낼까 생각했죠.

제가 말했어요. '스미스 씨. 말씀에 100퍼센트 동의합니다. 모터가 너무 뜨겁다면, 한 대라도 더 사시면 안 되죠. 미국전기제조업협회에서 정한 기준 온도를 넘으면 안 되잖아요. 맞죠?'

기술팀장은 그렇다고 했어요. 첫 번째 '맞아요'를 얻어냈죠.

제가 마저 말했어요. '미국전기제조업협회에서는 모터 제품이 실내 온도보다 40도 이상 높으면 안 된다고 규정하고 있죠? 맞나요?'

'맞아요.' 그가 말했어요. '그게 맞는데, 그쪽 회사 모터는 그

것보다 훨씬 뜨거워요.'

저는 반박하지 않았어요. 그냥 이렇게 물었죠. '발전실 온도가 얼마나 되나요?'

기술팀장이 말했어요. '아, 24도 정도예요.'

제가 대답했어요. '발전실 온도가 24도고, 거기에 40도를 더하면 64도네요. 64도짜리 온수가 나오는 수도꼭지 밑에 손을 가져다 대면, 손을 데지 않을까요?'

기술팀장이 다시 말했어요. '그렇죠.'

제가 말했어요. '그러면, 모터에 손을 대지 않는 편이 좋지 않을까요?'

'그 말이 맞는 것 같네요.' 그가 인정했어요. 저희는 좀 더 얘기를 나눴어요. 그러고 나서 기술팀장은 직원을 불러서 다음 달에 3만 5000달러어치 모터를 주문하라고 했죠.

오랜 세월 수천 달러어치 사업 기회를 잔뜩 놓치고 나서야 저는 상대의 말에 반박하는 게 도움이 되지 않음을 알게 됐어요. 문제를 상대의 관점에서 바라보고 상대가 '네, 맞아요'라고 말하게 하는 편이 훨씬 더 이익이고, 흥미롭기도 했어요."

캘리포니아주 오클랜드에서 카네기 센터의 강사로 일하는 에디 스노Eddie Snow가 어느 가게의 단골이 된 이유도 가게 주인이 에디로 하여금 '네, 맞아요'라고 말하게 한 덕분이었다. 에디는 활을 쏘는 사냥에 관심이 있었다. 그래서 상당한 돈을 들여 동네 활 가게에서 장비며 용품 일체를 구매했다. 남동생이 놀러

왔을 때 에디는 이 가게에서 활을 대여해 주고 싶었다. 그러나 점원이 대여는 하지 않는다고 했다. 하는 수 없이 에디는 다른 활 가게에 전화를 걸었다. 다음은 에디가 설명해 준 내용이다.

"아주 친절한 남자분이 전화를 받았어요. 대여 문의를 했더니 이분의 반응은 이전 상점과는 전혀 달랐어요. 미안하다고 하면서 더 이상 대여 사업은 하지 않는데, 그 이유가 비용을 감당할 수 없기 때문이라고 했어요. 그러면서 이전에 활을 대여해 봤는지 물었어요. '네, 몇 년 전에요'라고 대답했어요. 그랬더니 당시에 아마 대여료로 25달러에서 30달러 정도 냈을 거라고 하더군요. 제가 또 '맞아요'라고 했죠. 그랬더니 저한테 돈을 좀 아끼고 싶지 않냐고 하더라고요. 당연히 '그렇다'고 했어요. 그러자 그분이 설명해 줬어요. 필요한 장비가 모두 들어 있는 활 세트를 지금 34.95달러에 판매하고 있다고요. 그러니까 대여료보다 4.95달러만 더 내면, 활 세트 하나를 구매할 수가 있는 거예요. 그래서 대여 사업을 접었다고 하더라고요. 합리적이라고 생각되지 않나요? 저는 '맞아요'를 연발하다가 결국 활 세트를 구매하게 됐어요. 그걸 사러 갔을 때 이 가게에서 다른 제품도 몇 가지 구매했죠. 이후로 쭉 단골이 됐어요."

맨발로 다니곤 했던 '아테네의 잔소리꾼' 소크라테스는 인류의 가장 위대한 철학자로 꼽힌다. 그는 역사상 겨우 몇 사람밖에 해내지 못한 일을 했다. 인류의 생각을 완전히 바꿔놓은 것이다. 사후 2400년이 지난 지금 그는 싸움이 끊이지 않는 이 세상을 가장 현명하게 설득했던 사람으로 추앙받는다.

그는 어떤 방법을 썼을까? 사람들에게 '당신들은 틀렸다'고 했을까? 아니다. 소크라테스는 그렇게 말하지 않았다. 소크라테스는 그보다 훨씬 노련했다. 지금은 '소크라테스식 문답법'이라고 부르는 그의 방법론은 '네, 맞아요'라는 답을 얻는 것을 바탕으로 하고 있었다. 소크라테스는 상대가 동의할 수 있는 질문을 던졌다. 하나씩 하나씩 인정을 받아내며 '네, 맞아요'를 잔뜩 수집했다. 그렇게 묻다 보면 결국 상대는 어느새 불과 몇 분 전만해도 격렬히 부인했을 결론을 수긍하고 있는 자기 자신을 발견하게 된다.

다음번에 누군가에게 당신이 '틀렸다'고 말하고 싶어지면, 맨발의 소크라테스를 기억하며 부드럽게 물어보기로 하자. '네, 맞아요' 반응을 이끌어 낼 질문을 던지기로 하자.

중국인들은 5000년간 인간의 본성을 연구하며 많은 통찰을 수집했다. 그중 지혜가 담긴 속담이 하나 있다. '발을 가볍게 떼어 부드럽게 가는 사람이 멀리 간다.'

원칙 5

상대가 즉시 "네, 맞아요"라고 말하게 하라.

Get the other person saying "Yes, yes" immediately.

상대가 더 많이
이야기하게 하라

6

➡️ ——————— 상대를 설득하려는 사람들은 대부분 말을 너무 많이 한다. 상대가 실컷 말하게 하라. 상대의 사업이나 문제점에 대해서는 당신보다 상대가 더 많이 안다. 그러니 상대에게 질문하라. 상대에게 말할 기회를 줘라.

내 생각과 다른 이야기가 나오면 끼어들고 싶을 수도 있다. 하지만 끼어들지 말라. 위험한 짓이다. 어차피 상대는 당신의 말에 귀를 기울이지 않을 것이다. 왜냐하면 아직 못다 한 말이, 표현하지 못한 수많은 생각이 남아 있기 때문이다. 참을성을 갖고 열린 마음으로 들어줘라. 진심으로 들어줘라. 상대가 품고 있는 생각을 모두 말하게 하라.

이 방법이 사업에서도 도움이 될까? '어쩔 수 없이' 써볼 수밖에 없었던 어느 영업 담당자의 이야기가 있다.

미국의 어느 대형 자동차 회사가 1년 치의 자동차 인테리어 용 직물 공급계약을 두고 협상하던 때였다. 주요 제조사 세 곳 이 샘플을 제출했다. 자동차 회사의 경영진은 각 샘플을 상세히 검토한 후, 날짜를 정해주고 제조사별로 한 명씩 대표로 방문하 여 최종 제안을 해달라고 했다.

그중 한 회사의 대표로 참석한 G. B. R은 당시에 하필 심각 한 후두염에 걸렸다. R 씨는 수업에서 그때의 이야기를 들려주 었다. "제가 경영진과 회의할 차례가 됐는데, 목소리가 안 나오 는 겁니다. 겨우 속삭이는 정도밖에 소리가 안 났어요. 회의실로 안내받자 맞은편에는 직물 담당 기술자, 구매 담당자, 영업 팀 장, 자동차 회사의 회장님까지 있었죠. 자리에서 일어나 최선을 다해 목소리를 내보려고 했는데 끽끽 소리밖에 안 나더군요.

다들 테이블에 빙 둘러앉아 계셨죠. 저는 하는 수 없이 종이 에 이렇게 썼어요. '여러분, 제가 목소리가 안 나옵니다. 드릴 말 씀이 없습니다.'

'제가 대신 이야기를 할게요.' 회장님이 말씀하셨어요. 그러 고는 정말로 저 대신 발표를 하셨어요. 제 샘플을 들어 보이면 서 좋은 점을 이야기하셨죠. 저희 제품의 장점에 대해서 활발한 토론이 오갔어요. 회장님이 저를 대신하면서 토론에서도 제 역 할을 맡으셨고요. 제가 한 거라고는 미소를 짓고, 고개를 끄덕이 고, 제스처를 몇 번 한 게 전부예요.

이 특이한 회의의 결과 저는 계약을 따냈어요. 누적 금액이

160만 달러가 넘고 50만 야드에 달하는 직물 계약이었죠. 제가 그때까지 받아본 주문 중 가장 큰 주문이었어요.

만약 목소리를 잃지 않았더라면 그 계약을 따내지 못했을 겁니다. 그날 하려던 제안에 대해 제가 완전히 잘못 생각하고 있었거든요. 우연히 알게 된 사실이지만 상대방이 이야기를 하게 하면 정말 많은 보상을 얻을 수도 있더라고요."

필라델피아 전기회사 Philadelphia Electric Company에서 일하는 조지프 웹 Joseph S. Webb도 같은 발견을 했다. 예전에는 전기가 비교적 신문물이라 시골에서는 사치품이나 마찬가지였다. 웹은 독일계 이민자들이 자리 잡은 펜실베이니아의 부유한 시골 지역에 현장조사를 나가 있었다.

"저 사람들은 왜 전기를 사용하지 않나요?" 관리가 잘된 농장 옆을 지나면서 웹이 지역 담당자에게 물었다.

"신경 쓰지 마세요. 저 사람들한테는 아무것도 못 팔아요." 지역 담당자는 역겹다는 듯이 답했다. "우리 회사를 싫어해요. 저도 시도해 봤는데 가망이 없어요."

그 말이 맞을 수도 있지만, 그래도 웹은 시도라도 해보기로 마음먹고 농장의 문을 두드렸다. 문을 빼꼼 열고 나이든 드러큰브로드 Druckenbrod 부인이 밖을 내다봤다.

웹은 그때의 이야기를 다음과 같이 들려줬다. "우리 회사 직원을 보자마자, 눈앞에서 문을 쾅 하고 닫아버리더라고요. 다시 노크했죠. 부인은 문을 다시 열더니 이번에는 저희와 회사를 어떻게 생각하는지 퍼부어댔어요.

제가 시골 달걀을 좋아해요. 마당에 닭이 돌아다니는 걸 보니 신선한 달걀을 좀 사가면 아내가 좋아하겠다는 생각이 들었죠. '드러큰브로드 부인, 전기를 들이고 싶지 않으시다는 건 잘 알아요. 귀찮게 해서 죄송합니다. 그냥 달걀을 좀 사고 싶어요.'

부인은 문을 좀 더 열고는 의심스러운 눈초리로 저희를 내다봤어요. 계속 이야기했죠. '훌륭한 도미니크종 닭들을 키우고 계시네요. 신선한 달걀 12개만 사고 싶습니다.'

문이 조금 더 열렸어요. '도미니크종인지 어떻게 알았어요?' 부인이 호기심이 생긴 듯 물었어요.

제가 대답했죠. '저도 닭을 키웁니다. 그런데 이보다 더 좋은 도미니크는 본 적이 없는 것 같네요.'

'그러면 본인 달걀을 쓰시면 되잖아요?' 의심이 가시지 않은 듯 부인이 캐물었어요.

'저희는 레그혼종이어서 흰색 알만 낳거든요. 요리를 하시니 아시겠지만, 케이크를 만들 때 흰색 달걀은 갈색 달걀에 비할 바가 못 되잖아요. 아내가 케이크를 아주 잘 굽거든요.'

여기까지 이야기했더니 드러큰브로드 부인이 문밖으로 나오더라고요. 한층 친근해진 듯했어요. 그사이 주위로 눈길을 돌려보다 농장에 근사한 낙농장도 있는 걸 발견했죠.

제가 계속 말했어요. '부인, 남편분께서 낙농장으로 버시는 돈보다 부인께서 닭으로 버시는 돈이 더 많을 것 같은데요?'

빵야! 부인은 무장해제됐죠! 실제로 그랬으니까요. 부인은 신이 나서 이야기를 털어놓았어요. 아, 그런데도 꽉 막힌 이 늙은 남편이 그걸 인정하지 않으려 한다고요.

부인은 양계장을 보겠냐면서 저희를 데려갔어요. 둘러보다 보니 부인이 여기저기 조그만 장치 같은 것을 많이 해놓았더군요. 배운 대로 '잘했다고 말할 때는 진심을 담고, 칭찬을 할 때는 아낌없이 쏟아부었죠.' 먹이나 온도를 추천하기도 하고 부인에게 몇 가지 조언을 구하기도 했어요. 어느새 저희는 서로 경험담을 공유하며 즐거운 시간을 보내고 있었죠.

잠시 후 부인이 양계장에 전기등을 설치한 이웃들이 있다고 말을 꺼냈어요. 효과가 아주 좋다고들 말한다고요. 부인은 자신도 그렇게 하면 도움이 될지 저의 정직한 의견을 듣고 싶다고 했어요.

2주 후에 드러큰브로드 부인의 도미니크종 닭들은 환한 전기등 아래서 꼬꼬댁거리며 앞다퉈 땅을 긁고 있었죠. 저는 전기를 팔았고 부인은 달걀을 더 많이 얻어 모두가 만족했죠. 모두에게 이득이 됐어요.

그렇지만 핵심은 이거예요. 제가 만약 부인이 먼저 그 말을 꺼내도록 내버려 두지 않았더라면, 저는 펜실베이니아의 독일계 농장주 부인에게 전기를 팔 수 없었을 거예요.

사람들한테 뭘 '팔' 수는 없어요. 상대가 '사게' 만들어야 하는 거죠."

상대가 말하게 하는 것은 비즈니스뿐만 아니라 가정에서도 도움이 된다. 바버라 윌슨^{Barbara Wilson}은 딸 로리^{Laurie}와의 사이가 급격히 나빠지고 있었다. 로리는 원래 조용하고 고분고분한 아이였지만 자라면서 비협조적이고 때로는 공격적이기까지 한 10대가 되었다. 윌슨 부인은 딸에게 설교도 해보고 협박도 하고 벌을 주기도 했으나 아무 소용이 없었다. 우리 수업에서 윌슨 부인은 이렇게 말했다. "어느 날 저는 그냥 포기했어요. 로리는 제 말도 듣지 않고 할 일을 끝내지도 않은 채 친구 집에 놀러 가버렸죠. 로리가 돌아왔을 때 수천 번 하던 식으로 소리를 지르려다가 그냥 힘이 빠져버렸어요. 그냥 딸을 서글프게 쳐다보면서 말했죠. '왜 그러니, 로리? 왜 그래?'

제 상태를 보고는 로리가 차분한 목소리로 물었어요. '정말로 알고 싶어요?' 고개를 끄덕이자 로리가 이야기를 시작했어요. 처음에는 망설였지만, 그다음에는 다 쏟아내더라고요. 그 전까지 한 번도 딸아이가 하려는 말을 듣지 않았어요. 만날 이래라저래라 말만 했죠. 로리가 자기 생각이나 감정이나 아이디어를 말하고 싶을 때도 끼어들어서 그냥 명령을 내렸죠. 저는 안된다고 손짓하고 최후통첩을 보내면 다 되는 줄 알았어요. 딸이 저를 필요로 했다는 걸 그제야 알겠더라고요. 이래라저래라 하는 엄마가 아니라 친구로서, 자라면서 혼란스러운 것들에 대해 이야기할 사람이 필요했던 걸 알았어요. 들어줬어야 했는데 떠들기만 했던 거예요. 한 번도 귀를 기울이지 않았던 거죠.

그때부터 이야기는 딸이 하게 됐어요. 이야기를 원하는 만큼 실컷 하게 했죠. 이제는 속에 담아둔 이야기를 다 해요 우리 사이는 말도 못 하게 좋아졌죠. 로리는 다시 협조적인 아이가 됐어요."

뉴욕의 어느 신문 경제면에 커다랗게 광고가 하나 실렸다. 특별한 능력과 경험이 있는 사람을 찾고 있었다. 이 광고를 보고 사서함으로 회신을 보낸 찰스 쿠벨리스Charles T. Cubellis가 며칠 후 면접을 보러 오라고 연락받았다. 약속 시간이 되기 전에 쿠벨리스는 월스트리트에서 몇 시간을 보내며 이 회사의 설립자에 관한 정보를 모조리 수집했다. 면접을 보면서 쿠벨리스는 이렇게 말했다. "사장님과 같은 이력을 가진 분의 회사에서 면접을 보았다고 엄청 자랑해야겠어요. 28년 전에 속기사 한 명에 책상하나 두고 시작하셨다고 하던데요. 사실인가요?"

성공한 사람은 거의 예외 없이 초창기 어려웠던 시절을 회상하기 좋아한다. 이 남자라고 예외가 아니었다. 남자는 한참 동안 현금 450달러와 아이디어 하나로 사업을 시작한 이야기를 들려주었다. 낙담에 지지 않고 조롱과 싸우며 휴일도 쉬지 않고 하루 열두 시간에서 열여섯 시간씩 일했고, 그렇게 해서 온갖 악조건을 결국 다 이겨내어 이제는 월스트리트에서 가장 중요한 경영진들이 정보와 조언을 구하러 찾아온다고 말이다. 남자는 그런 이력을 자랑스러워했다. 충분히 자랑스러울 만했다. 그걸 이야기하는 모습도 행복해 보였다. 마침내 남자는 쿠벨리스의 경력에 대해 간단히 몇 가지를 묻더니 부사장 한 명을 불러 이렇게 말했다. "우리가 찾던 친구인 것 같아."

쿠벨리스는 자신을 고용할 수도 있는 사람의 업적을 일부러 열심히 찾아봤다. 상대와 그의 문제에 관심을 보였다. 이야기는 대부분 상대가 할 수 있게 북돋웠고 그렇게 해서 호감 가는 인상을 주었다.

사실, 친구들조차 우리 자랑을 들어주기보다는 본인이 이룬 걸 말하는 편을 훨씬 더 좋아할 것이다.

프랑스의 철학자 라로슈푸코La Rochefoucauld는 이렇게 말했다. "적을 만들고 싶으면 친구보다 더 잘나라. 친구를 만들고 싶으면, 친구가 더 잘나게 둬라."

왜 그럴까? 우리보다 무엇인가 뛰어날 때 친구는 자신이 중요한 사람이라고 느낀다. 그러나 우리가 더 잘나서 우리의 성공을 자랑하면 친구는 시기심이나 심지어 적개심까지 불러일으킬 수 있다.

그러니 우리가 성취한 일은 최소화하자. 겸손해지자. 겸손은 언제나 적중한다.

우리는 겸손해야 한다. 왜냐하면 당신이나 나나 곧 죽을 테고, 백 년만 지나면 까마득히 잊힐 것이기 때문이다. 우리가 이룬 별것도 아닌 일을 떠들어서 남들을 지루하게 만들기에는 인생이 너무 짧다. 그러니 다른 사람들이 이야기하게 하자. 그러니 타인이 내게 동의하도록 설득하고 싶다면, 이렇게 하라.

원칙 6

대화할 때는 상대가 말을 많이 하게 하라.

Let the other person do a great deal of the talking.

자기 생각이라고 믿게 하면
협조를 얻는다

7

❧ ━━━━━ 여러분도 누가 은쟁반에 받쳐서 건네주는 아이디어보다는 직접 찾아낸 아이디어에 훨씬 더 신뢰가 가지 않는가? 그렇다면 여러분이 자신의 의견을 남의 목구멍에 쑤셔 넣으려고 하는 건 잘못된 판단 아닐까? 무언가를 제안할 때는 상대가 결론을 생각해 내게 만드는 편이 낫지 않을까?

우리 수업의 수강생 중에 필라델피아의 어느 자동차 전시장에서 세일즈 매니저로 일하는 아돌프 셀츠Adolph Seltz가 있었다. 어느 날 보니 그곳에서 일하는 세일즈맨들은 체계도 없고 의욕도 없어서 셀츠가 열정을 주입해 줘야 하는 상황이었다. 영업 회의를 소집한 셀츠는 직원들에게 매니저인 자신에게 바라는 것을 모두 말해보라고 했다. 직원들이 하나둘 이야기를 하자 셀츠는 그 내용을 칠판에 전부 적었다. 그런 다음 셀츠가 말했다. "여러분이 저한테 바라는 것들은 제가 다 하겠습니다. 그러면 이제 제가 여러분한테 기대해도 좋은 게 무엇인지 말해주세요.” 금세 대답이 쏟아져 나왔다. 애사심, 정직, 주인의식, 낙천적 태도, 팀 워크, 하루 여덟 시간 열정적으로 일하기 등이었다. 회의가 끝나 자 직원들은 전에 없던 용기가 생기고 자극을 받았다. 세일즈맨 한 명은 자진해서 하루 열네 시간을 일하겠다고 했다! 이후 매 출이 엄청나게 증가했다고 한다.

셀츠는 이렇게 말했다. “말하자면 의욕이라는 걸 가지고 직 원들과 거래를 한 거예요. 제가 제 몫을 하면 그들도 본인 몫을 하겠다고 결심한 거죠. 직원들의 바람과 욕구를 물어보는 것이 그들에게 딱 필요했던 일이었어요.”

내가 설득당했다거나 누가 나한테 시킨다는 기분이 들면 좋 아할 사람은 아무도 없다. 사람들은 내가 원해서 샀거나 내 생 각에 따라 행동했다고 느끼기를 훨씬 좋아한다. 내가 바라거나 원하거나 생각하는 것이 무엇이냐고 누가 물어봐 주는 것을 좋 아한다.

유진 웨슨 Eugene Wesson의 경우를 보자. 웨슨은 이 진리를 깨닫 기 전까지 수천 달러어치의 수수료를 수도 없이 놓쳤다. 웨슨은 스타일리스트나 옷감 제조업체를 위해 디자인을 해주는 스튜디 오에서 스케치를 팔았다. 웨슨은 뉴욕 최고의 스타일리스트 중 한 명을 일주일에 한 번씩, 3년간 매주 방문했다. 웨슨은 이렇게 말했다. “그 사람이 저를 보지 않겠다고 한 적은 한 번도 없어요. 그렇지만 제 스케치를 구매한 적도 없었죠. 늘 저의 스케치를 유심히 넘겨보고는 이렇게 말했어요. '웨슨, 안 되겠어요. 오늘은 뜻이 안 맞네요.'

150번을 실패하고 나서, 웨슨은 자신이 쳇바퀴를 돌고 있다는 사실을 깨달았다. 그래서 일주일에 하루, 저녁에 시간을 내서 사람의 행동에 영향을 미치는 방법을 배워보기로 결심했다. 새로운 아이디어와 열정을 키우고 싶었다.

새 접근법은 지금까지 몰랐던 방향을 알려줬다. 웨슨은 선택의 폭이 넓어진 것에 해방감을 느꼈다. 웨슨은 미완성의 스케치 대여섯 개를 들고 서둘러 그 바이어의 사무실을 찾았다. 웨슨이 말했다. "부탁드릴 게 하나 있어요. 미완성의 스케치가 몇 개 있는데요. 어떤 식으로 마무리를 지으면 쓸모가 있을지 이야기를 좀 해주시겠어요?"

바이어는 스케치를 살피면서 한동안 아무 말도 하지 않았다. 그리고 마침내 이렇게 말했다. "제가 볼 수 있게 며칠만 여기 두고 가시겠어요? 다시 오시면 그때 이야기하죠."

웨슨이 사흘 후 다시 찾아가자 바이어는 몇 가지 제안을 했다. 웨슨은 스케치를 가지고 다시 스튜디오로 돌아와 바이어의 생각에 맞춰 작품을 마무리 지었다. 이후 어떻게 됐을까? 전부 다 채택되었다.

이후 이 바이어는 웨슨에게 다른 스케치도 수십 개 주문했다. 모두 바이어의 아이디어에 따라 그린 것이었다. "몇 년간 그분에게 왜 하나도 못 팔았는지 알겠더라고요." 웨슨은 이렇게 말했다. "저는 '제 생각에' 그분이 사야 한다고 생각했던 걸 구매하라고 했던 거예요. 그러다가 접근법을 완전히 바꿨죠. 그분의 아이디어를 달라고 했어요. 그랬더니 본인이 디자인을 하는 듯한 느낌이 든 거죠. 사실이 그랬고요. 저는 그분한테 뭘 팔 필요가 없었어요. 그분이 사 갔으니까요."

시어도어 루스벨트는 뉴욕주 주지사이던 시절에 대단한 업적을 올렸다. 거물급 정치인들과 좋은 관계를 유지하면서도 그들이 지독히 싫어했던 개혁안을 통과시켰던 것이다.

비결은 다음과 같았다.

중요한 자리가 공석이 되면 루스벨트는 거물급 정치인들에게 추천을 부탁했다. 루스벨트는 이렇게 말했다. "처음에는 정당에서 궂은일을 도맡아 하는, 기용할 수 없는 인물을 추천할 수도 있습니다. '챙겨줘야' 하는 사람들 있잖아요. 그러면 저는 그런 사람을 임명하는 건 정치적으로 좋지 않다, 여론이 용납하지 않을 거다 하고 거절하죠.

그러면 그분들은 또 다른 정당의 일꾼을 추천합니다. 계속 한자리를 차지하고 있던 사람이요. 반대할 이유도 없지만 특별히 좋아하지도 않는 그런 사람이죠. 그러면 저는 이 사람은 여론의 기대에 부응하지 못할 거라고 합니다. 그 자리에 좀 더 확실하게 적합한 사람이 없을지 봐달라고 하죠.

세 번째로 추천해 주는 사람은 그런대로 괜찮지만 충분하지는 않아요.

이제 고맙다고 하면서 한 번만 더 봐달라고 합니다. 네 번째 추천하는 사람은 받아들일 만할 거예요. 제가 직접 뽑았을 만한 사람을 언급하죠. 그럼 도와줘서 감사하다고 하면서 그 사람을 지명하는 거예요. 지명의 공은 그들에게 돌리죠. 저는 그들을 기쁘게 해주려고 이 일을 했다고 하면서, 이제는 그들이 저를 기쁘게 해줄 차례라고 말해요."

이렇게 말하면 거물급 징치인들은 실세로 그렇게 했나. 공직자법Civil Service Bill이나 프랜차이즈사업 과세안Franchise Tax Bill처럼 전면적인 혁신안도 지지해 주었다.

기억하라. 루스벨트는 아주 긴 시간에 걸쳐 상대에게 의견을 구하고 상대의 조언을 존중했다. 루스벨트는 중요한 자리에 사람을 임명할 때 거물급 정치인들이 직접 후보를 골랐다고, 즉 본인이 생각한 것이라고 느끼도록 만들었다.

어느 엑스레이 제조업자는 똑같은 심리를 이용해서 브루클린의 어느 큰 병원에 장비를 팔았다. 이 병원은 증축하면서 미국 최고의 영상의학과를 설치할 생각이었다. 영상의학과 과장이었던 L박사는 본인 회사 장비의 장점만을 늘어놓는 세일즈맨들에게 질려버렸다.

그런데 보다 노련한 제조업자가 한 명 있었다. 다른 제조업자보다 인간 본성을 다루는 방법을 훨씬 더 잘 알았던 그는 다음과 같은 편지를 썼다.

우리 공장에서 최근 새로운 계열의 엑스레이 장비를 개발했습니다. 처음 선적한 분량이 방금 사무실에 도착했습니다. 이 기계들은 현재 완벽한 상태는 아닙니다. 그걸 알기 때문에 저희는 이를 개선하고 싶습니다. 부디 시간을 내주셔서 이 장비들을 한번 보시고, 어떻게 하면 귀하의 업무에 더 유용할지 고견을 주신다면 정말로 감사하겠습니다. 워낙에 바쁘신 것을 알기 때문에 시간만 알려주시면 제가 차량을 보내드리도록 하겠습니다.

L박사는 우리 수업에서 그때의 일을 이렇게 이야기했다. "편지를 받고 깜짝 놀랐어요. 놀라기도 하면서 우쭐한 기분이 들었죠. 엑스레이 제조업체가 저한테 조언을 구하는 일은 처음이었거든요. 내가 중요한 사람이 된 기분이었어요. 사실 그 주는 저녁마다 일정이 있었는데, 식사 약속을 하나 취소하고 장비를 보러 갔어요. 알면 알수록 너무나 마음에 들더라고요.

아무도 그 장비를 저한테 팔려고 시도하지 않았어요. 그래서 병원을 위해 이 장비를 사는 건 제 판단이라는 기분이 들었죠. 우수한 품질에 홀딱 넘어가서 장비를 주문했어요."

랩프 월도 에머슨은 『자기 신뢰』라는 에세이에서 이렇게 말했다. "천재들의 작품을 볼 때마다 우리는 내가 거부했던 생각이 바로 여기 있음을 알게 된다. 다시 보면 그것들은 낯선 당당함을 띠고 있다."

우드로 윌슨 대통령 시절에 에드워드 하우스Edward M. House 대령은 국내적으로나 국제적으로나 어마어마한 영향력을 행사했다. 윌슨은 내각의 각료들보다도 오히려 하우스 대령에게 더 많이 비밀리에 상담을 받고 조언을 구했다.

하우스 대령은 대체 어떤 방법을 썼기에 대통령에게 영향을 줄 수 있었을까? 운 좋게도 우리는 그 답을 알고 있다. 하우스 본인이 아서 스미스Arthur D. Howden Smith에게 털어놓은 이야기를 스미스가 《새터데이 이브닝 포스트The Saturday Evening Post》의 어느 기사에 인용했기 때문이다.

"하우스는 이렇게 말했다. '대통령과 알고 지낸 후 그의 생각을 바꾸는 최선의 방법을 알았습니다. 대통령의 마음에 어느 아이디어를 무심한 듯이, 그렇지만 흥미를 느낄 수 있게 심어놓는 것이었죠. 그러면 대통령은 혼자서 그 아이디어를 한번 생각해 보게 되죠. 이 방법이 처음 효과를 본 건 우연이었습니다. 백악관에 있는 대통령을 방문해서 어느 정책을 촉구하고 있었는데, 대통령은 그 정책을 좋아하지 않는 듯했어요. 그런데 며칠 후 저녁 식사 자리에서 대통령이 제가 제안했던 내용을 본인 생각처럼 꺼내는 겁니다. 경이로웠죠.'"

하우스가 그때 끼어들어서 이렇게 말했을까? "그건 각하의 생각이 아니잖아요. 제 생각입니다." 아니었다. 하우스는 그렇게 하지 않았다. 하우스는 아주 노련한 사람이었다. 누가 공을 가져가든 개의치 않았다. 결과만 있으면 됐다. 그래서 하우스는 윌슨 대통령이 그 아이디어를 자기가 냈다고 생각하도록 내버려 두었다. 심지어 하우스는 거기서 한발 더 나아갔다. 하우스는 그 아이디어를 윌슨이 냈다고 공개적으로 말했다.

우리가 만나는 모든 사람도 우드로 윌슨과 똑같은 측면을 갖고 있음을 기억하자. 그러니 우리도 하우스 대령이 썼던 방법을 사용해 보자.

캐나다의 아름다운 고장 뉴브런즈윅주에 사는 한 남자도 바로 이 방법으로 나를 단골손님으로 만들었다. 당시 나는 뉴브런즈윅에서 낚시와 카누를 즐길 계획이었다. 그래서 관광청에 정보를 구하는 편지를 썼다. 그러자 관광청이 내 이름과 주소를 어느 우편물 수신자 목록에 올린 모양인지 갑자기 수십 통의 편지와 소책자, 캠프나 가이드를 추천하는 전단지 등이 쏟아졌다. 당황스러웠다. 무엇을 골라야 할지 알 수가 없었다. 그때 어느 캠프장 주인이 아주 똑똑한 행동을 했다. 그의 캠프를 다녀간 뉴욕 사람들 몇 명의 이름과 전화번호를 알려주면서 그들에게 연락해 자신의 캠프장이 제공하는 서비스 중에 내가 무엇을 좋아할지 알아보라고 했다.

놀랍게도 그 이름 중에 아는 사람이 있었다. 나는 그에게 전화를 걸어 어떤 경험을 했는지 들었고, 남자의 캠프에 전보로 내가 도착할 날짜를 알렸다.

다른 사람들은 본인이 가진 서비스를 나한테 팔려고 했는데, 이 한 사람만은 내가 나 자신을 설득하도록 내버려 두었다. 전략의 승리였다.

2500년 전에 중국의 현인 노자가 다음과 같은 말을 했다. 오늘날 이 책을 읽는 독자도 활용할 수 있는 이야기다.

"강이나 바다가 수많은 계곡물의 존경을 받는 이유는 늘 더 아래쪽에 있기 때문이다. 강이나 바다는 그렇게 계곡물을 다스린다. 사람들보다 위에 있고 싶은 현자는 자신을 사람들 밑에 둔다. 사람들보다 앞에 있고 싶은 현자는 사람들의 뒤로 간다. 그래서 현자가 사람들 위에 있어도 사람들은 그 무게를 느끼지 못하고, 현자가 사람들의 앞에 있어도 사람들은 그게 모욕이라 생각하지 않는다."

원칙 7

상대의 아이디어라고 생각하게 하라.

Let the other person feel that the idea is his or hers.

기적을 가져다주는
공식

8

➤➤ ──────── 다른 사람들이 완전히 틀릴 수도 있다는 사실을 기억하라. 하지만 당사자는 그렇게 생각하지 않는다. 그렇다고 다른 사람을 비난하지 말라. 비난은 어떤 바보라도 할 수 있다. 타인을 이해하려고 노력하라. 오직 현명하고 마음이 넓으며 남다른 사람만이 다른 사람을 이해하려고 시도라도 해본다.

사람들이 그렇게 생각하고 행동하는 데는 이유가 있다. 그 이유를 캐내라. 그러면 그 사람의 행동에 대한 열쇠가 될 뿐만 아니라 그가 어떤 사람인지까지 알아낼 수 있다.

최선을 다해서 상대의 입장이 되어보라.

'내가 그 사람 입장이라면 어떤 기분이 들까? 어떻게 반응할까?'라고 속으로 생각해 보면 시간도 절약되고 짜증도 덜 난다. 왜냐하면 '이유가 궁금해지면 결과를 혐오할 가능성이 줄어들기' 때문이다. 게다가 이렇게 하면 인간관계의 기술도 극적으로 끌어올릴 수 있다.

케니스 구드Kenneth M.Goode는 그의 책 『사람을 황금처럼 만드는 방법How to Turn People into Gold』에서 이렇게 말했다. "당신은 다른 일에는 거의 관심이 없고 당신 일에만 신경 쓰고 싶은 마음이 굴뚝같겠지만, 1분만 멈춰봐라. 세상의 다른 모든 사람도 당신과 똑같이 느낀다는 사실을 깨달아라! 그러면 당신도 링컨이나 루스벨트처럼 대인 관계의 확고한 기초를 파악하게 될 것이다. 다시 말해 사람을 상대하는 일에서 성공할 수 있는지는 상대의 관점을 그 사람과 같은 마음으로 이해할 수 있는지에 좌우된다."

샘 더글러스Sam Douglas의 아내인 조앤은 뉴욕주 헴프스테드에 있는 집 마당을 손질하는 데 너무 많은 시간을 썼다. 적어도 샘에게는 그렇게 보였다. 샘의 말에 따르면, 샘은 조앤이 비료를 주고 잔디를 깎으며 호들갑을 떠는 것이 쓸데없는 노력이라고 자주 비웃었다고 한다. 잔디가 처음 이사 왔던 4년 전보다 조금도 더 나아 보이지 않는다면서 말이다.

샘의 그런 지적질에 조앤은 어떤 반응을 보였을까? 여러분이 예상하는 그대로다. 지적은 곧 싸움이 됐고 둘은 하루를 망치기 일쑤였다.

그러다가 마침내 어느 날 샘은 아내가 왜 그렇게 쓸데없는 노동에 시간을 쓰는지 생각해 보게 되었다. 어쩌면 아내는 1등 잔디밭을 만드는 데는 관심이 없을 수도 있다는 생각이 뇌리를 스쳤다. 어쩌면 아내는 그냥 힘든 일을 하는 게 긴장도 풀리고 즐거운 것일지도 몰랐다. 그리고 맨날 똑같은 잔소리만 늘어놓느니 그냥 아내의 노동을 진심으로 칭찬해 주면 조앤이 더 좋아할 것 같다는 생각도 들었다. 샘은 그동안 자신이 얼마나 바보같았는지 깨달았고 앞으로는 바뀌기로 맹세했다.

그러다가 기회가 왔다. 어느 날 저녁 조앤은 샘에게 잡초를 뽑을 건데 옆에서 말동무나 해주지 않겠냐고 했다. 샘은 처음에는 거절했다. 하지만 다시 생각해 보니 지난날의 무심함을 만회할 기회라는 생각이 들었다. 그래서 밖으로 나가 아내를 도우며 잡초를 뽑기 시작했다. 아내는 기뻐했다. 둘은 한 시간 동안 일하면서 즐거운 대화를 나눴다. 샘은 아내를 도와주는 일이 즐겁다는 사실을 깨닫게 됐다.

이후로 샘은 종종 아내와 함께 정원 일을 했다. 그리고 단단한 땅에서 잡초 몇 포기 뽑는 일이라고 해도 조앤이 하는 일은 반드시 칭찬했다.

어느 날 저녁 잡초 뽑기로 시작된 일이 아내와의 관계를 돈독하게 만들었다. 뿐만 아니라 잔디가 자라기 위해 얼마나 많은 수고가 드는지 진심으로 인정하게 됐다! 더욱 중요한 것은 샘이 상대의 관점에서 대상을 바라보는 법을 알게 됐다는 점이다.

제럴드 니런버그Gerald S. Nirenberg 박사는 그의 책 『사람을 설득하는 방법Getting Through to People』에서 이렇게 말했다. "대화에서 협조적인 태도를 얻고 싶다면 상대의 아이디어와 감정을 내 것만큼 중시하고 있음을 보여주어야 한다. 대화를 시작할 때 상대에게 대화의 목적이나 방향을 알려주고, 내가 상대라면 어떤 말을 듣고 싶을지를 고려하여 이야기하고, 상대의 관점을 받아들인다면 상대도 우리의 아이디어에 대해 마음을 열 것이다."

상대방의 시선으로 대상을 볼 수 있다면 감당하기 힘든 개인적 문제가 생겨도 긴장감을 누그러뜨릴 수 있다. 호주 뉴사우스웨일스주의 노벅에 사는 엘리자베스는 자동차 할부금이 6주나 밀려 있었다. 그녀는 이렇게 말했다. "금요일에 세 계좌를 처리하는 사람에게서 고약한 전화를 한 통 받았어요. 월요일 아침까지 122달러를 마련하지 않으면 추가 조치를 취하겠다고 했죠. 주말 사이에 그 돈을 마련할 방법은 없었어요. 월요일 아침 일찍 그 사람의 전화를 받았을 때는 최악을 예상했죠. 하지만 저는 속상해하는 대신에 그 사람의 관점에서 상황을 바라보았어요. 우선 대단히 불편하게 만들어서 미안하다고 진심을 다해 사과했어요. 할부금 지급이 처음 늦은 것도 아니니 그에게는 제가 틀림없이 최악의 고객일 거라는 말도 했어요. 그 사람의 목소리 톤이 즉각 바뀌더라고요. 저 정도는 골치 아픈 축에도 들지 않는다며 저를 안심시켰어요. 아주 무례했던 고객의 사례를 몇 가지 들려줬죠. 그 사람들이 어떤 거짓말을 했는지 이야기하며 종종 대화 자체를 피하려고 한 사람들도 있다고 했어요. 저는 아무 말도 하지 않았어요. 그가 겪었던 곤란한 일을 다 쏟아놓을 수 있게 듣기만 했어요. 그러고 났더니 말을 꺼내지도 않았는데 저더러 한 번에 돈을 다 갚지 않아도 된다고 했어요. 그 달 말까지 20달러만 내면 아무 일 없을 거라면서, 나머지는 언제든 저 편할 때 지불하라고 했어요."

내일 누군가에게 당신 물건을 사라거나 당신이 좋아하는 자선단체에 기부하라고 부탁할 거라면, 그 전에 잠깐 멈춰서 눈을 감고 상대의 관점에서 전체 상황을 생각하도록 노력해 보라. 스스로에게 이렇게 물어보라. '상대가 왜 그 일을 해야 할까?' 그렇다. 이를 실천하려면 시간이 걸릴 것이다. 하지만 이렇게 하면 적을 만드는 일도 피하고 결과도 더 좋을 것이다. 갈등도 더 적고 발품도 덜 팔아도 될 것이다.

하버드 비즈니스 스쿨의 도넘Wallace Brett Donham 학장은 이렇게 말했다. "나라면 인터뷰를 하기 전에 내가 무슨 얘기를 할 것이고 (내가 아는 상대의 관심사나 동기를 고려했을 때) 상대는 뭐라고 답할 것 같은지 아주 분명한 생각을 얻기 전에는, 그 사람의 사무실 밖에서 두 시간 정도 걸으면 걸었지 그 상태로 사무실에 들어서지는 않을 것이다."

너무나 중요한 말이어서, 다시 한번 강조하겠다.

나라면 인터뷰를 하기 전에 내가 무슨 얘기를 할 것이고 (내가 아는 상대의 관심사나 동기를 고려했을 때) 상대는 뭐라고 답할 것 같은지 아주 분명한 생각을 얻기 전에는, 그 사람의 사무실 밖에서 두 시간 정도 걸으면 걸었지 그 상태로 사무실에 들어서지는 않을 것이다.

여러분이 이 책을 읽고 딱 하나만 챙겨갈 수 있다면, 조금이라도 더 상대의 관점에서 생각하고 나의 시각뿐만 아니라 상대방의 시각에서 대상을 바라보는 것 하나만 얻어가도 여러분의 커리어에 귀중한 주춧돌이 될 것이다.

원칙 8

최신을 다해 상대의 관점에서 내상을 바라보라.

Try hard to see things from the other person's point of view.

누구나
바라는 것을 줘라

9

❖❖ ─────── 말싸움을 멈춰주고, 악감정을 없애주고, 호의를 만들어내고, 상대가 내 말에 열심히 귀를 기울이게 해주는 마법의 주문이 있다면 알고 싶지 않은가?

여기 그 마법의 주문이 있다. "당신이 그렇게 느낀다고 해도 저는 손톱만큼도 당신을 탓하지 않아요. 제가 당신이었어도 똑같이 느꼈을 겁니다."

저렇게 답을 하면 아무리 성미가 고약한 작자라고 해도 누그러질 것이다. 그리고 저 말을 할 때 100퍼센트 진심이어야 한다. 왜냐하면 여러분이 상대방이라면 분명 똑같이 느꼈을 것이기 때문이다. 알 카포네를 예로 들어보자. 여러분이 알 카포네와 똑같은 몸에 똑같은 성정을 타고나 똑같은 환경에서 똑같은 경험을 했다고 치자. 그랬다면 여러분도 그와 똑같은 사람이 되어 그와 똑같은 처지에 처했을 것이다. 왜냐하면 바로 그런 것들이 (그리고 오직 그것들이) 그를 그런 사람으로 만들었기 때문이다. 예를 들어 여러분이 방울뱀이 아닌 이유는 여러분의 어머니와 아버지가 방울뱀이 아니었기 때문이다. 그뿐이다. 여러분이 악어를 숭배하지 않는 이유는 파라오 시대의 고대 이집트에서 태어나지 않았기 때문이다. 그뿐이다. 만약에 여러분이 태평양 서부의 외딴 섬인 얍Yap에 살았다면 커다란 돌을 화폐로 사용해서 염소를 사고 있을지도 모른다.

지금의 당신이 되는 데에 낭신이 노력한 부분은 거의 없다. 기억하라. 짜증 나고 편협하고 사리 분별이 되지 않는 상태로 당신을 찾아오는 사람들 역시 지금의 그들이 되는 데에 그들 스스로가 잘못한 부분은 거의 없다. 불쌍한 악마들을 가엽게 여겨라. 측은하게 여겨라. 안타깝게 여겨라. 속으로 이렇게 말하라. '하느님의 은총이 아니었다면 저게 나였을 텐데.'

당신이 만나는 사람 넷 중에 셋은 연민에 목말라한다. 그들이 원하는 걸 줘라. 그러면 당신을 한없이 좋아할 것이다.

전에 『작은 아씨들』의 저자 루이자 메이 올컷을 다루는 방송을 한 적이 있다. 당연히 나는 그녀가 매사추세츠주 콩코드에 살면서 불멸의 책을 썼다는 사실을 알고 있었다. 그런데 나는 내가 무슨 말을 하고 있는지도 모르는 채로, 뉴햄프셔주 콩코드에 있는 그녀의 옛집을 방문했었다고 말했다. 내가 뉴햄프셔주라고 한 번만 말했더라도 용서를 받았을 것이다. 아아, 그러나 안타깝게도 나는 두 번이나 뉴햄프셔주라고 했다! 신랄한 메시지를 담은 편지와 전보가 쇄도했다. 마치 말벌 떼가 무방비한 내 머리 주위를 뱅뱅 돌고 있는 것 같았다. 분노에 찬 내용이 많았고 욕설도 몇몇 있었다. 매사추세츠주 콩코드에서 어린 시절을 보내고 이 당시에는 필라델피아에 살고 있던 메이플라워호의 후손 중 한 사람은 내게 맹렬한 분노를 뿜어냈다. 내가 올컷을 뉴기니(1975년에 오스트레일리아령 파푸아 지구와 합쳐서 독립하였다. 현재는 파푸아뉴기니) 출신의 식인종이라고 말했다고 한들 그 이상으로 혹독히 비난할 수는 없었을 것이다. 편지를 읽으면서 나는 속으로 말했다. '하느님, 감사합니다. 제가 이 사람 남편은 아니네요.' 당장이라도 답장을 써서 내가 실수한 건 지명이지만 당신은 기본적인 예의라는 측면에서 나보다 훨씬 더 큰 실수를 저질렀다고 말해주고 싶었다. 첫 줄에 그렇게 써놓고 그다음부터 내 생각을 본격적으로 이야기했을 것이다.

하지만 나는 답장을 쓰지 않았다. 자제력을 발휘했다. 답장을 쓰는 건 성질 급한 바보면 누구든 할 수 있는 일이라는 걸 깨달았다. 그리고 대부분의 바보가 그렇게 했을 것이다.

나는 바보보다는 나은 행동을 하고 싶었다. 그래서 그녀의 악의를 친절로 돌려주기로 결심했다. 쉽지는 않겠지만 그 정도는 할 수 있다고 생각했다. 나는 속으로 말했다. '무엇보다 내가 그녀였다면 아마 나도 똑같이 느꼈을 거야.' 그녀의 관점을 그대로 느껴보기로 했다. 이후 필라델피아를 방문했을 때 나는 그녀에게 전화를 걸었다. 대화는 대략 다음과 같았다.

나: 아무개씨, 몇 주 전에 저한테 편지를 주셨지요. 감사하다는 말씀을 드리고 싶습니다.

그녀: (기민하고 세련되고 교양 있는 목소리로) 지금 전화 주신분이 누구실까요?

나: 저를 모르실 겁니다. 저는 데일 카네기라고 합니다. 몇주 전에 제가 루이자 메이 올컷에 관한 방송을 할 때청취해 주셨어요. 그때 제가 올컷이 뉴햄프셔 콩코드에 살았다고 말하는, 용서받지 못할 실수를 저질렀습니다. 바보 같은 실수였기에 사과드리고 싶습니다. 시간을 내서 편지를 써주셔서 감사합니다.

그녀: 미안합니다. 카네기 씨. 제가 그렇게 편지를 썼네요.그때는 화가 많이 나서 그랬습니다. 사과드릴게요.

나: 아닙니다! 아닙니다! 사과는 제가 해야지요. 초등학생도 공부를 했다면 그런 말을 하지는 않았을 겁니다.그다음 주 일요일에 방송으로 사과를 드렸어요. 오늘은 아무개 씨에게 직접 사과를 드리고 싶고요.

그녀: 저는 매사추세츠주 콩코드에서 태어났어요. 저희 집안은 수백 년 동안 매사추세츠의 일이라면 앞장섰지요.저는 고향에 대한 자부심이 대단해요. 올컷이 뉴햄프셔에 살았다고 하시니까 정말로 괴롭더라고요. 그렇지

만 그때 그 편지는 정말 부끄럽네요.

나: 제가 열 배는 더 괴롭다고 분명히 말씀드릴 수 있습니다. 제 실수 따위가 매사추세츠에 무슨 영향을 주지는 않겠지만, 그래도 저는 제 실수에 상처받았어요. 아무개 씨와 같은 분들이 시간을 내서 라디오 방송 진행자에게 편지를 주시는 일은 흔치 않지요. 제가 이야기하다가 또 뭔가 다른 실수를 저지르게 된다면 다시 편지를 주셨으면 좋겠습니다.

그녀: 저의 지적을 그렇게 받아주시니 정말로 감사합니다. 아주 훌륭한 분일 것 같아요. 데일 카네기 님에 대해 더 많이 알고 싶네요.

내가 사과하고 그녀의 관점에 공감했기 때문에 그녀도 나에게 사과를 하고 내 관점에 공감하기 시작했다. 나는 자제력을 발휘한 것이 만족스러웠고 모욕을 친절로 돌려준 것도 만족스러웠다. 그녀가 나를 좋아하게 만든 일은, 만약에 스카일킬강〔그녀가 사는 필라델피아 인근의 강〕에나 가서 빠지라고 욕을 했다면 결코 얻지 못했을, 무한한 진짜 만족을 주었다.

백악관에 입성하는 사람은 누구나 거의 매일 인간관계와 관련한 골치 아픈 문제를 만난다. 태프트 대통령이라고 예외는 아니었다. 하지만 그는 쓰라린 악감정도 중화시킬 수 있는, 공감이 가진 어마어마한 가치를 경험으로 알고 있었다. 태프트 대통령은 그의 책『공직자의 윤리Ethics in Service』에서 아들에게 큰 꿈을 품은 어느 어머니의 실망에 찬 분노를 누그러뜨렸던 재미있는 일화를 들려준다.

태프트는 이렇게 쓰고 있다. "워싱턴에 정치적 영향력이 있는 남편을 둔 부인이 있었다. 그 부인은 아들을 어느 자리에 임명시키겠다는 일념으로 나를 찾아와 한 달 반 동안 갖은 애를 썼다. 그녀는 자신을 도와줄 무시무시한 수의 상원과 하원 의원을 확보해서는 그들을 대동하고 나를 찾아와 의원들이 아들을 칭찬하는 것까지 직접 확인했다. 하지만 그 자리에는 기술적 자질이 요구되었다. 나는 해당 부서장의 추천에 따라 다른 사람을 임명했다. 이후 그 어머니에게서 편지를 받아보니, 내가 손쉽게 그녀를 행복하게 만들어줄 수 있었음에도 그렇게 하지 않았다며 배은망덕하기 그지없다고 쓰여 있었다. 그녀는 내가 특별히 관심을 기울이던 행정 법률을 통과시키기 위해 자기네 주의 대표단과 함께 갖은 고생을 하며 필요한 표를 확보했는데 이게 그에 대한 보상이냐고 했다.

이런 편지를 받으면 부적절하거나 작은 무례라도 저지른 사람을 엄하게 대하고 싶은 생각이 가장 먼저 든다. 그런 다음 답장을 쓸 수도 있다. 현명한 사람이라면 그러고 나서 편지를 서랍에 넣고 서랍을 잠가버릴 것이다. 이틀 후 다시 그 편지를 꺼내 보면(그런 편지는 보통 이틀 정도 묵혔다가 답을 하기 마련이다), 중간에 이틀을 쉬었기 때문에 답장을 보내지 않게 된다. 나도 바로 이런 과정을 거쳤다. 이후 나는 자리를 잡고 앉아 최대한 공손하게 편지를 썼다. 그런 상황에서 어머님이 얼마나 실망했을지 알겠다면서, 그렇지만 그 자리에 대한 임명권은 단순히 내 선호에 맡겨진 것이 아니었다고 했다. 기술적 요건을 갖춘 사람을 골라야 해서 해당 부서의 추천을 따랐다고 말이다. 나는 그녀의 아들이 지금 있는 그 자리에서 그녀가 바라는 것을 성취하기를 바란다고 했다. 이 편지는 그녀의 마음을 완전히 누그러뜨렸다. 그녀는 짧은 답장을 보내 앞서 그런 편지를 보내서 미안하다고 했다."

만약 지역 최고의 호텔을 운영하는 지배인에게 하루 종일 에스컬레이터를 중단시켜야 한다고 말해야 하는 곤란한 입장에 놓인다면 어떨까? 최고의 시설을 편리하게 이용하려고 많은 비용을 지불한 호텔 이용객들은 아마도 분노할 것이 분명한데 말이다. 제이 맹검Jay Mangum이 바로 그런 상황에 처했었다. 엘리베이터나 에스컬레이터의 유지 보수 전문인 제이의 회사는 오클라호마주 털사에 있는 최고의 호텔 중 한 곳과 계약을 맺고 있었다. 제이는 모든 일이 계획대로 진행된다고 해도 에스컬레이터를 재가동하기는 쉽지 않을 걸 알고 있었다. 호텔 지배인은 두 시간 이상 투숙객을 불편하게 하는 건 어렵다고 주장했다. 수리를 완료하려면 적어도 여덟 시간은 걸렸다. 특수한 자격을 갖춘 정비공이 호텔 측의 편의대로 출동할 수 있는 상황은 아니었기 때문이다.

일류 정비공이 올 수 있는 일정을 잡은 후 제이는 호텔 지배인에게 전화를 걸었다. 하지만 필요한 만큼의 시간을 달라고 지배인과 말싸움을 하는 대신 제이는 이렇게 말했다. "릭, 호텔이 많이 붐벼서 에스컬레이터 가동 중단 시간을 최소화하고 싶으신 마음은 알아요. 걱정하시는 걸 충분히 이해하고, 호텔의 편의를 위해서라면 할 수 있는 건 뭐든 다 해드리고 싶어요. 그런데 저희가 진단한 결과로는 지금 완벽하게 고치지 않으면 에스컬레이터가 더 심하게 망가질 수도 있어요. 그러면 가동을 중단하는 기간도 훨씬 길어질 테고요. 손님들이 며칠씩 에스컬레이터를 이용하지 못하는 건 바라지 않으시잖아요."

'며칠씩' 에스컬레이터를 쓰지 못하는 것보다는 여덟 시간 동안 가동을 중단하는 것이 낫다는 데에 지배인도 동의할 수밖에 없었다. 고객을 만족시키고 싶은 지배인의 욕구에 공감함으로써 제이는 원한을 사지 않고 매니저를 자신의 생각에 동조하게 만들 수 있었다.

솔 휴록Sol Hurok은 미국 최고의 공연 기획자였을 것이다. 그는 거의 50년 가까이 수많은 예술가와 함께 작업했다. 그중에는 샬랴핀Chaliapin, 이사도라 덩컨Isadora Duncan, 파블로바Pavlova처럼 세계적인 예술가도 있었다. 휴록이 신경질적인 스타들을 상대하면서 가장 먼저 깨달았던 교훈은 그들이 아무리 특이한 행동을 해도 공감, 또 공감, 더 많은 공감을 해야 한다는 점이었다.

휴록은 3년간 표도르 샬랴핀의 공연 기획자였다. 샬랴핀은 메트로폴리탄 오페라하우스의 박스 좌석에 앉아 있는 많은 관객을 전율하게 만들었던 위대한 베이스 성악가였다. 그러나 샬랴핀은 끊임없이 문제를 일으켰다. 마치 버릇없는 어린아이와 다를 바가 없었다. 흉내 낼 수 없는 휴록의 표현을 그대로 차용하자면, 샬랴핀은 "모든 면에서 엄청난 사람"이었다.

예를 들어 샬랴핀은 공연이 있는 날 정오쯤이면 휴록에게 전화를 걸어 이렇게 말했다. "솔, 내 컨디션이 최악이에요. 목이 무슨 덜 익은 햄버거 같아요. 오늘 밤에는 도저히 노래를 못 부를 것 같아요." 휴록은 그를 반박했을까? 그렇지 않았다. 휴록은 수완 있는 사업가라면 예술가를 그런 식으로 다뤄서는 안 된다는 걸 알고 있었다. 휴록은 샬랴핀이 묵는 호텔로 달려가 애석해하며 공감의 말을 쏟아냈다. "이를 어째! 너무 힘들겠어요. 당연히 노래는 못하죠. 스케줄을 당장 취소할게요. 당신한테 갈 손해는 2000달러 정도밖에 안 될 거예요. 그 정도는 당신 명성에 비하면 아무것도 아니죠."

그러면 샬랴핀은 한숨을 내쉬며 이렇게 말했다. "그냥 있다가 나중에 다시 와줄래요? 5시에 와서 그때 내 상태가 어떤지 보기로 해요."

그러면 휴록은 또다시 5시에 호텔로 달려가서 공감의 말을 쏟아냈다. 휴록이 다시 공연을 취소하자고 주장하면, 샬랴핀은 한숨을 내쉬며 또 이렇게 말했다. "어, 좀 있다가 다시 와보시는 게 좋겠어요. 그때는 좀 나을지도 몰라요."

7시 30분이 되어 드디어 이 위대한 성악가가 노래를 하겠다고 하면 휴록은 무대로 걸어 나가 샬랴핀이 심한 독감에 걸려서 목소리가 좋지 않다고 발표했다. 휴록은 기꺼이 거짓말을 했다. 그래야 샬랴핀이 무대로 나올 것임을 알고 있었기 때문이다.

아서 게이츠Arthur I. Gates 박사는 뛰어난 저서 『교육 심리학 Educational Psychology』에서 이렇게 말했다. "공감은 인간이라는 종이 보편적으로 갈망하는 것이다. 어린아이는 다친 곳을 열심히 보여준다. 심지어 연민을 자아내기 위해 몸에 상처를 내거나 멍을 들이기도 한다. 똑같은 목적으로 성인들은 (…) 멍든 자국을 보여주고, 사고가 났거나 병에 걸렸던 일을 이야기하며, 특히 수술을 받으면 그 과정을 아주 자세히 들려준다. 실제이건, 상상이건, 불운에 대한 '자기 연민'은 사실상 어느 정도 보편적인 행태다."

원칙 9

상대의 생각이나 욕구에 공감하라.

Be sympathetic with the other person's ideas and desires.

더 고귀한 이유에 호소하라

10

⇾ ——————— 나는 미주리주의 악명 높은 범죄자 제시 제임스Jesse James가 출몰했던 동네에서 자랐다. 미주리주 키어니에 있는 제임스 농장을 방문했을 때 그곳에는 제시 제임스의 아들이 살고 있었다.

그의 아내는 제시 제임스가 열차를 탈취하고 은행을 털어서 이웃 농부들이 대출금을 갚게 해줬던 이야기를 들려주었다.

제시 제임스는 아마 마음속으로 자신을 이상주의자라고 생각했을 것이다. 수세대가 흐른 뒤에 더치 슐츠나 '쌍권총' 크롤리, 알 카포네 같은 갱스터들이 그랬던 것처럼 말이다. 사실 우리가 만나는 모든 사람은 자기 자신을 높이 평가한다. 스스로를 훌륭하고 사심 없는 사람이라고 평가하고 싶어 한다.

J. P. 모건이 말했던 것처럼, 사람이 무슨 일을 할 때는 보통

두 가지 이유가 있다. '그럴듯한 이유와 진짜 이유.'

진짜 이유는 스스로 생각해낼 것이므로 우리가 강조할 필요가 없다. 그런데 사람은 누구나 마음속으로는 이상주의자이기 때문에 그럴듯한 동기를 생각해 내고 싶어 한다. 그러니 사람의 마음을 바꾸고 싶으면 더 고귀한 이유에 호소하라.

이렇게 이상주의적인 성향을 비즈니스에 적용하기에는 무리일까? 펜실베이니아주 패럴미첼 컴퍼니Farrell-Mitchell Company의 해밀턴 패럴Hamilton J. Farrell이 겪은 이야기를 들어보자. 패럴의 한 세입자가 불만에 차서 이사를 가겠다고 협박했다. 이 세입자의 임차 기간은 아직 넉 달이 남아 있었지만 세입자는 계약과 상관없이 즉각 집을 비우겠다고 알려왔다.

수업 시간에 패럴은 이렇게 이야기했다. "이 사람들은 우리 집에서 겨울을 보냈어요. 1년 중에 임차료가 가장 비싼 시기죠. 가을이 되기 전에는 아파트를 다시 세놓기 어려웠어요. 그사이에 임대료가 모두 날아간다고 생각하니 화가 났죠.

평소 같았으면 세입자에게 쳐들어가서 계약서를 다시 읽어보라고 했을 거예요. 만약 이사를 나가게 되면 남은 임차료가 한꺼번에 청구된다고 지적했겠죠. 대금 회수 조치를 취할 수 있었으니 실제로 그렇게 했을 거예요.

그렇지만 화를 폭발시켜 한바탕 소란을 벌이느니 이번에는 다른 전술을 한번 써보기로 했어요. 그래서 이렇게 말을 꺼냈어요. '아무개 씨, 말씀은 들었어요. 그렇지만 정말로 이사를 나가고 싶으신 것은 아닐 거라고 생각합니다. 임대업을 오래 하면서 제가 인간 본성에 관해 배운 게 있어요. 처음에 아무개 씨를 뵈었을 때 자신이 한 말은 지키는 사람이겠다 생각했습니다. 사실 그 부분은 확신하고 있습니다. 내기를 해도 좋아요.

그러니 이렇게 하면 어떨까 합니다. 며칠 동안 결정을 보류하시고 곰곰이 한번 생각해 보세요. 만약에 다음 임차료 지급일인 1일이 되기 전에 다시 저한테 오셔서 나가고 싶다고 하시면 최종 결정을 내리신 것으로 알겠습니다. 그러면 이사를 나가시고 저도 제 판단이 틀렸던 걸로 인정할게요. 그렇지만 저는 여전히 아무개 씨가 본인 말을 지키는 사람이고 그래서 계약 내용을 지키실 거라고 생각합니다. 어쨌거나 우리가 사람인지 원숭이인지는 우리 선택에 달린 거니까요!'

다음 달이 되니까 이분이 직접 저를 찾아와서 임대료를 냈어요. 아내와 대화했는데 계속 있기로 결정했다면서요. 계약을 지키는 것이 명예로운 일이라고 결론을 내린 겁니다."

지금은 고인이 된 노스클리프Northcliffe 경은 원치 않는 사진이 신문에 실린 것을 발견했다. 그는 편집자에게 편지를 썼다. "더 이상 이 사진을 싣지 말아주세요. 제가 좋아하지 않는 사진입니다"라고 했을까? 아니다. 그는 더 고귀한 동기에 호소했다. 누구에게나 있는 어머니를 향한 존경과 사랑의 마음에 호소한 것이다. 그는 이렇게 썼다. "더 이상 이 사진을 싣지 말아주세요. 저희 어머니가 좋아하지 않으세요."

록펠러도 신문사 기자들이 자녀들의 사진을 마구 찍어대는 게 싫었고, 보다 고귀한 이유에 호소했다. 록펠러는 "아이들의 사진이 신문에 나는 것을 원치 않습니다"라고 말하지 않았다. 누구나 마음속 깊이 가지고 있는 욕구, 즉 아이들에게 해로운 일을 하고 싶지 않은 욕구에 호소했다. "기자님들, 다들 아실 거라고 봅니다. 자녀가 있는 분들도 계시지요? 아이들이 언론에 너무 많이 노출되는 건 좋지 않잖아요."

메인주 출신의 가난한 소년 사이러스 커티스$^{Cyrus\ H.\ K.\ Curtis}$가 혜성처럼 막 등장했을 때의 이야기다(나중에 그는《새터데이 이브닝 포스트》와《레이디스 홈 저널$^{Ladies'\ Home\ Journal}$》를 보유한 백만장자가 된다). 커티스는 기고자에게 다른 잡지만큼의 원고료를 지불할 형편이 안 되었다. 돈으로는 1급 작가를 고용할 수 없었기에 커티스는 더 고귀한 동기에 호소했다. 한 예로 커티스는 『작은 아씨들』을 쓴 불멸의 작가 루이자 메이 올컷의 명성이 절정에 달했을 때도 그녀를 설득해 글을 쓰게 했는데, 커티스가 올컷이 아니라 올컷이 가장 좋아한 자선단체 앞으로 100달러짜리 수표를 써주겠다고 제안한 덕분이었다.

이쯤에서 회의적인 사람은 이렇게 말할지도 모른다. "아, 노스클리프나 록펠러, 감상적인 소설가한테는 이런 방법이 먹히겠죠. 하지만 대금을 받아내야 하는 골치 아픈 상대한테도 먹히겠냐고요!"

그 말이 맞을 수도 있다. 모든 경우에 효과가 있거나 모든 사람에게 효과가 있는 방법은 없다. 지금 결과에 만족한다면 과정을 왜 바꾸겠는가? 그렇지만 만족스럽지 않다면 실험해 보지 않을 이유가 없다.

어찌 되었든 아래의 실화는 읽어보면 재미있을 것이다. 내 수업을 들었던 제임스 토머스 James L. Thomas 가 들려준 이야기다.

어느 자동차 회사에서 고객 6명이 서비스 비용을 지불하기를 거부했다. 전체 비용을 못 내겠다는 것이 아니었다. 그들은 각자 특정 요금이 잘못됐다고 주장했다. 하지만 각 고객은 작업 항목마다 서명을 했고, 회사는 여기에 잘못된 것이 없음을 알고 있었기 때문에 직원들은 고객들에게 그대로 설명했다. 이것이 첫 번째 실수였다.

대금 회수 팀은 기한이 지난 비용을 회수하기 위해 다음과 같은 단계로 조치를 취했다.

1. 각 고객을 방문해 기한이 한참 지난 비용을 받으러 왔다고 대놓고 말했다.
2. 회사가 절대적으로 무조건 옳다고 단호히 말했다. 따라서 고객은 절대적으로 무조건 틀렸을 수밖에 없었다.
3. 자동차에 관해서는 고객보다 회사가 훨씬 더 잘 알 수밖에 없다고 기를 죽였다. 그런데 왜 반박하는가?
4. 결과: 분쟁이 됐다.

위와 같은 방법이 과연 고객과의 문제를 해결하고 비용을 회수했을까? 여러분도 충분히 짐작이 갈 것이다.

사태가 이쯤 되자, 대금 회수팀의 과장은 법무팀과 함께 법적 조치를 취하려고 했다. 그런데 다행히 대금 회수팀의 부장이 이 일을 알게 됐다. 부장이 이들 고객을 조사해 보니, 다들 원래는 대금을 제때 잘 내는 사람들이었다. 뭔가 잘못됐다. 대금 회수 방식에 심각한 문제가 있는 것이 틀림없었다. 부장은 제임스 토머스를 불러서 이들 미회수 계좌의 회수를 지시했다.

토머스가 취한 조치는 다음과 같았다. 그가 한 말을 그대로 옮긴다.

1. 내가 각 고객을 찾아간 것은 장기 미회수 채권 추심이 목적이었다. 청구서 내용이 절대적으로 옳다는 걸 알고 있었지만, 그런 말은 한마디도 꺼내지 않았다. 나는 회사가 어떤 일을 했거나 하지 못했는지 파악하기 위해서 왔다고 설명했다.

2. 나는 고객 측의 이야기를 듣기 전까지는 내게 아무런 의견이 없다는 사실을 분명히 했다. 나는 회사 측도 오류 가능성을 부정하는 건 아니라고 말했다.

3. 나의 유일한 관심사는 고객의 자동차라고 이야기했다. 그리고 해당 자동차에 대해서는 세상 누구보다 고객이 더 잘 알고 있다고 했다. 그러니 이 문제에 관한 권위자는 고

객이라고 말했다.

4. 나는 고객의 이야기를 충분히 들었다. 애당초 고객이 바랐던 관심과 공감을 충분히 표현했다.

5. 마침내 고객이 차분해졌을 때 이 문제 전체를 공정이라는 측면에서 제시했다. 나는 더 고귀한 이유에 호소했다. "먼저, 저도 이 문제가 아주 잘못 처리됐다고 생각한다는 점을 알아주셨으면 합니다. 저희 직원 때문에 불편을 겪으시고 화도 나고 짜증도 나셨지요. 그런 일은 절대로 일어나면 안 되었습니다. 죄송합니다. 회사를 대표해서 제가 사과드립니다. 지금 고객님의 말씀을 들어보니 인내심이 있고 공정한 분이라는 생각이 듭니다. 그런 분이신 만큼, 공정하신 만큼 저를 위해 한 가지를 해주셨으면 합니다. 다른 누구보다 고객님께서 잘해주실 부분입니다. 누구보다 잘 아시는 문제고요. 이건 고객님의 청구서인데요. 저는 얼마든지 안심하고 고객님께 조정을 부탁드릴수 있을 것 같습니다. 고객님께서 우리 회사 회장님이라면 어떻게 하실지, 생각하시는 그대로 조정해 주십시오. 고객님께 전적으로 맡기겠습니다. 말씀하시는 그대로 따르겠습니다."

"해당 고객이 청구서의 금액을 조정했을까요? 물론이지요. 조정하면서 아주 짜릿해하셨어요. 금액은 150달러에서 400달러 정도였는데요. 고객이 그걸 자신에게 최대한 유리하게 활용했을까요? 네, 한 분은 그랬어요! 그분은 논란이 있는 요금은 한 푼도 낼 수 없다고 했죠. 그렇지만 나머지 다섯 분은 회사에 최대로 양보하셨어요! 제일 좋았던 건 이거예요. 여섯 분 모두 저희 차를 2년 안에 새로 구매하셨어요!"

토머스는 이렇게 말했다. "제 경험에 비춰보면, 어느 고객에 대해 정보가 전혀 없는 상태에서 어떤 일을 진행할 때는 상대가 진심이고, 정직하고, 진실하다고 가정하는 것이 최선이에요. 청구 비용이 정확하다면 당연히 지불할 의사가 있고 기꺼이 지불하지 못해서 안달인 사람이라고 말이에요. 조금 더 다르게, 조금 더 분명하게 표현을 해보면 사람들은 정직하며 본인의 의무를 이행하고 싶어 해요. 이 규칙의 예외인 사람들은 비교적 소수지요. 부당하게 이득을 취하려 하는 사람들조차 제가 그들을 정직하고 똑바르며 공정한 사람으로 여긴다고 느끼게 해주면 대부분은 호의적인 반응을 보여요. 확신할 수 있어요."

원칙 10

더 고귀한 동기에 호소하라.

Appeal to the nobler motives.

오직 당신만
안 하고 있는 일

11

◆◆ ─────────── 오래전에 필라델피아의 신문《이브닝 불러틴 Evening Bulletin》이 위험한 중상모략에 빠져 나쁜 소문이 돌았다.《이브닝 불러틴》은 광고만 많고 뉴스가 거의 없어서 더 이상 독자들에게 매력이 없다는 소문이 광고주들의 귀에까지 들어가고 있었다. 즉각 무슨 조치든 취해 헛소문을 진압해야 했다.

그런데 어떻게 하지?

《이브닝 불러틴》은 다음과 같이 했다.

그들은 평범한 어느 날의 신문 1부에서 읽을거리를 모조리 추려서 묶은 다음, 책 한 권으로 출판했다. 제목은 『하루One Day』였다. 책은 총 307페이지로 양장본 한 권 분량이었다. 그러나《이브닝 불러틴》은 하루치의 이 뉴스와 특집기사를, 책값 수준이 아니라 겨우 몇 센트에 판매했다.

이 책은 《이브닝 불러틴》에 흥미로운 읽을거리가 어마어마하게 많다는 사실을 극적으로 보여주었다. 단순한 설명이나 몇 페이지의 숫자보다 훨씬 더 생생하고 흥미롭고 인상적으로 실제 사실을 전달했다.

오늘날은 극적인 표현의 시대다. 진실을 단순히 나열하는 것으로는 충분하지 않다. 진실을 생생하고, 흥미롭고, 극적으로 만들어야 한다. 쇼맨십을 활용해야 한다. 영화도 광고도 그렇게 한다. 여러분도 누군가의 관심을 끌고 싶다면 이렇게 해야 한다.

상품을 진열하는 전문가들은 극적인 표현이 지닌 힘을 잘 안다. 한 예로 제조업체들은 새로운 쥐약을 개발하면 판매상에게 살아 있는 쥐 두 마리가 든 진열장을 함께 주었다. 쥐를 진열해 놓으면 모여든 사람들이 열광했다! 매출도 다섯 배로 껑충 뛰었다.

말이 많으면 피곤하다. 효과가 떨어진다. 사람들은 극적인 행동을 좋아한다. 한 가지 예를 들어보면 내셔널 캐시 레지스터 NCR, National Cash Register Company가 발견한 내용에서 세일즈맨에게 회사의 아이디어를 전달하는 가장 좋은 방법은 극적 표현이라는 것을 알 수 있었다. 한번은 이 회사가 오하이오주 데이턴에서 사흘짜리 세일즈 컨벤션을 열고 꽤 많은 돈을 들여 미국 전역의 세일즈맨들을 컨벤션에 참석시켰다. 세일즈맨들은 행운에 감사해했다. 영업과 관련한 강연을 단 하나도 들을 필요가 없었기 때문이다! 단 하나도! 강연이 없는 컨벤션이었다. 모든 아이디어는 스케치와 연극의 형태로 제시됐다.

내셔널 캐시 레지스터의 직원인 짐 예먼스Jim Yeamans는 극적인 표현으로 영업에 성공했던 이야기를 들려주었다. "지난주에 동네 식료품점에 갔는데 거기 금전 등록기가 아주 구식이더라고요. 주인한테 가서 이렇게 말했죠. '저기, 사장님. 여기 손님들이 한 명씩 지나갈 때마다 말 그대로 동전을 내다 버리고 계신 거나 마찬가지예요.' 그렇게 말하면서 실제로 동전 한 줌을 바닥에 던졌어요. 사장님이 금세 제 말에 주목하더군요. 그냥 말로만 했어도 관심을 보이셨겠지만, 동전이 바닥에 부딪히는 소리가 나니까 정말로 하던 일을 당장 멈추셨어요. 그리고 구식 기계들을 몽땅 바꾸겠다며 저에게 주문을 하셨죠."

인디애나주 미셔와카에 사는 메리 캐서린 울프Mary Catherine Wolf 는 직장에서 문제가 있어 상사와 면담이 필요했다. 월요일 아침 울프는 면담 약속을 요청했으나 상사가 너무 바빠 주 후반에 약속을 잡아야 한다고 상사의 비서에게 전해들었다. 비서는 상사의 스케줄이 너무 빡빡하다면서, 그래도 가능하면 울프와의 약속을 끼워 넣어보겠다고 했다. 울프는 당시의 상황을 이렇게 설명했다. "일주일 내내 비서에게서 연락이 없었어요. 제가 문의하면 항상 상사가 왜 저를 볼 수 없는지만 이야기했죠. 금요일 오전이 됐는데도 확실한 얘기가 없었어요. 저는 정말로 주말 전에 정말로 상사를 만나 문제를 논의하고 싶었어요. 어떻게 하면 상사가 나를 만나줄까 생각해 봤죠. 결국 저는 이렇게 했어요. 정식으로 상사에게 보내는 편지를 썼어요. 그가 일주일 내내 얼마나 바쁜지 충분히 알고 있다고, 그래도 중요한 문제여서 면담이 필요하다고 했어요. 제가 받을 답장을 인쇄해 동봉하면서 이 답장의 빈칸을 직접 채우거나 비서를 시켜 채워서 회신해 달라고 했어요. 이렇게 적어 뒀어요. '메리 캐서린 울프 씨, 저는 당신을 ___ 요일 오전/오후 ___ 시에 볼 수 있으며, ___ 분의 시간을 드리겠습니다.'

이 편지를 오진 11시에 상사의 편지 수신함에 넣었어요. 오후 2시에 제 수신함을 확인하니 답장이 와 있었어요. 상사가 직접 적은 거였죠. 그날 오후 10분간 시간을 낼 수 있다고 했어요. 그렇게 상사를 만나 한 시간 이상 상담하고 문제를 해결했어요.

제가 정말로 면담을 원한다는 걸 이렇게 극적인 방식으로 보여주지 않았다면, 아마 아직도 약속이 잡히기만을 기다리고 있었을 거예요."

제임스 보인턴James B. Boynton은 방대한 시장조사 보고서를 발표해야 했다. 잘나가는 콜드크림 브랜드에 대한 의뢰를 받아 철저한 조사를 끝낸 직후였고, 이 시장의 경쟁 구도에 관한 데이터가 즉각 필요한 상황이었다. 잠재 고객은 광고계의 큰손이었다.

그러나 보인턴의 첫 만남은 시작하자마자 실패해 버렸다.

보인턴은 이렇게 설명했다. "처음에 들어갔을 때는 조사에 사용한 방법론에 대한 쓸데없는 토론으로 핀트가 엇나갔어요. 고객 측이 반박하고, 저도 반박하고, 상대는 저더러 틀렸다고 하고, 저는 제가 옳다는 걸 증명하려고 했죠.

마침내 제 주장을 관철하기는 했는데 자기만족일 뿐이었죠. 시간이 다 가버렸어요. 회의는 끝났고 아무런 소득도 없었어요.

두 번째로 갔을 때는 숫자나 데이터로 가득한 도표 같은 건 챙기지도 않았어요. 이 사람을 만나서 제가 어떤 자료를 가지고 있는지 극적으로 보여줬죠.

사무실에 들어섰더니 통화 중이더라고요. 그동안 저는 서류 가방을 열어서 콜드크림 32개를 그의 책상 위에 올려놓았어요. 모두 그 사람이 아는 제품들이었죠. 경쟁사 제품이었으니까요.

크림 통마다 업계 조사에서 나온 결과를 항목별로 정리해 태그를 붙여두었어요. 태그마다 각 제품의 이야기가 간략하고 극적으로 표현되어 있었죠.

어떻게 됐을까요?

더 이상 반박은 없었어요. 이전과 전혀 다르고 새로운 접근이었죠. 그는 첫 번째 크림 통을 들더니 태그에 적힌 정보를 읽었어요. 다음 크림 통을 들었죠. 우호적인 대화가 오갔어요. 추가 질문을 하면서 굉장히 관심을 보였어요. 원래는 발표 시간 10분을 내줬었는데, 10분이 지나고, 20분이 지나고, 40분이 지나고, 1시간이 지났는데도 계속 대화를 나누고 있었죠.

저는 지난번에 방문했을 때와 똑같은 내용을 이야기하고 있었어요. 다만 이번에는 쇼맨십을 발휘해서 극적으로 보여줬을 뿐이죠. 결과가 정말 다르더라고요."

원칙 11

아이디어를 극적으로 표현하라.

Dramatize your ideas.

이 모든 방법이
소용없을 때

12

→ ———— 찰스 슈와브의 공장 중에 할당량을 맞추지 못
해 어려움을 겪는 지점이 있었다. 슈와브가 공장장에게 물었다.
"공장장님은 유능한 사람인데 왜 생산 목표를 맞추지 못하는 건
가요?"

공장장이 대답했다. "모르겠습니다. 직원들을 달래도 보고,
닦달도 하고, 욕설도 하고, 해고하겠다고 협박도 해봤는데, 아무
것도 효과가 없어요. 그냥 생산량이 안 나와요."

저녁 무렵이었기에 곧 야간조의 업무가 시작됐다. 슈와브는
공장장에게 분필을 달라고 한 뒤 가장 가까이 있던 직원에게 이
렇게 물었다. "오늘 주간조는 열처리를 몇 개나 했나요?"

"여섯 개요."

슈와브는 말없이 분필로 바닥에 커다랗게 '6'이라 쓰고는

그대로 가버렸다.

야간조가 와보니 바닥에 커다랗게 '6'이라고 쓰여 있었다. 야간조는 이게 무슨 뜻이냐고 물었다.

주간조 사람들이 말했다. "사장님이 와서 열처리를 몇 개 했냐기에 여섯 개라고 했지. 그랬더니 바닥에 저렇게 써놨어."

다음 날 아침에도 슈와브는 이 공장에 들렀다. 야간조가 '6'을 지우고 커다랗게 '7'이라고 써놓았다.

그날 아침 주간조가 출근해 보니 바닥에 '7'이라고 쓰여 있었다. 그러면 야간조는 자신들이 주간조보다 뛰어나다고 생각한 건가? 그런 건가? 야간조에게 뭔가 보여줘야겠다는 생각이 들었다. 직원들은 열정을 들이부었다. 그날 저녁 업무를 종료하고는 '10'이라는 말도 안 되는 숫자를 남기고 갔다. 상황이 개선되고 있었다.

생산량이 한참 밀리고 있던 이 공장은 금세 다른 그 어느 공장보다 많은 작업을 해내고 있었다.

어떤 원리일까?

찰스 슈와브의 표현을 그대로 들어보자. "일을 하려면 경쟁을 자극해야 하죠. 추악하고 돈만 밝히는 그런 경쟁을 말하는 게 아닙니다. 남보다 더 잘하고 싶은 욕구를 자극해야 해요."

남보다 더 잘하고 싶은 욕구! 도전! 결투 신청! 이는 틀림없이 사기를 진작시키는 방법이다.

도전이 없었다면 시어도어 루스벨트는 결코 미국의 대통령이 되지 못했을 것이다. 스페인 전쟁에서 의용군을 조직해 국민적 영웅이 된 루스벨트는 쿠바에서 돌아온 직후 뉴욕주 주지사로 낙점되었다. 이때 반대 진영에서 루스벨트가 더 이상 법적으로 뉴욕주에 거주하고 있지 않다는 사실을 밝혀냈다. 루스벨트는 겁을 먹었고 물러서려고 했다. 그런데 당시 뉴욕주 상원의원이었던 토머스 콜리어 플랫Thomas Collier Platt이 그의 도전 의식을 자극했다. 귓가에 울릴 수밖에 없는 목소리로 이렇게 말해 루스벨트를 흥분시켰다. "산후안 전투(루스벨트가 대승을 거둔 전투)의 영웅이 겁쟁이였나?"

루스벨트는 후보직을 사퇴하지 않았고, 나머지는 역사가 말해주는 그대로다(루스벨트는 뉴욕주 주지사에 당선되었고 이내 부통령을 거쳐 대통령이 된다). 도전 의식을 자극한 것이 그의 삶을 바꿔놓았을 뿐만 아니라 미국의 미래에까지 큰 영향을 끼쳤다.

"누구나 두려움이 있다. 그러나 용감한 자는 두려움을 내려놓고 앞으로 나아간다. 때로 그 길이 죽음에 이를지라도, 언제나 그들은 승리한다." 고대 그리스에서 왕을 지키던 수호대의 모토다. 그런 두려움을 극복해 낼 기회보다 더 큰 도전이 또 있을까?

앨 스미스Al Smith가 뉴욕주 주지사이던 시절에도 도전이 있었다. 싱싱교도소는 아메리카 대륙에서 가장 악명 높은 수용시설이었다. 당시 교도소장 자리가 비어 있었다. 감옥에는 늘 스캔들과 추악한 루머가 들끓었다. 스미스에게는 싱싱교도소를 호령할 강력한 리더가 필요했다. 강철 같은 인물이 필요했다. 그렇지만 대체 누구를 앉힌단 말인가? 스미스는 뉴햄프턴에 있던 루이스 로스Lewis E. Lawes를 데려오라고 했다.

로스에게 스미스는 유쾌한 목소리로 이렇게 말했다. "싱싱을 한번 맡아보겠습니까? 우리는 경험 있는 사람이 필요해요."

로스는 깜짝 놀랐다. 싱싱교도소에 어떤 위험이 도사리는지 잘 알고 있었다. 그 자리는 정치적으로 임명되는 자리여서 정치 상황에 따라 변동이 심했다. 교도소장도 수시로 바뀌었다. 그중에는 고작 3주 만에 바뀐 사람도 있었다. 위험을 무릅쓸 가치가 있을지 커리어를 잘 생각해 봐야 했다. 로스가 망설이는 것을 본 스미스는 의자에 등을 기댄 채 미소를 지으며 말했다. "젊은이, 겁먹었다고 해도 탓하지 않습니다. 어려운 자리예요. 거기가서 버티려면 큰 인물이 필요하죠."

스미스는 로스의 도전 의식을 자극했고 로스는 '큰 인물'이 필요한 자리에 도전한다는 것이 마음에 들었다.

그래서 로스는 싱싱으로 갔고, 버텨냈다. 덕분에 그는 당대가장 유명한 교도소장이 됐다. 로스가 집필한 『싱싱에서 2만 년20,000 Years in Sing Sing』이라는 책은 수십만 부가 팔렸다. 로스가 방송에서 했던 이야기와 그가 들려준 감옥 생활은 수십 편의 영화에 영감을 주었다. 특히 로스는 범죄자를 '인간으로' 보게 했고 덕분에 기적적인 교정시설 개혁을 이룰 수 있었다.

파이어스톤 타이어Firestone Tire and Rubber Company의 설립자 하비 파이어스톤Harvey S. Firestone은 이렇게 말했다. "월급만 가지고 사람들을 결집하거나 좋은 인재를 계속 보유하는 사례는 본 적이 없다. 중요한 것은 게임 자체다."

위대한 행동과학자인 프레더릭 허즈버그Frederick Herzberg도 그렇게 생각했다. 허즈버그는 공장 노동자에서 고위 경영자에 이르기까지 수천 명에 달하는 사람들의 업무 태도를 깊이 있게 연구했다. 직장인에게 가장 큰 동기를 부여하는 요소는 뭐였을까? 업무의 어떤 측면이 가장 큰 자극이 되었을까? 돈? 좋은 업무 환경? 여러 가지 부가 혜택? 아니었다. 가장 큰 동기가 되는 요소는 업무 그 자체였다. 업무가 신나고 흥미진진하면 노동자는 업무를 기다렸고 일을 잘하고 싶어 했다.

이게 바로 모든 성공한 인물이 사랑했던 부분이다. '게임 그 자체.' 자기표현의 기회. 나의 가치를 증명할 기회. 남보다 앞서고 승리할 기회. 도보 경주와 고함지르기 대회와 파이 먹기 대회가 가능한 이유는 바로 이 때문이다. 남보다 잘하고 싶은 욕구. 내가 중요한 사람이라고 느끼고 싶은 욕구 말이다.

원칙 12

도전 의식을 자극하라.

Throw down a challenge.

다른 사람을 잘 설득하는 12가지 원칙

원칙 1 논쟁에서 최선의 결과를 얻는 유일한 방법은
논쟁을 피하는 것이다.

원칙 2 상대의 의견을 존중하는 태도를 보여줘라.
절대로 상대가 '틀렸다'고 말하지 말라.

원칙 3 내가 틀렸을 때는 빠르고 단호하게 인정하라.

원칙 4 우호적으로 시작하라.

원칙 5 상대가 즉시 "네, 맞아요"라고 말하게 하라.

원칙 6 대화할 때는 상대가 말을 많이 하게 하라.

원칙 7 상대의 아이디어라고 생각하게 하라.

원칙 8 최선을 다해 상대의 관점에서 대상을 바라보라.

원칙 9 상대의 생각이나 욕구에 공감하라.

원칙 10 더 고귀한 동기에 호소하라.

원칙 11 아이디어를 극적으로 표현하라.

원칙 12 도전 의식을 자극하라.

4부

사람을 변화시키는 리더가 되는 9가지 원칙

—⟫⟫⟪⟪—

HOW TO WIN FRIENDS

AND

INFLUENCE PEOPLE

굳이 잘못을
지적해야 한다면

1

⇢ ────── 이발사는 손님을 면도하기 전에 먼저 비누 거품을 칠한다. 미국의 25대 대통령 윌리엄 매킨리^{William McKinley}도 1896년 대통령 선거를 앞두고 바로 그렇게 했다. 당시 가장 뛰어난 공화당원 중 한 명이 선거 연설문을 썼다. 연설문의 작성자가 느끼기에는 자기 작품이 키케로와 패트릭 헨리^{Patrick Henry}('자유가 아니면 죽음을 달라'는 연설로 유명한 미국 정치가), 대니얼 웹스터(명연설로 유명한 미국 정치가)를 모두 합친 것보다 훌륭한 듯했다. 그는 아주 뿌듯하게 이 불멸의 연설문을 매킨리 앞에서 큰 소리로 읽어주었다. 연설문은 훌륭한 부분도 있었으나 적절한 내용이 아니었다. 어마어마한 비판을 불러올 듯했다. 매킨리는 그의 감정을 다치게 하고 싶지 않았다. 그의 엄청난 열정을 죽이지 않으면서 이 연설문을 거절해야 했다. 매킨리가 얼마나

노련하게 처리했는지 한번 보라.

매킨리는 이렇게 말했다. "이보게, 정말 근사한 연설문이야. 아주 훌륭해. 누가 써도 이보다 더 잘 쓸 수는 없을 거야. 바로 이렇게 말해야 하는 상황이 정말 많지. 그런데 우리가 바로 지금 이 상황에서 이 말을 하는 게 맞을까? 자네의 관점에서 보면 너무나 합당하고 당연한 주장인데 나는 당의 입장에서 어떤 영향이 있을지도 고려하지 않을 수가 없어. 이제 집에 가서 내가 표시한 문장을 중심으로 연설문을 하나 써주게나. 완성되면 다시 보내주게."

매킨리는 원고를 직접 수정, 삭제하면서 연설문 작성자가 두 번째 연설문을 쓸 수 있게 도와주었다. 이후 이 작성자는 선거 내내 가장 효과적인 연설문을 쓰는 사람이 되었다.

언제나 장점에 대한 칭찬을 먼저 듣고 나면 불쾌한 이야기를 듣기가 조금은 더 쉬워진다.

에이브러햄 링컨이 썼던 편지 중에서 두 번째로 유명한 편지가 있다(가장 유명한 편지는 전투에서 다섯 아들을 잃은 빅스비 부인에게 썼던 편지다). 링컨이 아마도 5분 만에 급히 썼을 이 편지는 1926년 경매에서 1만 2000달러에 낙찰되었다. 여담이지만, 링컨이 50년간 힘들게 일하며 저축한 돈보다 많은 금액이었다. 이 편지는 남북전쟁 중 가장 어려운 시기를 지나던 1863년 4월 26일 조지프 후커 Joseph Hooker 장군에게 쓴 것이다. 링컨의 장군들은 벌써 18개월째 북부군의 전투를 이끌고 있었으나 패배에 패배를 거듭했다. 아무 소득도 없고 사람만 죽어나가는 바보 같은 전투였다. 온 나라가 경악했다. 병사 수천 명이 탈영했다. 심지어 같은 공화당원마저 반발하며 링컨을 백악관에서 밀어내고 싶어 했다. 링컨은 이렇게 말했다. "우리는 지금 파멸의 경계에 서 있습니다. 제 눈에는 신께서도 우리와 척을 지신 것으로 보입니다. 한 줄기 희망조차 보이지 않습니다." 그런 시커먼 슬픔과 혼돈의 시기에 이 편지가 나왔다.

이 편지를 여기 싣는 이유는, 후커 장군의 행동에 국가의 운명이 달려 있던 시기에 이 고집스러운 장군을 링컨이 어떻게 변화시키려 했는지를 보여주기 때문이다.

에이브러햄 링컨이 대통령이 된 이후 작성한 편지 중에서 가장 날카로운 내용일 것이다. 그렇지만 후커 장군의 중대한 잘못을 언급하기 전에 먼저 칭찬부터 했다.

그렇다. 중대한 잘못임이 분명했지만 링컨은 그렇게 말하지 않았다. 링컨은 그보다 조심스럽고 요령 있는 사람이었다. 그는 이렇게 썼다. "장군에게 충분히 만족하지 못한 부분들이 있습니다." 이 얼마나 요령 있고 수완 있는 접근인가!

링컨이 후커 장군에게 쓴 편지는 다음과 같다.

나는 장군을 포토맥군의 수장에 앉혔습니다. 물론 충분한 이유가 있어서 그렇게 했지만, 장군에게 충분히 만족하지 못한 부분들이 있다는 걸 알아두는 편이 최선일 듯합니다.

나는 장군이 용감하고 노련한 군인이라고 믿으며 당연히 그런 점을 좋아합니다. 또한 장군이 군인이라는 직업에 정치를 결부시키지 않는다고 믿습니다. 그런 부분은 장군이 옳습니다. 장군은 자신감이 넘칩니다. 이는 귀중할 뿐만 아니라 반드시 필요한 자질입니다.

장군은 야망이 있는 사람입니다. 합리적인 범위 내에서라면 이는 해롭기보다는 이롭습니다. 그렇지만 번사이드^{Burnside} 장군의 휘하에 있을 때 장군은 야망을 좇느라 번사이드 장군을 크게 실망시켰다고 생각합니다. 이는 국가에 대한 잘못일 뿐만이 아니라 훌륭하고 명예로운 한 동료 군인에 대해서도 큰 잘못입니다.

장군이 최근에 군대에도, 정부에도 독재자가 필요하다고 말했다고 들었습니다. 내가 장군에게 명령권을 준 것은 결코 그 때문이 아닙니다. 오히려 그런 면이 있음에도 장군을 지휘권자에 앉힌 것입니다.

오직 성공한 장군만이 독재자로 나설 수 있습니다. 내가 지금 장군에게 요구하는 것은 군사적 성공입니다. 독재자가 나타날 위험은 내가 감수하겠습니다.

정부는 도울 수 있는 한 장군을 최대한 지원하겠습니다. 정부는 모든 지휘관에게 그렇게 해왔고, 앞으로도 그럴 것입니다. 장군은 그동안 지휘관을 비판하고 신뢰하지 않는 분위기를 조성했습니다. 나는 이제 그런 분위기가 장군을 향하게 될까 봐 몹시 두렵습니다. 이 분위기를 무마할 수 있도록 나는 최선을 다해 장군을 도울 것입니다.

군대에 그런 분위기가 팽배하다면 장군뿐만 아니라 나폴레옹이 살아 돌아온다고 해도 결코 좋은 결과를 얻을 수 없습니다. 이제 경솔한 행동에 유의하시기 바랍니다. 경솔한 행동을 끊임없이 경계하되 장군의 넘치는 에너지로 전진하여 우리에게 승리를 안겨주시기 바랍니다.

여러분은 코울리지도, 매킨리도, 링컨도 아니다. 우리가 일상 업무 중에 만나는 사람들에게도 과연 이런 철학을 적용할 수 있을까 궁금할 것이다. 과연 어떨까?

필라델피아의 워크컴퍼니^{Wark Company} 에서 일하는 고^{W.P.Gaw} 씨의 사례를 한번 보자. 워크컴퍼니는 정해진 날짜까지 필라델피아에 대형 오피스 빌딩을 건설하는 계약을 체결했다. 모든 일이 순조로웠다. 그런데 공사가 거의 마무리된 시기에 외부 청동 장식을 맡은 업체가 일정 내에 작업을 마칠 수 없다고 통보해 왔다. 뭐라고! 그러면 건물 전체가 무용지물이잖아, 위약금이 얼마인 줄 알아! 어마어마한 손실이 생긴다고, 고작 한 명 때문에!

장거리 전화가 오갔다. 말싸움이 벌어졌다. 열띤 대화를 주고받았다. 모두 헛수고였다. 담판을 짓기 위해 고 씨가 뉴욕으로 파견됐다.

"브루클린에 회장님과 같은 이름을 가진 사람이 없다는 걸 알고 계시나요?" 인사를 나눈 직후, 고 씨는 하청업체 회장에게 그렇게 말했다. 회장은 깜짝 놀랐다. "아니요, 몰랐어요."

고 씨가 말했다. "어, 아침에 기차에서 내려서 주소를 확인하려고 전화번호부를 보는데, 브루클린 전화번호부에 회장님 이름은 하나뿐이었어요."

"처음 안 사실이네요." 회장은 그렇게 말하면서 관심이 생기는지 전화번호부를 확인했다. "흔한 이름이 아니긴 하죠." 회장이 자랑스럽게 말했다. "우리 가족은 네덜란드계예요. 거의 200년 전에 뉴욕에 정착했죠." 회장은 한동안 집안과 조상들 이야기를 했다. 이야기가 끝나자, 고 씨는 공장이 아주 크다고 감탄하면서, 그동안 방문했던 비슷한 공장들과 비교해도 훌륭하다고 칭찬했다. "지금까지 제가 봤던 청동 가공 공장 중에서 가장 깨끗하고 깔끔하네요." 고 씨는 그렇게 말했다.

"제 평생을 바친 회사지요." 회장은 그렇게 말했다. "나름 자랑스럽게 생각합니다. 공장을 한번 둘러보시겠어요?"

공장을 꼼꼼히 둘러보면서, 고 씨는 회장이 공장을 체계적으로 구성한 방식을 칭찬하며 어떤 점에서 경쟁사보다 뛰어나 보이는지 이야기했다. 고 씨가 다른 데서 보기 힘든 몇몇 기계를 알아보자 회장은 본인의 발명품이라고 소개했다. 회장은 상당한 시간을 들여 고 씨에게 이 기계들이 작동하는 방식을 보여주면서 본인들이 더 훌륭한 결과물을 내는 이유를 설명했다. 회장은 고 씨에게 점심을 함께하자고 고집했다. 고 씨가 이곳을 방문한 진짜 목적에 대해서는 서로 아직 한마디도 나누지 않았다는 사실을 기억해 두길 바란다.

점심을 마치고 회장은 이렇게 말했다. "이제 사업 이야기를 해야죠. 여기에 왜 오셨는지 당연히 압니다. 그렇지만 미팅이 이렇게 즐거울 줄은 몰랐네요. 제가 약속할 테니 안심하고 필라델피아로 돌아가셔도 됩니다. 다른 주문이 밀리는 한이 있더라도 귀사의 물건을 최우선으로 제작해서 보내드릴게요."

고 씨는 부탁하지도 않았는데 원하던 바를 모두 이뤘다. 제품은 기한 내에 도착했고 빌딩은 계약에 명시한 날짜에 완성되었다.

만약 고 씨가 이럴 때 흔히 동원되는 정면충돌을 선택했다면 이런 결과가 가능했을까?

신규 직원이 업무를 한 내용이 기준에 못 미치면 상사는 그 일을 해낼 다른 사람을 부르고 싶은 생각부터 들 것이다. 그렇지만 뉴저지에 있는 포트 몬머스 신용조합Fort Monmouth Credit Union 의 지점장 도로시 우루블루스키Dorothy Wrublewski는 창구 직원이 경력이 짧다는 이유로 포기하고 싶지 않았다. "최근 젊은 여성을 창구의 수습 직원으로 고용했어요. 이 직원은 고객을 상대하는 일은 아주 잘했어요. 개별 거래는 정확하고 효율적으로 처리했고요. 문제는 마감 후 정산할 때 발생했죠.

창구 팀장이 저한테 와서 이 수습사원을 해고해야 한다고 강력하게 주장했어요. '정산이 너무 느려서 다들 꼼짝도 못 해요. 몇 번을 보여줬는데도 이해를 못하네요. 내보내야 해요'라고 하면서요.

다음 날 제가 지켜보니 수습사원은 일상적인 거래 업무는 빠르고 정확하게 잘 처리했어요. 고객한테도 아주 친절했죠.

정산에 왜 어려움을 겪고 있는지는 금세 알 수 있었어요. 마감 후에 대화해 보려고 그녀에게 다가갔어요. 수습사원은 초조하고 속상해 보였어요. 저는 그녀가 고객에게 너무나 친절하고 붙임성이 좋다고 칭찬을 해줬어요. 빠르고 정확하게 일 처리도 잘했다고요. 그런 다음 금전등록기로 정산하는 방법을 같이 한 번 보자고 했어요. 일단 제가 신뢰를 보이니까 그녀도 제 말을 좀 더 쉽게 따라오는 것 같았어요. 금세 정산 과정을 익혔고 이후로는 한 번도 어려움을 겪은 적이 없어요."

칭찬으로 시작하는 것은 치과의사가 마취제부터 놓는 것과 같다. 환자는 여전히 치아에 구멍을 뚫어야 하겠지만, 마취제는 그 통증을 없애준다. 리더라면 다음과 같이 할 것이다.

원칙 1

칭찬과 정직한 인정으로 시작하라.

Begin with praise and honest appreciation.

미움을 사지 않고
잘못을 지적하는 법

2

⇒ ─────── 찰스 슈와브가 정오에 제철소를 걸어가다가 직원들이 담배를 피우는 모습을 발견했다. 직원들 머리 바로 위에 "흡연 금지"라고 쓰여 있었다. 슈와브가 그 표지판을 가리키면서 "글자 읽을 줄 몰라요?"라고 했을까? 아니다. 슈와브는 그렇게 하지 않았다. 그는 직원들에게 가서 고급 시가를 하나씩 나눠주며 이렇게 말했다. "이건 밖에서 피워주면 고맙겠네." 슈와브는 직원들이 규칙을 어겼음을 알고 있었고 직원들도 슈와브가 그걸 안다는 걸 알고 있었다. 그렇지만 슈와브는 그에 대해서는 한마디도 하지 않고 오히려 작은 선물을 하여 직원들을 중요한 사람이라고 느끼게 해주었다. 이런 사람을 과연 누가 좋아하지 않을 수 있을까?

존 워너메이커도 똑같은 방법을 사용했다. 워너메이커는 필라델피아에 있는 워너메이커 백화점을 매일같이 돌았다. 한번은 어느 고객이 카운터 앞에서 기다리는데 아무도 이 고객에게 관심을 기울이지 않았다. 매장 직원들은 무엇을 하고 있었을까? 카운터 반대쪽에 옹기종기 모여 깔깔거리며 수다를 떨고 있었다. 워너메이커는 한마디도 하지 않았다. 조용히 카운터 뒤로 가서 고객을 직접 응대했다. 그런 다음, 고객이 구매한 물건을 포장하라고 매장 직원에게 넘겨주고 가던 길을 계속 갔다.

워너메이커는 말로 지적하기보다는 그가 원하는 행동을 몸소 보여줬다. 그렇지만 때로는 보다 직접적인 행동이 필요한 상황도 있다. 그런데 이때 여러분이 원하는 내용을 요령 있게 말할 수 있었는데도 그런 의도를 박살내 버리는 단어가 하나 있다. '그런데.' 이 단어는 독약이다. 이 단어는 칭찬의 탈을 쓴 지적질이고, 이야기하려는 진짜 내용을 교묘하게 위장한다. "옷이 예뻐. 그런데 색이 너한테 안 어울려." "마지막 시험은 아주 잘 봤어. 그런데 이 과목을 통과하지는 못했어." 단어 하나가 어마어마한 차이를 낳을 수 있다. '그런데'가 등장하면, 아무리 진심에서 나온 칭찬도 그다음에 할 말을 위한 미끼로 전락한다. 처음에는 분명히 진심에서 나온 칭찬이었는데, 사탕발림 역할을 하는 순간 상한 우유처럼 신맛을 띠게 된다. '그런데'는 문제가 있다는 뜻이고, 상대도 그걸 안다.

그러니 '그런데'는 사용하지 말라! 여러분의 의견을 제시하는 더 정직하고 보다 나은 방법을 찾아라.

1887년 3월 8일 목회자이자 사회개혁가였던 헨리 워드 비처Henry Ward Beecher가 죽었다. 그다음 일요일 비처의 사망으로 공석이 된 자리에 라이먼 애벗Lyman Abbott에게 설교 요청이 들어왔다. 최선을 다하고 싶었던 애벗은 설교 원고를 쓰고 또 고쳐 쓰며 작가 플로베르Flaubert만큼 꼼꼼하게 다듬었다. 애벗은 완성된 설교 원고를 아내에게 읽어주었다. 설교 원고라는 것이 글로 쓰면 대부분 그렇듯 애벗이 쓴 것도 형편없었다.

아내는 남편의 잘못을 지적할 수도 있었다. 판단력이 부족한 사람이라면 아마 이렇게 말했을 것이다. "라이먼, 형편없어요. 그거 가지고는 안 돼요. 다들 잠들어 버릴 거예요. 무슨 백과사전 읽는 것 같아요. 교회에서 설교를 그만치 했으면 이제는 좀 잘할 때도 되지 않았어요? 도대체 왜 사람같이 말하지 못하는 거예요? 좀 더 자연스럽게 할 수 없어요? 그대로 읽었다가는 망신만 당할 거예요."

이렇게 말할 '수도' 있었다. 만약에 그랬다면 어떤 일이 벌어졌을지 짐작이 갈 것이다. 애벗의 아내도 그걸 충분히 알았다. 그래서 문학 잡지인 《노스 아메리칸 리뷰North American Review》에 제출하면 훌륭한 기고문이 될 것 같다고 했다. 다시 말해, 글을 칭찬하면서도 동시에 설교용으로는 적합하지 않다는 뜻을 넌지시 내비친 것이다. 라이먼 애벗도 아내의 말이 무슨 뜻인지 알아들었다. 열심히 준비한 원고는 그대로 찢어버렸다. 그리고 그날 메모도 없이 설교를 했다.

기분을 상하게 하거나 미움을 사지 않으면서 누군가의 실수를 바로잡는 효과적인 방법은 다음과 같다.

원칙 2

실수는 간접적으로 알려줘라.

Call attention to people's mistakes indirectly.

내 실수를
먼저 고백하라

3

↠——— 조카인 조지핀 카네기 Josepine Carnegie는 열아홉 살 때 내 조수가 되려고 뉴욕에 왔다. 조지핀은 당시 고등학교를 졸업한지 3년이 되었으나 직업 경험은 전무하다시피 했다. 결국 조지핀은 미국에서 제일 숙련된 조수가 됐지만, 처음에는 발전이 많이 필요한 상태였다. 어느 날은 조지핀을 지적하기 시작하다가 문득 속으로 이런 생각이 들었다. '잠깐만, 데일 카네기. 잠깐만. 너는 조지핀보다 나이가 두 배나 많고, 비즈니스 경험은 만 배는 더 많아. 그런데 어떻게 조지핀이 너와 똑같은 관점을 갖기를 바라는 거야? 너와 똑같은 판단력을 가지고 너처럼 척척 알아서 하기를 바라는 거야? 그리고 데일, 너는 열아홉에 뭘 하고 있었는데? 네가 저질렀던 황당한 실수들 기억 안 나? 너도 이런 일, 저런 일, 저질렀었잖아?'

정직하고 공정하게 생각해 보니, 열아홉 살일 때의 타율은 조지펀이 나보다 훨씬 낫다는 결론에 도달했다. 고백하자면 나야말로 정말 형편없었다.

그다음부터 조지펀에게 실수를 알려주고 싶을 때는 이런 식으로 말을 꺼냈다. "조지펀, 네가 실수를 했어. 하지만 내가 저질렀던 실수에 비하면 아무것도 아냐. 태어날 때부터 모든 걸 알 수는 없잖아. 겪어봐야 아는 거지. 네 나이 때의 나에 비하면 네가 더 나아. 나는 바보 같은 실수를 너무 많이 저질러서 너든 누구든 아무도 비난하고 싶지 않아. 그렇지만 네가 이렇게 저렇게 했으면 더 나았을 것 같지 않니?"

말하는 사람이 본인도 완벽함과는 거리가 멀다는 사실을 겸손하게 인정하면서 시작한다면, 누가 내 잘못을 일일이 지적하더라도 들어주기가 그리 힘들지만은 않을 것이다.

베른하르트 폰 뷜로프Bernhard von Bülow는 이런 과정이 꼭 필요하다는 사실을 이미 1909년에 깨달았다. 폰 뷜로프는 당시 독일 제국의 수상이었다. 왕좌에는 거만하기 짝이 없는 빌헬름 2세가 앉아 있었다. 독일의 마지막 황제인 빌헬름 2세는 강력한 육군과 해군을 양성해 그 힘을 자랑하고 다녔다.

그런데 기절초풍할 사건이 일어났다. 황제가 도저히 믿기지 않는 소리를 내뱉은 것이다. 유럽 대륙을 뒤흔들고 전 세계에 연쇄 폭발을 일으킬 수도 있는 그런 발언이었다. 설상가상으로 황제는 오직 자존심을 세우기 위한, 바보 같고 터무니없는 이야기를 공개적으로, 그것도 영국에 국빈으로 방문해 있던 도중에 하면서 그 발언을 신문에 실어도 좋다고 《데일리 텔레그래프 Daily Telegraph》에 허가를 내주었다. 예를 들면 독일인 중에서 영국에 우호적인 사람은 자기밖에 없다고 했고, 일본의 위협에 대항해 해군을 양성하고 있다고 했다. 영국은 러시아와 프랑스의 손에 잿더미가 될 수도 있었는데 본인이, 그것도 혼자 힘으로 영국을 구해주었다고 했다. 또한 영국의 로버츠 경이 남아프리카에서 보어인을 무찌를 수 있었던 것은 '본인의' 작전 덕분이었다고 했다. 끝이 없었다.

평화로운 시기에 유럽의 왕이 그런 엄청난 말을 내뱉은 것은 근 100년간 한 번도 없었던 일이었다. 유럽 대륙 전체가 격분하여 벌집을 쑤셔놓은 듯이 시끄러웠다. 영국은 분노했고 독일의 정치가들은 아연실색했다. 이 황망한 상황 속에 황제는 당황해 어쩔 줄 몰라 하며 폰 뷜로프 수상에게 모든 책임을 뒤집어쓰라고 했다. 그렇다. 황제는 이 모든 일이 폰 뷜로프의 책임이며 그가 황제에게 이런 믿기지 않는 말을 하라고 조언했다고 폰 뷜로프 스스로 공표하기를 바랐다.

폰 뷜로프는 항변했다. "그러나 폐하, 제가 그런 말씀을 하시라고 조언했을 거라 생각할 사람은 독일에도 영국에도 아무도 없을 듯합니다."

말이 입에서 떨어지기가 무섭게 폰 뷜로프는 자신이 엄청난 실수를 저질렀음을 깨달았다. 황제는 폭발했다.

"그대는 나를 바보로 생각하는 것이오?" 황제가 고함을 질렀다. "그대 같으면 결코 저지를 수가 없는 실수를 내가 저질렀다는 것이오?"

폰 뷜로프는 비난하기 전에 먼저 칭찬을 했어야 함을 깨달았다. 하지만 이미 너무 늦었기 때문에 차선책을 택했다. 비난을 한 다음에 칭찬한 것이다. 그런데 이것이 기적을 일으켰다.

폰 뷜로프는 공손히 답했다. "전혀 그런 뜻이 아닙니다. 폐하께서는 수많은 분야에서 저보다 훨씬 뛰어나십니다. 해군이나 군대에 관한 지식은 물론이고, 무엇보다 자연과학에 해박하십니다. 폐하께서 말씀하시는 기압계나 무선 전신, 뢴트겐선(X선)의 설명을 듣고 있노라면 감탄을 금할 수가 없습니다. 부끄럽게도 저는 자연과학이라면 어떤 분야도 알지 못합니다. 화학이나 물리학도 전혀 모르며 아주 간단한 자연 현상조차 설명하지 못합니다. 대신에 저는 역사에 관한 약간의 지식과 정치, 특히 외교에 쓸 만한 자질이 약간 있습니다."

황제는 흐뭇한 미소를 지었다. 폰 뷜로프에게 칭찬받은 것이다. 폰 뷜로프는 황제를 한껏 칭송했을 뿐만 아니라 자신을 낮췄다. 황제는 이제 뭐든 용서할 수 있었다. "내가 늘 그대에게 말하지 않았소?" 황제가 열정적으로 소리쳤다. "우리는 서로 보완하는 사이라고. 우리 두 사람은 분열되어서는 안 되오. 앞으로도 그럴 것이오!"

황제는 폰 뷜로프와 악수를 했다. 그것도 여러 번 했다. 그리고 그날 오후 황제는 더욱 열정에 차서 두 주먹을 꽉 쥐고 이렇게 소리쳤다. "누구라도 폰 뷜로프를 나쁘게 말한다면 나한테 혼날 줄 알라고 해."

폰 뷜로프는 제때 궁지에서 벗어났다. 그렇지만 약삭빠른 처세술사 치고는 분명히 실수를 저질렀다. 그는 황제를 후견인이 필요한 얼간이인 것처럼 이야기하지 말고, '처음부터' 자신의 단점과 빌헬름 2세의 우월함을 말했어야 했다.

만약 자신을 낮추고 상대를 칭찬하는 말 몇 마디로 이미 모욕했던 거만한 황제조차 둘도 없는 친구로 바꿔놓을 수 있다면, 여러분이나 나 같은 사람이 매일 만나는 이들에게 겸손한 태도로 칭찬을 했을 때는 과연 어떤 일이 가능할지 상상해 보라. 제대로만 사용한다면 인간관계에 기적을 일으킬 수 있을 것이다.

나 자신의 실수를 인정하면, 아직 그걸 바로잡지 못했다고 하더라도 상대의 행동을 바꾸도록 설득하는 데 도움이 된다.

훌륭한 리더는 다음의 원칙을 지킨다.

원칙 3

상대를 지적하기 전에 내 실수부터 이야기하라.

Talk about your own mistake

before criticizing the other person.

명령을
좋아하는 사람은 없다

4

↔ ——————— 나는 운 좋게도 저명한 전기 작가인 아이다 타벨과 저녁 식사를 한 적이 있다. 나는 이 책을 쓰는 중이라고 말했고, 우리는 '사람들과 어울리는 문제'라는 중요한 주제로 여러 이야기를 나눴다. 타벨은 RCA의 설립자 오웬 영의 전기를 쓸 당시 한 남자를 인터뷰한 이야기를 들려주었다. 그는 3년 동안 오웬 영과 같은 사무실을 썼다. 그런데 그 긴 시간 동안 오웬 영이 누군가에게 직접적으로 명령하는 모습을 단 한 번도 보지 못했다고 단언했다. 명령이 아니라 늘 '의견'을 제시했다고 한다. 오웬 영은 이래라저래라 하거나 혹은 "이건 하지 마라, 저건 하지 마라"라고 말하는 법이 없었다. 늘 이렇게 말했다. "이 방법도 한번 생각해 봐." "그게 효과가 있을까?" 또 편지를 받아쓰게 한 다음에는 자주 이렇게 말했다고 한다. "자네 생

각은 어때?" 비서가 쓴 편지를 본인이 검토할 때는 이렇게 말했다고 한다. "여기를 이런 식으로 표현하면 좀 더 나을 것 같아." 오웬 영은 늘 사람들에게 스스로 행동할 기회를 주었다. 비서에게도 무엇을 하라고 시킨 적이 없었다. 비서가 하는 대로 내버려 두고 실수를 통해 배우게 했다.

이렇게 하면 사람들의 실수를 바로잡기가 쉽다. 또한 상대의 자존심을 지켜주고 상대가 중요한 사람이라는 느낌을 줄 수 있다. 그러면 상대방은 반항하기보다는 협조하고 싶어진다.

요령 없는 명령은 반감을 산다. 그 반감은 오래도록 지속될 수 있다. 아무리 그 명령이 명백히 잘못된 상황을 바로잡기 위해서였다고 해도 말이다. 이와 관련해서 펜실베이니아주 와이오밍의 직업학교 교사로 있는 댄 산타렐리Dan Santarelli가 들려준 이야기가 있다. 어느 날 한 학생이 실습실 앞에 불법 주차를 해서 입구를 막아버렸다. 어느 교사가 교실로 쳐들어오더니 거만한 목소리로 물었다. "진입로를 막고 있는 차 주인이 누구니?" 차를 가져온 학생이 본인이라고 하자 교사는 날카롭게 외쳤다. "당장 차 빼. 아니면 체인을 둘둘 감아서 끌어내 버릴 테니까!"

물론 학생이 잘못했다. 그곳은 주차를 하면 안 되는 자리였다. 하지만 그날부터 이 학생만 분개한 것이 아니라 그 수업을 들었던 모든 학생이 갖은 방법으로 그 교사를 괴롭혔다.

교사가 다르게 대처할 수는 없었을까? 우호적인 태도로 차 주가 누구인지 물어본 후에 이렇게 말할 수도 있었을 것이다.

"좋은 차를 타는구나. 그런데 그대로 두면 견인될 거야. 실습실을 자유롭게 드나들어야 해서 불법 주차는 엄중하게 단속하기 시작했거든." 아무도 그 학생에게 차를 빼라고 말할 필요조차 없었을 것이다. 견인료를 물지 않으려 학생이 알아서 달려 나갔을 것이다. 어쩌면 학생은 제때 알려준 선생님에게 감사해했을지도 모른다!

질문으로 시작하면 명령을 받아들이기가 더 쉬울 뿐만 아니라, 상대방의 창의성까지 자극되는 경우가 많다. 또한 명령이 나오게 된 의사결정 과정에 본인이 참여하면 그 명령을 받아들일 가능성이 더 높고, 이런저런 지시를 받더라도 발끈할 가능성이 낮다.

남아프리카공화국 요하네스버그에 살고 있는 이언 맥도널드Ian Macdonald는 소규모 정밀기계 부품 공장의 공장장이었다. 어느 날 큰 주문이 하나 들어왔는데 도저히 납기일을 맞출 수가 없을 것 같았다. 공장에는 이미 정해진 스케줄도 있고 주어진 기한이 짧아서 아무리 봐도 도저히 주문을 이행할 수가 없을 것처럼 보였다.

직원들에게 작업 속도를 높여서 기한을 맞추라고 닦달하는 대신에 공장장은 직원들을 한자리에 불러 모았다. 상황을 설명한 뒤 만약에 이 주문 내용을 제때 생산할 수만 있다면 회사뿐만 아니라 직원들에게도 얼마나 큰 의미가 있을지 설명했다. 그다음 질문을 하기 시작했다.

"혹시라도 우리가 이 주문을 받아서 해낼 수 있는 방법이 있을까요?"

"혹시 공장 내에서 어떤 프로세스를 바꿔서 이 주문을 받을 방법이 떠오르는 사람 있나요?"

"혹시 우리가 작업 시간이나 작업 할당을 바꿔준다면 도움이 될까요?"

직원들은 수많은 아이디어를 내놓으며 주문을 받자고 주장했다. 직원들은 '할 수 있다'는 태도로 접근했다. 결국 공장은 주문을 받아 생산한 후 제때 납품까지 마칠 수 있었다.

효과적인 리더라면 다음의 원칙을 활용할 것이다.

원칙 4

직접 명령을 하기보다는 질문을 하라.

Ask questions instead of giving direct orders.

체면을
세워줘라

5

➡➡ ─────── 오래전에 제너럴 일렉트릭General Electric Company, GE
이 아주 예민한 문제를 하나 만났다. 찰스 스타인메츠Charles Steinmetz
라는 사람을 부서장 자리에서 물러나게 해야 했다. 스타인메츠
는 전기에 관해서는 둘째가라면 서운할 만한 천재였지만 여러
가지를 챙겨야 하는 회계 부서장으로서는 낙제점이었다. 그러
나 회사는 절대로 스타인메츠의 기분을 상하게 하고 싶지 않았
다. 그는 없어서는 안 될 인재이자 아주 예민한 사람이었다. 그
래서 GE는 새로운 직책을 하나 만들었다. 회사는 스타인메츠에
게 '최고 컨설팅 엔지니어'라는 직책을 주었다. 그가 하던 실무
는 그대로 하면서 부서장으로는 다른 사람을 앉힐 수 있는 묘책
이었다.

스타인메츠는 만족해했다.

GE의 경영진도 마찬가지였다. GE는 괴팍한 스타 직원을 부드럽게 조종했고, 그 과정에 생길 수 있었던 갈등도 피해갔다. 모두 스타인메츠의 체면을 살려준 덕분이었다.

상대의 체면을 세워줘라. 이게 얼마나 중요한 원칙인지! 그런데도 이걸 찬찬히 생각해 보는 사람은 또 얼마나 적은가! 우리는 남의 감정을 함부로 다루고, 내 갈 길만 가면서, 남을 책잡고, 위협하고, 어린아이나 직원을 사람들 앞에서 비난하고, 상대의 자존심이 다치는 것을 생각조차 해보지 않는다. 몇 분만 시간을 내서 생각해 본다면, 자상한 한두 마디 말을 덧붙인다면, 상대의 태도를 진심으로 이해해 보려고 한다면, 다른 사람을 아프게 하지 않고서도 얼마든지 부드럽게 일을 처리할 수 있다.

직원을 문책하거나 해고해야 하는 곤란한 상황에 놓인다면 다음의 문장을 기억하기로 하자.

"직원 해고는 즐거운 일이 아닙니다. 그러나 해고를 당하는 것은 더욱더 즐거운 일이 아닙니다."(공인회계사인 마셜 그레인저 Marshall A. Granger가 내게 쓴 편지에 나오는 말이다.) 그레인저는 편지에 이렇게 썼다. "저희가 하는 일은 주로 계절성 수요가 따릅니다. 한창 바쁜 소득세 신고 기간이 지나고 나면 많은 사람을 내보내야 하죠.

'도끼 휘두르는 일을 좋아하는 사람은 없다'가 저희한테는 무슨 표어 같아요. 그러다 보니 최대한 빨리 그 작업을 해치우는 관행이 생겼어요. 보통은 다음과 같이 말하죠. '스미스 씨, 앉으세요. 시즌이 끝났어요. 더 이상 스미스 씨에게 할당할 업무가 없을 것 같아요. 물론 저희가 바쁜 기간 동안만 고용했다는 걸 알고 계시겠지요. 어쩌고저쩌고.'

그러면 이 사람들은 상대 쪽에서 나를 저버린 기분이 들죠. 이 사람들 대부분이 평생 회계 쪽 일을 해요. 하지만 회사에 대한 애정은 전혀 없죠. 아무렇지도 않게 자신들을 내보내니까요.

최근에 저는 사람을 내보낼 때 사려 깊고 좀 더 요령 있게 해보기로 결심했어요. 그래서 이 사람이 겨울 동안 했던 일을 곰곰이 생각해 본 후에 한 명씩 면담을 진행했어요. 그리고 이렇게 말했죠. '스미스 씨, 그동안 일을 잘해주셨어요(만약에 잘했다면). 뉴어크로 파견 가셨을 때는 업무가 쉽지 않았죠. 그런데도 정확히 문제를 짚어내서 멋지게 해결해 주셨어요. 저희가 스미스 씨를 자랑스럽게 여긴다는 점을 알아주셨으면 해요. 회계가 뭔지 아는 분이신걸요. 어디서 일하시든 성공하실 거예요. 저희 회사는 스미스 씨의 능력을 믿고 응원하고 있습니다. 그 점을 잊지 말아주세요.'

어떻게 됐을까요? 사람들은 떠나가면서도 해고되었다는 사실에 덜 상처받았어요. 회사가 자신을 '저버렸다'고 생각하지 않았고요. 일감이 있었다면 내보내지 않았으리란 사실을 알고 나갔어요. 그래서 다시 그들이 필요하다고 부탁할 때면 확실히 애정을 갖고 회사로 돌아왔어요."

고인이 된 드와이트 모로Dwight Morrow는 서로 물고 뜯으려고 하는 적대적인 사람들을 화해시키는 특별한 재능을 가지고 있었다. 어떤 방법을 썼던 걸까? 바로 모두에게 공정하고 옳은 방법이 무엇일지 열심히 찾아다닌 것이었다. 그런 다음 그 방법을 잘 설명하고 강조하면서 조심스럽게 제시했다. 합의안이 뭐가 되었든 어느 쪽도 잘못됐다고 말하지 않았다.

무언가를 중재해 본 사람이라면 누구나 알 것이다. '모든 당사자의 체면을 세워줘라.'

우리가 옳고 상대방이 분명히 틀렸다고 하더라도, 상대의 체면을 깎는다면 그의 자존감만 파괴된다. 프랑스의 전설적인 비행사이자 작가인 앙투안 드 생텍쥐페리는 이렇게 썼다. "상대의 눈에 비친 그 자신을 깎아내리는 말이나 행동을 할 권리가 나에게는 전혀 없다. 중요한 건 내가 그 사람을 어떻게 생각하느냐가 아니라 그 사람이 자기 자신을 어떻게 생각하느냐다. 상대의 자존감에 상처를 입히는 짓은 범죄다."

진정한 리더라면 늘 아래의 원칙을 지킬 것이다.

원칙 5

상대의 체면을 세워줘라.

Let the other person save face.

더 잘하고 싶은 욕구를
자극하는 법

6

❖❖ —————— 피트 발로Pete Barlow라는 내 오래된 친구가 있다.
피트는 평생을 서커스단이나 다양한 공연단을 따라다니며 강아
지나 조랑말을 데리고 쇼를 했다. 피트가 새로운 강아지를 훈련
시키는 모습을 지켜보면 참 재미있었다. 강아지가 아주 조금만
발전해도 피트는 강아지를 쓰다듬고 칭찬하고 간식을 주며 '잘
했다'는 표현을 확실히 했다.

피트의 방법이 새로운 것은 아니다. 동물 훈련사들이 수백
년간 써왔던 방법이다.

그런데 왜 우리는 누군가의 행동을 바꾸고 싶을 때 똑같은
상식을 발휘하지 않을까? 왜 채찍 대신 당근을 쓰지 않을까? 왜
비난 대신 칭찬을 하지 않는 걸까? 아주 작은 발전에도 칭찬을
하자. 그래야 계속해서 발전하고 싶어진다.

심리학자 제스 레어Jess Lair는 자서전에서 이렇게 말했다. "칭찬은 인간의 따뜻한 영혼에게 햇볕과 같다. 칭찬이 없으면 우리는 자랄 수도, 꽃을 피울 수도 없다. 그런데도 대개 남에게 비난이라는 찬바람을 불려고 한다. 다른 사람들에게 칭찬이라는 따뜻한 햇볕을 비추기를 꺼린다."

내 지난 삶을 돌아보아도 칭찬 몇 마디가 미래를 통째로 바꿔놓았던 몇 가지 지점이 있다. 여러분의 삶도 그렇지 않은가? 역사에는 칭찬의 마법을 생생히 보여주는 사례가 가득하다.

한 예로 19세기 초 런던에 작가가 되고 싶은 청년이 있었다. 하지만 모든 여건이 녹록지 않았다. 청년은 학교를 겨우 4년 다녔을 뿐이었다. 아버지는 빚을 갚지 못해 감옥에 갔고, 청년은 배고픔이 얼마나 괴로운지 자주 겪었다. 마침내 청년이 얻은 일자리는 쥐가 득실거리는 창고에서 구두약 통에 상표를 붙이는 일이었다. 밤이면 다른 청년 둘과 함께 음산한 다락방에서 잠을 잤다. 말하자면 런던 빈민가의 부랑아였다. 청년은 자신의 글쓰기 실력에 너무 자신이 없어서 아무도 비웃지 못하도록 한밤중에 몰래 빠져나가 첫 원고를 부쳤다. 원고는 계속해서 거절당했다. 그러다 마침내 글 한 편이 채택되는 날이 왔다. 비록 원고료는 한 푼도 받지 못했지만, 한 편집자가 알아봐 주고 청년을 칭찬해 주었다. 청년은 너무 짜릿해서 정처 없이 거리를 쏘다녔다. 눈물이 뺨을 타고 흘러내렸다.

작품 하나가 실리는 것으로 받은 칭찬, 그 인정이 청년의 삶을 통째로 바꿔놓았다. 그런 격려가 없었다면 청년은 평생을 쥐가 들끓는 공장에서 보냈을지도 모른다. 청년의 이름을 여러분도 들어보았을 것이다. 바로 찰스 디킨스Charles Dickens였다.

오래전에 나폴리의 어느 공장에 열 살짜리 소년이 일을 하고 있었다. 소년은 가수가 되고 싶었지만 첫 번째 교사가 기를 꺾어놨다. 그 교사는 이렇게 말했다. "너는 가수가 될 수 없어. 너 같은 목소리는 안 돼. 덧문에 바람이 부닥치는 소리 같아."

하지만 가난한 소작농이었던 어머니는 소년의 어깨를 감싸며 칭찬을 해주었다. 틀림없이 가수가 될 거라며 벌써 실력이 더 좋아졌다고 말했다. 어머니는 맨발로 일하며 모은 돈으로 음악 수업료를 내주었다. 어머니의 칭찬과 격려가 소년의 인생을 바꿔놓았다. 아들의 이름은 엔리코 카루소Enrico Caruso였다. 카루소는 당대 가장 유명하고 위대한 오페라 가수가 됐다.

런던의 포목상에서 점원으로 일하며 생계를 이어가던 또 다른 소년이 있었다. 소년은 새벽 5시에 일어나 가게를 청소하고 하루 열네 시간씩 일했다. 너무나 고된 일이었기에 소년은 그 일이 싫었다. 2년을 일하고 나니 더 이상 견딜 수가 없었다. 어느 날 아침 소년은 아침도 먹지 않고 24킬로미터를 걸어서 가정부로 일하고 있던 어머니를 찾아갔다.

소년은 어머니에게 울면서 간청했다. 그 가게에 조금이라도 더 있어야 한다면 죽어버리겠다고 했다. 그러고 나서 소년은 예전 스승에게 기나긴 편지를 썼다. 가슴이 찢어진다며 더 이상 살고 싶지 않다고 했다. 스승은 소년을 약간 칭찬하면서 너는 아주 똑똑한 아이니 그보다는 나은 일을 해야 한다며 교사 자리를 제안했다.

이 칭찬이 소년의 미래를 바꿔놓았고, 영국 문학사에 길이 남을 흔적을 새겼다. 이후 소년은 수없이 많은 베스트셀러를 쓰며 펜으로만 100만 달러가 넘는 돈을 벌었다. 여러분도 이름을 들어보았을 것이다. 소년의 이름은 허버트 웰스H.G.Wells(『타임머신』과 『투명인간』 등을 쓴 작가)였다.

비판 대신 칭찬을 하라는 것은 스키너가 가르친 기본 개념이다. 20세기의 위대한 심리학자 스키너는 비판을 최소화하고 칭찬을 강조했을 때 장점은 강화되고 관심이 부족한 단점은 퇴화한다는 사실을 동물 실험과 인간 실험을 통해 보여줬다.

캘리포니아의 키스 로퍼Keith Roper는 회사에 이 원칙을 적용해 보았다. 어느 날 그의 인쇄소에 아주 높은 인쇄 품질이 필요한 자료가 도착했다. 아직 업무에 적응하기 어려워하던 신입사원이 이 자료의 인쇄를 맡았다. 상사는 신입의 태도가 부정적이라고 여겨 해고를 진지하게 고려하고 있었다.

상황을 전해들은 로퍼는 직접 인쇄소에 찾아가 신입사원을 만났다. 로퍼는 방금 받은 인쇄물이 매우 만족스럽다며 오랜만에 보는 정말로 뛰어난 결과물이라고 평가했다. 이 인쇄물이 왜 뛰어난지, 그 신입사원이 왜 회사에 중요한 인재인지 짚어주었다.

로퍼의 칭찬은 젊은 인쇄공의 회사에 대한 태도를 바꿔놓았을까? 그렇다. 며칠 만에 신입사원의 태도는 180도 바뀌었다. 신입은 동료들에게 사장과 나눈 대화의 내용을 들려주면서 이 회사에도 정말로 잘 만든 인쇄물을 알아보는 사람이 있다고 했다. 그날부터 신입은 회사를 사랑하는 헌신적인 직원이 되었다.

로퍼는 젊은 인쇄공에게 단순히 듣기 좋으라고 "자네 참 훌륭해"라고 말한 것이 아니었다. 신입사원의 작품이 '어떤 점에서' 뛰어난지 구체적으로 짚어주었다. 일반적인 아첨을 늘어놓은 것이 아니라 구체적인 성과를 말했기 때문에 로퍼의 칭찬은 듣는 사람에게 훨씬 더 의미가 있었다. 누구나 칭찬을 좋아하지만 그 칭찬이 구체적일 때 듣는 사람에게 진심으로 느껴진다. 단순히 나를 조종하려고 하는 말이 아니라는 인상을 받는다.

기억하라. 누구나 칭찬과 인정을 갈망한다. 칭찬과 인정을 받기 위해서라면 무슨 일이든 할 것이다. 그러나 진실하지 못한 칭찬이나 인정을 바라는 사람은 아무도 없다. 아첨은 아무도 원하지 않는다.

다시 한번 말하겠다. 이 책에 나오는 모든 원칙은 진심에서 우러났을 때에만 효과가 있을 것이다. 나는 일련의 속임수를 권하고 있는 것이 아니다. 사는 방식을 바꿔보자는 얘기다. 사람들을 변화시켜보자는 말이다. 여러분이나 내가 만나는 사람들이 지닌 보석 같은 장점을 깨닫게 한다면, 그들을 변화시키고도 남을 것이다. 말 그대로 다시 태어나게 할 수도 있다.

과장인 것 같은가? 그렇다면 윌리엄 제임스의 현명한 통찰에 귀 기울여 보라.

"우리는 필요한 만큼의 절반만 깨어 있다. 우리가 지니고 있는 신체적·정신적 자원을 아주 조금밖에 사용하지 않는다. 인간은 자신의 한계에 한참 못 미치는 삶을 산다. 다양한 능력이 있는데도 습관적으로 그를 사용하지 않는다."

그렇다. 지금 이 글을 읽는 당신도 여러 능력이 있다. 습관적으로 사용하지 않을 뿐이다. 당신이 최대치까지 사용하지 않는 그 능력 중 하나가 남을 칭찬하는 마법 같은 능력이다. 다른 사람들이 잠재된 가능성을 깨닫도록 자극해 주는 능력 말이다.

비판 앞에서 인간의 능력은 시들어버린다. 격려를 해주면 능력이 꽃핀다. 지금보다 더 효과적인 리더가 되고 싶다면, 다음의 원칙을 적용하라.

원칙 6

손톱만큼이라도 나아진 것은 모조리 칭찬하라.
'잘했다고 말할 때는 진심을 담고,
칭찬을 할 때는 아낌없이 쏟아부어라.'

Praise the slightest improvement
and praise every improvement.
Be "hearty in your approbation and lavish in your praise."

강아지에게도
좋은 이름을 붙여준다

7

➡➡ ─────── 이런 속담이 있다. '개한테 나쁜 이름을 지어
줄 바에는 차라리 그 개를 쏴라.' 다른 사람이 우리를 어떻게 생
각하느냐에 따라 우리도 거기에 반응한다는 뜻이다. 어린이나
청소년에게 '골칫덩어리'니, '비행 청소년'이니 하는 꼬리표를
붙이면 틀림없이 그에 맞게 행동할 것이다. 그러지 않을 이유가
무엇인가? 이미 비난을 받고 있는데 더 잃을 것이 없다는 마음
이 들 수밖에 없다.

그렇지만 만약에 누군가 시간을 내서 그들에게 만회할 기회
를 준다면 어떻게 될까? 잘 키워나갈 수 있는 장점이나 미덕을
찾아준다면? 남들이 존경하고 감탄할 만한 자질을 누구나 하나
쯤은 지니고 있다. 약점을 책잡을 것이 아니라 그 사람의 강점
을 보여줄 기회를 줘보면 어떨까?

이 원칙을 루스 홉킨스Ruth Hopkins가 아주 근사하게 실천했다. 뉴욕주 브루클린에서 초등학교 4학년을 가르치는 개학 첫날 홉킨스는 올해 맡은 학급의 출석부를 쭉 훑어보다가 심장이 철렁 내려앉았다. 이 학교에서 가장 악명 높은 '악동 타미'의 이름이 있었던 것이다.

지난 학기 타미의 담임 교사는 동료나 교장뿐만 아니라 이야기를 들어만 준다면 누구에게나 타미에 대한 불평을 끝도 없이 늘어놓았다. 타미는 단순히 그냥 못된 행동을 하는 데 그치지 않고 규칙을 지키지 않으며 심각한 문제를 일으켰다. 다른 학생들과 싸움을 벌이고 선생님에게 대들었다. 학년이 올라갈수록 태도가 더 나빠지는 듯했다. 유일하게 이를 상쇄할 장점이라면 타미가 학교 공부를 쉽게 배우고 곧잘 이해하는 점이었다.

홉킨스는 '타미 문제'에 즉각 착수했다. 학생들과 첫인사를 나누는 시간에 학생들 한 명 한 명에게 짧게 한마디씩 건넸다. "로즈, 오늘 정말 예쁜 원피스를 입고 왔구나.""알리샤, 그림을 아주 잘 그린다면서?" 타미 순서가 되었을 때 홉킨스는 타미의 눈을 똑바로 바라보며 이렇게 말했다. "타미, 네가 타고난 리더라면서? 올해에는 우리 반이 4학년 전체에서 최고의 반이 될 수 있게 너한테 도움을 많이 받을게."

홉킨스는 처음 며칠간 타미가 하는 모든 행동을 칭찬하면서 앞서 말한 의견을 강화했다. 이런저런 점을 보면 타미가 얼마나 똑똑하고 재능 있는 아이인지 알 수 있다고 했다. 그렇게 부응해야 할 명성이 생기자 아무리 아홉 살짜리라고 해도 선생님을 실망시킬 수가 없었다. 타미는 홉킨스 선생님의 말처럼 정말로 훌륭한 아이가 됐다.

언젠가 익스체인지 뷔페Exchange Buffet의 경영진과 대화를 나눈 적이 있다. 익스체인지 뷔페는 26개의 레스토랑으로 구성된 체인인데 '자율 시스템'으로 운영됐다. 50년 전에 설립되었지만 그동안 한 번도 고객에게 계산서를 내민 적이 없었다. 식사가 끝나고 나갈 때 손님이 직접 계산원에게 자신이 내야 할 금액을 이야기하고 지불하면 됐다.

"그래도 지켜보는 직원은 있지 않나요?" 놀라운 이야기에 내가 그렇게 물었다. "모든 고객이 정직하지는 않을 거잖아요!"

그러자 경영진은 이렇게 답했다. "그런 직원은 배치하지 않아요. 어쩌면 속이는 사람도 있겠죠. 저희는 정말로 몰라요. 그렇지만 자율 시스템이 잘 작동하고 있다는 건 알아요. 안 그랬으면 저희가 어떻게 50년이나 사업을 하고 있겠어요!"

익스체인지 뷔페는 고객을 정직하게 생각한다는 점을 널리 알렸다. 그랬더니 부자든, 가난한 사람이든, 거지든, 도둑이든, 모든 사람이 자신에게 주어진 그 정직하다는 명성에 부응하는 행동을 했다.

그런데 만약 여러분 회사에서 평소에는 잘하던 직원이 갑자기 형편없는 결과물을 내놓기 시작한다면 어떻게 해야 할까? 물론 그 직원을 해고할 수도 있다. 하지만 그게 최선의 해결책일까? 해당 직원을 질책할 수도 있다. 그러나 그러면 보통은 상대가 억울해한다. 헨리 헹케Henry Henke는 다음과 같이 대처했다. 헹케는 인디애나주 로웰에 있는 대형 트럭 대리점의 서비스 매니저였는데, 헹케 밑에 있던 훌륭한 정비공 한 명이 최근 들어 작업 내용이 영 만족스럽지 않았다. 일처리도 엉성하고 기한도 자꾸 놓쳤다. 그렇지만 헹케는 호통치거나 협박하는 대신 그 직원을 사무실로 불러서 마음을 터놓고 대화했다.

헹케가 말했다. "빌, 자네는 훌륭한 정비공이야. 이 일을 한 지도 오래되고 수많은 자동차를 고객이 만족할 만한 수준으로 수리해 줬어. 실제로 자네가 수리를 아주 잘해줬다고 칭찬도 여러 번 들었지. 그런데 최근 들어서 작업을 마치는 시간도 길어지고 작업 내용도 원래 자네 실력에 미치지 못하는 거 같네. 자네가 워낙에 뛰어난 정비공이었어서 지금 이런 상황이 내게 만족스럽지가 않다는 걸 자네도 알아야 할 것 같아. 어쩌면 우리가 함께 이 문제를 바로잡을 방법을 찾아낼 수도 있지 않을까."

빌은 본인 업무의 질이 떨어지고 있는 걸 미처 깨닫지 못했다고 답했다. 그러면서 지금 일이 자신의 전문 분야를 벗어나는 것은 아니니 앞으로 더 좋아지도록 노력하겠다고 했다.

실제로 그렇게 됐을까? 빌은 다시 한번 신속하고 철저한 정비공이 되었다. 빌이 부응해야 할 명성을 헹케가 제시한 이상,

과거보다 못한 수준으로 업무를 할 수는 없었다.

상대의 특정한 면에 영향을 주고 싶다면 상대가 이미 그 자질을 가지고 있는 것처럼 행동하라. 셰익스피어는 이렇게 말했다. "덕목을 갖추지 못했다면, 갖춘 것처럼 행동하라." 상대가 발전시켰으면 하는 자질을 이미 가지고 있는 것처럼 대하면서 공공연히 말하고 다니는 것도 도움이 된다. 부응해야 할 훌륭한 명성을 제시하면, 그것이 당신의 착각이었다고 생각하지 않도록 상대는 갖은 노력을 다할 것이다.

아일랜드 더블린에 사는 치과 의사 마틴 피츠휴^{Martin Fitzhugh}는 이 점을 잘 알고 있었다. 어느 날 아침 마틴은 충격을 받았다. 한 환자가 입을 헹굴 때 사용하는 금속 컵 홀더가 깨끗하지 않다고 지적했던 것이다. 물론 환자는 컵 홀더가 아니라 종이컵에 담긴 물을 사용하겠지만 결코 병원의 장비가 더러워서는 안 되었다.

환자가 간 뒤 피츠휴는 사무실로 돌아와 마틴에게 편지를 썼다. 마틴은 일주일에 두 번씩 치과를 청소해 주는 사람이었다.

마틴에게,

서로 얼굴 보기가 힘드네요. 그래서 시간을 내서라도 늘 우리 병원을 깨끗하게 청소해 줘서 고맙다는 편지를 써야겠다고 생각했어요. 일주일에 두 번, 두 시간이라는 시간이 너무 짧지요? 그래서 혹시 종종 30분 정도 추가 업무를 하고 싶다면 언제든지 알려주세요. 컵 홀더를 닦는다든가 뭐 그런

'가끔' 해줘야 하는 일이 있잖아요. 추가 업무에 대해서는 당연히 비용을 지불하도록 할게요.

피츠휴는 우리 수업 시간에 이렇게 말했다. "다음 날 병원에 갔더니 제 책상이 거울처럼 반짝이고 있더라고요. 의자도 얼마나 반짝거리는지 미끄러질 뻔했어요. 치료실의 금속 컵 홀더가 그토록 깨끗하게 빛나는 건 처음 봤어요. 청소 담당자에게 부응할 만한 훌륭한 명성을 줬을 뿐인데, 그렇게 작은 신호만으로도 과거와는 비교도 되지 않을 만큼 애를 써주더라고요."

기억하라. 타인을 불쾌하게 하거나 원망을 사지 않으면서 그의 행동이나 태도를 바꾸고 싶다면, 다음의 원칙을 활용하라.

원칙 7

상대에게 훌륭한 명성을 주고 거기에 부응하게 하라.

Give the other person a fine reputation to live up to.

고치기 쉬운 문제처럼 보이게 하라 **8**

✦✦ ─────── 마흔까지 미혼으로 지내던 내 친구가 약혼을 하게 됐다. 친구의 약혼녀는 친구에게 댄스 수업을 받으라고 설득했다. 친구는 이렇게 말했다. "물론 내가 댄스 수업이 필요하긴 했지. 아직도 20년 전에 배운 방식 그대로 추고 있었으니까. 첫 번째 선생님이 한 말이 아마 다 맞을 거야. 내가 완전히 다 틀렸다고 하더라고. 몽땅 잊어버리라고, 전부 새로 시작해야 한다고 했어. 그런데 그 소리를 들으니까 열정이 싹 사라지더라고. 계속할 이유가 없잖아. 그래서 그만뒀지.

그다음 선생님은 아마 계속 거짓말을 했을 거야. 그래도 나는 그 거짓말이 좋더라고. 이 선생님은 아무렇지도 않다는 듯이 말했어. 내가 추는 춤이 좀 구식일 수도 있긴 한데 기본은 아주 잘 배웠다면서 새로운 스텝 몇 개 정도는 얼마든지 배울 수 있을 거라고 했어. 첫 번째 선생님은 내 실수를 강조해서 기를 꺾어놓았는데 새로운 선생님은 정반대였어. 맞게 하면 계속 칭찬하고 실수는 별것 아니라는 듯이 말하더라고. '타고난 리듬감이 있으세요. 춤을 정말 타고나셨어요' 하면서 말이야. 스스로 상식적으로 생각해 봐도 내 댄스 실력은 삼류도 못 될 거야. 그래도 마음속 깊은 곳에서는 '어쩌면' 이 선생님이 진심일 수도 있다고 생각하고 싶더라고. 물론 내가 돈을 내니까 그렇게 말했을 수도 있지만, 굳이 거기까지 생각할 필요는 없잖아.

어쨌든 두 번째 선생님이 나한테 타고난 리듬감이 있다고 말해준 덕분에 지금 내가 훨씬 더 춤을 잘 추게 됐다는 건 알아. 그 말이 용기가 되더라고. 희망을 줬어. 더 잘하고 싶은 마음이 들었어."

여러분이 자녀나 배우자, 직원에게 무언가를 못한다, 소질이 없다, 몽땅 틀렸다고 말한다면 더 잘해야 할 이유를 모조리 파괴하는 거나 마찬가지다. 그러지 말고 정반대의 방법을 써보라. 얼마든지 실컷 격려하라. 그 일이 하기 쉬울 것처럼 말하라. 여러분이 상대방의 능력을 신뢰한다는 사실을 알려줘라. 재능이 있는데 아직 개발되지 않았을 뿐이라고 말하라. 그러면 상대는 더 잘하기 위해 새벽이 밝아올 때까지 연습할 것이다.

인간관계의 달인이었던 로웰 토머스도 바로 이 방법을 사용했다. 상대에게 자신감과 용기, 그리고 믿음을 주었다. 내가 토머스 부부와 함께 주말을 보낸 날이었다. 토요일 저녁에 다들 난로 앞에 모여 앉아 친목 삼아 브리지 게임을 하는데, 나더러 함께하자고 했다. 브리지? 오, 안 돼! 브리지는 안 돼! 나는 브리지를 전혀 몰랐다. 말하자면 브리지는 나에게 풀리지 않는 미스터리와 같았다. 안 돼, 안 돼! 절대 불가능하다고!

"왜, 데일. 하나도 어렵지 않아." 로웰이 말했다. "기억력과 판단력만 있으면 돼. 자네는 기억력에 관한 글도 썼잖아. 자네한테 브리지는 식은 죽 먹기일 거야. 아마 취미에 딱 맞을걸?"

그러고는 어느샌가 난생처음 브리지 테이블에 앉아 있었다. 이는 모두 내게 브리지에 타고난 재능이 있다고, 게임이 쉽다고 말해줬기 때문이었다.

브리지 얘기를 꺼내니 엘리 컬버슨Ely Culbertson이 생각난다. 컬버슨이 쓴 브리지에 관한 책은 열 개가 넘는 언어로 번역됐고 수백만 부가 팔렸다. 그러나 컬버슨은 어느 젊은 여성이 그에게 재능이 있다고 말해주지 않았다면 브리지를 직업으로 삼는 일은 결코 없었을 것이라고 말했다.

1922년 미국에 왔을 당시 컬버슨은 철학과 사회학을 가르치고 싶었으나 일자리를 구할 수가 없었다.

그래서 석탄을 팔려고 했다. 그러나 실패했다.

그다음에는 커피를 팔려고 했다. 이것도 실패했다.

컬버슨은 브리지를 해본 적은 있었지만 자신이 이걸 가르치게 되리라고는 당시엔 상상도 할 수 없었다. 컬버슨은 브리지를 잘하지 못했을 뿐만 아니라 아주 고지식했다. 컬버슨은 질문이 너무 많았고, 게임이 끝난 뒤에도 복기에 시간을 너무 많이 썼기 때문에 아무도 그와 게임을 하고 싶어 하지 않았다.

그러던 차에 조지핀 딜런^{Josephine Dillon}이라는 아름다운 브리지 강사를 만났다. 컬버슨은 딜런과 사랑에 빠졌고, 두 사람은 결혼했다. 딜런은 남편이 얼마나 조심스럽게 카드를 분석하는지 알아보았다. 그리고 남편에게 카드 게임의 천재가 될 수 있다고 하며 설득했다. 그 격려 때문에, 오직 그것 하나 때문에 컬버슨은 브리지를 직업으로 삼게 되었다고 이야기했다.

때로는 약간의 격려가 기적을 일으킬 수도 있다.

오하이오주 신시내티에서 우리 수업의 강사로 일하는 클래런스 존스^{Clarence M. Jones}는 실수를 고치기 쉽도록 만들고 격려한 덕분에 아들의 인생이 완전히 바뀌었다고 설명했다.

"열다섯 살 때 데이비드는 저와 함께 살려고 신시내티로 왔어요. 그동안 데이비드는 쉽지 않은 시간을 보냈죠. 12년 전에 교통사고로 머리를 크게 다쳤는데 이마에 아주 심한 흉터가 남았어요. 아마도 그 흉터 때문이겠지만, 학교에서는 데이비드에게 뇌손상이 있다면서 정상적인 생활을 할 수 없다고 보고 유급시켰어요. 그래서 나이에 비해 두 학년이 늦어졌고, 이제 겨우 중학교 1학년이었죠. 그런데도 아직 데이비드는 구구단도 외우지 못했고 덧셈을 할 때는 손가락을 사용했어요. 글도 겨우 읽는 수준이었죠.

긍정적인 면이 하나 있었어요. 데이비드가 라디오를 비롯해 기계나 전기 장치 같은 것을 가지고 놀기를 좋아했죠. 데이비드는 전기 수리 기사가 되고 싶어 했어요. 저도 그걸 격려하면서 수리 기사가 되는 교육을 받으려면 수학 공부를 해야 한다고 알려줬어요. 수학을 잘할 수 있게 데이비드를 도와주기로 마음먹었죠.

우리는 카드 네 세트를 만들었어요. 그 위에 덧셈, 뺄셈, 곱셈, 나눗셈 문제를 적었죠. 카드를 한 장씩 넘기면서, 정답을 맞힌 카드는 버리는 쪽에 쌓았어요. 데이비드가 답을 틀리면 제가 정답을 알려주고 그 카드는 반복하는 쪽에 쌓았죠. 카드가 남지 않을 때까지 계속했어요. 데이비드가 정답을 맞힐 때마다 호들갑을 떨면서 칭찬해 줬어요. 특히나 앞서서 틀렸던 카드를 다시 맞혔을 때는 더 크게 칭찬을 해줬죠. 매일 밤 저희는 카드가 남지 않을 때까지 반복 카드를 계속 연습했어요. 매번 타임워치로 이 연습에 걸린 시간도 쟀죠.

데이비드에게 만약 오답 없이 8분 안에 모든 카드의 정답을 맞히면 매일 밤 하는 연습을 그만두기로 약속했어요. 데이비드한테는 불가능한 목표처럼 보였죠. 첫째 날 밤에는 52분이 걸렸어요. 둘째 날에는 48분, 그다음에는 45분, 44분, 41분, 그러다가 40분 밑으로 내려갔죠. 시간이 줄어들 때마다 함께 축하했어요. 아내를 불러서 데이비드를 안아주고 즉흥적으로 함께 춤도 췄죠. 그달 말이 되니까 데이비드는 모든 카드를 8분 안에 완벽하게 맞힐 수 있었어요. 조금만 발전해도 데이비드는 한 번 더 해보자고 했어요. 배움이 쉽고 재미있다는 걸 알게 된 거죠.

자연스레 수학 성적이 쑥 올라갔어요. 곱셈을 하게 되면서 수학이 얼마나 쉬워졌는지 몰라요. 데이비드가 수학에서 B학점을 받았을 때는 스스로도 깜짝 놀랐죠. 그런 일은 처음이었거든요. 다른 변화까지 거의 믿기지 않을 정도로 빠르게 찾아왔어요. 데이비드는 읽기 실력이 늘었고 타고난 그림 그리기 재능도 살아나기 시작했어요. 학년 말이 되자 과학 선생님이 데이비드에게 과학 박람회에 낼 출품작을 준비해 보자고 했어요. 데이비드는 지렛대의 효과를 보여주는 아주 복잡한 모형을 만들겠다고 했죠. 그리기와 모형 만들기뿐만 아니라 응용 수학 능력까지 요구되는 작업이었어요. 이 작품이 데이비드의 학교 과학 박람회에서 1등상을 탔어요. 그리고 시 대회에까지 출품해 신시내티 전체에서 3등을 했죠.

결국 해낸 거예요. 두 학년을 낙제하고, '뇌손상'을 입었다는 소리를 듣고, 친구들한테 '프랑켄슈타인'이라고 놀림을 받고, 머리에 난 상처로 뇌가 빠져나간 게 틀림없다는 소리를 들었던 아이인데 말이죠. 그런 아이가 갑자기 자신도 무언가를 배울 수 있고 성취할 수 있다는 걸 알게 된 거예요. 그래서 어떻게 됐을까요? 중학교 2학년 2학기부터 고등학교를 졸업할 때까지 데이비드는 한 번도 우등상을 놓친 적이 없어요. 고등학교 때는 전국우등생학회NHS, National Honor Society 회원이 됐고요. 공부가 쉽다는 걸 알게 된 이후 인생이 바뀐 거죠."

그러니 상대를 불쾌하게 만들거나 원망을 사지 않으면서 사람을 변화시키고 싶다면, 다른 사람의 발전을 도와주고 싶다면, 다음을 기억하라.

원칙 8

용기를 줘라. 잘못을 고치기 쉬울 것처럼 보이게 하라.

Use encouragement.

Make the fault seem easy to correct.

내가 원하는 일을
기쁜 마음으로 돕게 하는 방법

9

    1915년 미국은 할 말을 잃었다. 유럽의 여러 국가가 서로를 학살한 지 벌써 1년이 넘었다. 피로 얼룩진 인류의 역사조차 상상해 보지 못한 수준이었다. 과연 평화가 다시 찾아오기나 할까? 아무도 몰랐다. 그렇지만 우드로 윌슨은 한번 시도라도 해보기로 했다. 평화를 위한 특사를 파견해 유럽의 장군들과 협의해 보기로 했다.

평화주의자인 국무장관 윌리엄 제닝스 브라이언이 그 역할을 간절히 맡고 싶어 했다. 브라이언은 이번이 큰 공을 세우고 불멸의 이름을 남길 기회라고 보았다. 그러나 윌슨은 다른 사람을 임명했다. 친한 친구이자 조언자였던 에드워드 하우스 대령이었다. 그리고 하우스 대령은 이 슬픈 소식을 브라이언에게 직접 전해야 하는 골치 아픈 임무를 맡았다.

하우스 대령은 일기에 이렇게 썼다. "브라이언은 평화 특사로 내가 유럽에 가게 되었다고 하자 실망한 기색이 역력했다. 본인이 직접 그 일을 할 생각이었다고 말하면서 말이다. (…)

대통령은 누구든 이 일을 공식적으로 맡는 건 현명하지 않다고 판단했다고 대답했다. 브라이언이 간다면 너무 많은 이목을 끌 테고, 사람들은 브라이언이 거기에 왜 가는지 궁금해 할 것이었다."

행간의 의미가 읽히는가? 사실상 하우스 대령은 브라이언이 이 일을 맡기에는 '너무 중요한' 인물이라고 말하고 있다. 브라이언은 그 답에 만족했다.

세상 물정에 밝고 노련했던 하우스 대령은 인간관계의 가장 중요한 규칙 중 하나를 따르고 있었다. '언제나 내가 제안하는 일을 상대가 기쁘게 하게 하라.'

우드로 윌슨은 윌리엄 매커두를 국무위원으로 임명할 때도 이 원칙을 따랐다. 국무위원으로 임명한다는 건 윌슨이 수여할 수 있는 최고의 영예였음에도 불구하고, 윌슨은 매커두가 두 배는 더 중요한 사람인 것처럼 느끼도록 만들었다. 매커두가 직접 한 말을 들어보자. "윌슨은 내각을 구성하고 있다면서 내가 재무장관을 맡아주면 아주 기쁘겠다고 했다. 윌슨은 기분이 좋아지게 말을 한다. 이렇게 큰 영광을 내가 수락하는 것이 마치 그에게 무슨 은혜라도 베푸는 일인 양 말했다."

그러나 안타깝게도 윌슨이 늘 이런 기지를 발휘한 것은 아니었다. 만약에 늘 그랬다면 역사가 달라졌을 수도 있다. 한 예로 윌슨이 국제연맹 체제에 돌입한 일은 상원이나 공화당에게 달갑지 않은 소식이었다. 윌슨은 엘리후 루트Elihu Root나 찰스 휴즈Charles Evans Hughes, 헨리 로지Henry Cabot Lodge 같은 저명한 공화당 인사를 평화회담에 대동하기를 거절했다. 그러면서 본인 당의 이름 없는 인물들을 데리고 갔다. 윌슨은 공화당원을 무시했다. 국제연맹이 윌슨만의 아이디어가 아니라 공화당의 아이디어이기도 하다고 생각하게끔 만들 수도 있었음에도 윌슨은 그런 기회를 거절하고 공화당원을 잔치에 끼워주지 않았다. 인간관계를 이처럼 조심성 없이 처리하는 바람에 윌슨은 자신의 커리어와 건강을 망치고 수명을 단축시켰다. 결국 미국은 국제연맹에 가입하지 않았고 세계의 역사가 바뀌었다.

비단 외교관만 이런 방법을 사용하는 것은 아니다. 유명 출판사인 더블데이 페이지Doubleday Page는 늘 이 규칙을 따랐다. 내가 제안하는 일을 상대가 기뻐하며 하게 하라. 더블데이 페이지가 이 규칙을 따르는 데 얼마나 능했던지, 위대한 단편 작가 오 헨리는 더블데이 페이지가 그의 작품을 굉장히 높게 평가하면서도 우아하게 거절해서 다른 출판사가 작품을 수락했을 때보다도 오히려 기분이 더 좋았다고 한다!

이런 능력을 자연스럽게 타고나는 사람들도 일부 있지만, 그 중요성을 깨닫는다면 누구라도 이 능력에 통달할 수 있다. 상대가 우리를 도와주면서 무언가를 얻을 방법을 찾아내기만

하면 된다. 인정, 감사, 협조에 대한 보상 같은 것들 말이다. 인디애나주 포트웨인에 사는 데일 페리어^{Dale O. Ferrier}는 어린 아들 제프가 기꺼이 집안일을 돕게 한 이야기를 들려주었다.

"제프가 맡은 일 중에 배나무 밑에 떨어진 배 줍기가 있었어요. 그래야 잔디 깎는 사람이 일하다가 중간에 멈추지 않아도 되니까요. 제프는 이 일을 싫어해서 자주 빼먹거나 해도 아주 대충 했죠. 잔디 깎는 사람은 일하다가 멈춰서 제프가 놓친 배를 몇 개씩 주워야 했어요. 화내면서 야단을 치느니 다른 방법을 써보기로 했어요. 어느 날 제프에게 이렇게 말했죠. '제프, 이런 거래를 하면 어떠니? 네가 배를 한 바구니 주울 때마다 내가 1달러씩 줄게. 그렇지만 네가 일을 끝낸 다음에도 여전히 땅에 떨어져 있는 배를 내가 찾아내면 1달러씩 도로 가져가는 거야. 어때?' 짐작하시는 대로 제프는 땅에 떨어진 배를 몽땅 다 주웠을 뿐만 아니라, 저는 제프가 바구니를 채우려고 나무에 매달린 배를 따지 않도록 지켜봐야 했어요."

아는 사람 중에 친구나 지인에게 강연 요청을 너무 많이 받아서 자주 거절해야 하는 사람이 있었다. 그런데 어찌나 요령 있게 잘 거절하는지 거절을 당한 사람이 만족스러워할 정도였다. 이 사람은 어떤 방법을 썼을까? 자신이 너무 바쁘다는 말만 해서는 그런 결과를 얻을 수 없었을 것이다. 이 사람은 요청해 줘서 감사하지만 도저히 할 수가 없다고 한 뒤, 다른 강연자를 추천했다. 다시 말해 거절당한 사람이 서운해할 시간을 주지 않았다. 그는 강연 요청을 수락할 만한 다른 훌륭한 강연자에게로 상대의 생각을 즉시 옮겼다. 즉 이렇게 말한 것이다. "내 친구 클리블랜드 로저스Cleveland Rodgers가 강연을 하면 어떨까?《브루클린 이글Brooklyn Eagle》의 편집자야." "혹시 가이 히콕Guy Hickok에게 물어보면 어때? 파리에 15년째 살고 있으니까 해외 통신원으로 보낸 시간에 대해 근사한 얘깃거리가 많을 거야."

우리 수업을 듣는 학생 중에 식품점에서 매니저로 일하는 귄터 슈미트Gunter Schmidt라는 사람이 있었다. 그가 일하던 곳에서 한 직원이 물건을 진열한 선반에 가격표를 제대로 붙이지 않았다. 이 때문에 혼란이 생겼고 고객들이 불평했다. 여러 번 알려주고, 꾸짖기도 하고, 화도 내봤지만, 소용이 없었다. 결국 슈미트는 이 젊은 직원을 사무실로 불렀다. 그리고 그를 가게 전체의 '가격표 부착 감독관'으로 임명했다. 모든 선반의 가격표가 제대로 붙어 있는지 감독하는 직책이라면서 말이다. 새 직책은 젊은 직원의 태도를 완전히 바꿔놓았다. 이후 직원은 자신이 맡은 임무를 아주 만족스러워하며 수행했다.

유치한가? 그럴 수도 있다. 하지만 나폴레옹이 레지옹 도뇌르 훈장을 제정하고, 병사에게 1만 5000개의 훈장을 나눠주고, 장군 18명을 '프랑스 원수'로 임명하고, 그의 군대를 '대육군'이라고 불렀을 때도 같은 말을 들었다. 나폴레옹이 전쟁을 겪은 퇴역 군인에게 '장난감'을 나눠준다며 비난받았다. 그러자 나폴레옹은 이렇게 답했다. "바로 그 장난감이 인간을 지배한다."

이처럼 직책과 권한을 수여하는 방법은 나폴레옹도 효과를 보았고, 여러분도 효과를 보게 될 것이다. 다른 예도 있다. 뉴욕 주 스카스데일에 사는 나의 지인 어니스트 젠트^{Ernest Gent}는 꼬마들이 마당의 잔디를 마구 밟고 지나다녀서 골치가 아팠다. 처음에는 야단을 쳐보았다. 그다음에는 구슬렸다. 둘 다 효과가 없었다. 그래서 이번엔 꼬마들 중 가장 심한 아이에게 직책을 줘서 책임자라는 기분이 들도록 했다. 젠트는 그 꼬마를 '형사'로 임명하고, 아무도 마당을 무단횡단하지 못하게 하는 책임을 맡겼다. 문제는 한 번에 해결되었다. 젠트가 임명한 '형사'는 뒷마당에 모닥불을 피우고 다리미를 벌겋게 달궈서는 꼬마들에게 누구라도 마당에 발을 들이면 지져버리겠다고 위협했던 것이다.

이는 인간의 본성이다. 다른 사람을 변화시키고 싶다면 다음의 원칙을 사용하라. 상대가 당신이 원하는 대로 움직일 가능성이 분명 더 커질 것이다.

원칙 9

내가 원하는 일을 상대가 기뻐하며 하게 하라.

Make the other person happy about
doing the thing you suggest.

사람을 변화시키는 리더가 되는 9가지 원칙

원칙 1 칭찬과 정직한 인정으로 시작하라.

원칙 2 실수는 간접적으로 알려줘라.

원칙 3 상대를 지적하기 전에 내 실수부터 이야기하라.

원칙 4 직접 명령을 하기보다는 질문을 하라.

원칙 5 상대의 체면을 세워줘라.

원칙 6 손톱만큼이라도 나아진 것은 모조리 칭찬하라.

　　　'잘했다고 말할 때는 진심을 담고,

　　　칭찬을 할 때는 아낌없이 쏟아부어라.'

원칙 7 상대에게 훌륭한 명성을 주고 거기에 부응하게 하라.

원칙 8 용기를 줘라. 잘못을 고치기 쉬울 것처럼 보이게 하라.

원칙 9 내가 원하는 일을 상대가 기뻐하며 하게 하라.

데일 카네기,
현대적 성공철학을 창시하다

—로웰 토머스

이 글은 데일 카네기의 일생에 관한 이야기로 『데일 카네기 인간관계론』 초판에 서문으로 실렸다. 독자들에게 카네기의 배경에 대한 정보를 더 많이 제공하기 위해 이번 개정판에 다시 싣는다.

　1935년 1월의 어느 밤이었다. 추운 날씨에도 아랑곳없이 2500명의 인파가 뉴욕에 있는 펜실베이니아 호텔 대연회장으로 모여들었다. 7시 30분이 되자 좌석은 만원이 됐다. 8시가 되었는데도 열의에 찬 인파는 여전히 쏟아져 들어왔다. 널찍한 발코니가 금세 사람들로 꽉 들어찼다. 이내 서 있을 자리조차 찾기 힘들어졌다. 종일 업무에 시달린 수백 명의 인파가 그날 밤 한 시간 반 동안 서서 구경했다. 무엇을 구경했을까?

　패션쇼?

6일 경륜(6일간 최장거리를 달린 사람이 승리하는 경기)? 아니면 영화배우 클라크 게이블이라도 떴나?

아니었다. 이들은 신문 광고를 보고 모여들었다. 이틀 전 뉴욕의 잡지《선Sun》에는 다음과 같은 전면 광고가 실렸다.

효과적으로 말하는 법을 배우세요.
리더가 될 준비를 하세요.

구식인가? 맞다. 그렇지만 믿거나 말거나 지구상에서 가장 세련된 도시에서, 인구의 20퍼센트가 정부 구호를 받는 경제 공황기에, 이 광고를 보고 2500명이 집을 나서서 호텔로 발걸음을 재촉했다.

광고에 반응한 사람들은 경제적으로 상위 계층에 속했다. 기업 임원이나 사업주, 전문직 같은 사람들 말이다.

이들은 '비즈니스 현장에서 효과적으로 말하고 사람들을 변화시키는 방법'에 관한 지극히 현대적이고, 지극히 실용적인 강연의 첫 수업을 들으러 왔다. '효과적인 말하기와 인간관계에 관한 데일 카네기 연구소'라는 기관에서 이 수업을 진행했다.

2500명의 사람들은 왜 거기 있었을까?

경제 공황 때문에 갑자기 더 많은 교육을 받고 싶어졌을까?

그런 것 같지는 않았다. 지난 24년간 뉴욕에서 이 수업이 열릴 때마다 강연장이 가득 찼기 때문이다. 1만 5000명이 넘는 사업가와 전문직 종사자가 데일 카네기에게 교육받았다. 심지어 웨스팅하우스 전기회사, 맥그로힐 출판사McGraw-Hill Publishing Company, 브루클린 연합 가스회사Brooklyn Union Gas Company, 브루클린 상공회의소Brooklyn Chamber of Commerce, 미국전기엔지니어협회, 뉴욕전화회사처럼 보수적이고 회의적인 대형 기관도 임직원을 위해 사내에서 이 교육을 진행했다.

고등학교나 대학교 등을 졸업한 지 10~20년이 된 사람들이 이렇게 찾아와 교육을 받는다는 사실은 우리 교육 체계가 한참 부족했음을 적나라하게 드러낸다.

성인들이 정말로 공부하고 싶은 내용은 무엇일까? 이는 중요한 문제다. 이 답을 찾기 위해 시카고대학교와 미국성인교육협회, 그리고 YMCA학교연합은 2년에 걸쳐 설문조사를 실시했다.

조사 결과 성인들의 가장 큰 관심사는 건강이었다. 두 번째 관심사는 인간관계의 기술을 개발하는 것이었다. 사람들은 다른 사람들과 잘 어울리고 그들에게 영향을 미치는 방법을 배우고 싶어 했다. 전문 연설가가 되고 싶다거나 심리학에 관한 거창한 얘기를 듣고 싶은 것은 아니었다. 사업이나 사회생활 혹은 가정에서 즉시 써먹을 수 있는 조언을 원했다.

흠, 성인들이 공부하고 싶은 게 이거라고?

설문조사를 실시한 사람들은 이렇게 말했다. '그래, 좋았어. 사람들이 원하는 게 그거라면 원하는 걸 주겠어.'

이들은 교과서로 사용할 책을 찾아보다가, 사람들이 인간관계에서 일상적으로 겪는 문제를 해결하는 데 도움을 줄 만한 매뉴얼이 한 번도 세상에 나온 적이 없다는 사실을 알게 됐다.

큰일이었다! 수백 년간 그리스어나 라틴어, 고등 수학처럼 일반인은 콧방귀도 뀌지 않을 주제에 관한 책은 수도 없이 나왔는데, 사람들이 정말로 알고 싶고 열렬히 도움을 받고 싶은 단 한 가지 주제에 대해서는 아무런 책도 나와 있지가 않았다!

겨우 신문 광고 하나에 2500명의 간절한 성인들이 펜실베이니아 호텔 대연회장에 모인 이유를 설명하는 대목이었다. 이들이 오랫동안 찾아 헤맨 바로 그것이 여기에 있는 게 분명했다.

고등학교나 대학교 때 이들은 책만 팠다. 지식만으로도 경제적, 직업적 성공의 문이 활짝 열릴 줄 알았다.

그러나 험난한 비즈니스와 전문직의 세계에서 몇 년을 버티다 착각에서 확 깨어나게 됐다. 사업적으로 가장 중요한 성공을 쟁취한 몇몇 사람들을 살펴보니 지식 말고도 말을 잘하고, 다른 사람을 자신이 생각하는 방향으로 끌어오고, 본인의 아이디어를 '설득'하는 능력이 있더라는 사실을 알게 된 것이다.

이 사람들은 선장 자리에 앉아 사업이라는 배를 잘 끌고 가려면 라틴어 동사에 대한 지식이나 하버드 졸업장보다는 인성과 대화 능력이 더 중요하다는 것을 이내 알게 됐다.

뉴욕의 《선》에 난 광고는 이 강연이 아주 재미있을 거라고 약속했다. 실제로 들어보니 그랬다.

과거에 이 수업을 들었던 사람 18명이 확성기 앞에 서 있었다. 그중 15명은 정확히 75초 안에 본인의 이야기를 들려줘야 했다. 75초가 지나면 의장이 망치를 쾅 내려치며 "종료! 다음 발표자!"라고 외쳤다.

강연은 벌판 위를 달리는 물소 떼 같은 속도로 진행됐다. 청중들은 한 시간 반 동안 선 채로 이 사람들의 발표를 구경했다.

발표자는 다양했다. 세일즈맨 몇 명과 체인점 임원 한 명, 빵집 주인이 있는가 하면 무역협회 회장, 은행원 두 명, 보험 설계사, 회계사뿐만 아니라 치과 의사, 건축가도 있었다. 그중 약사는 이 수업에 참석하려 멀리 인디애나폴리스에서 뉴욕까지 왔다고 했고, 변호사는 3분짜리 중요한 발표를 준비하기 위해 쿠바의 아바나에서 여기까지 왔다고 했다.

첫 번째 발표자는 패트릭 오헤어라는 게일어 이름을 쓰는 사람이었다. 아일랜드에서 태어난 그는 학교 교육을 4년밖에 받지 못했다. 어찌어찌하여 미국까지 흘러와서는 정비공 일과 운전기사를 했다고 한다.

그렇지만 마흔이 된 지금은 가족도 늘어났고 돈도 더 많이 필요했다. 처음에 그는 트럭을 팔아보려고 했다. 열등감이 마음을 다 갉아먹고 있던 그는 어느 사무실 앞을 대여섯 번은 왔다 갔다 하고 나서야 문을 열고 들어갈 용기가 생겼다. 세일즈맨이라는 직업에 너무나 낙담한 그는 다시 정비공으로 돌아갈까 고민하고 있었는데, 어느 날 '효과적인 말하기—데일 카네기 코스'라는 모임에 참석해 보라는 편지를 받았다.

오헤어는 처음엔 참석하고 싶지 않았다. 수많은 대졸자와 어울려야 할까 봐, 괜한 위화감이 들까 봐 두려웠다.

그런데 절망해 있던 아내가 오헤어에게 꼭 가보라고 권했다. "여보, 뭔가 도움이 될 수도 있어. 당신한테는 그 수업이 꼭 필요하다는 거 당신도 알잖아." 모임 장소에 도착한 오헤어는 인도 한쪽에 5분 넘게 서 있던 후에야 문을 열고 들어갈 자신감을 쥐어짜낼 수 있었다.

사람들 앞에서 말하려고 할 때 처음 몇 번은 겁이 나서 머리가 어질어질할 정도였다. 그렇지만 몇 주가 지나자 사람들 앞에 선다는 두려움은 다 사라졌다. 자신이 실은 이야기하기를 좋아한다는 사실을 발견했다. 들어주는 사람이 많을수록 더 좋았다. 다른 사람이나 상급자에 대한 두려움도 사라졌다. 오헤어는 그들에게 아이디어를 자유자재로 제시할 수 있었다. 이내 영업부서 내에서 승진했다. 오헤어는 회사의 귀중한 인재이자 사랑받는 동료가 됐다. 이날 밤 펜실베이니아 호텔에서 패트릭 오헤어는 2500명 앞에서 그동안 자신이 이룬 것에 관한 이야기를 신나게 들려주었다. 객석에서는 웃음이 끊이지 않았다. 전문 강연자 뺨치는 솜씨였다.

그다음 발표자는 머리가 희끗희끗한 은행가이자 자녀 11명의 아버지인 고드프리 마이어Godfrey Meyer였다. 마이어도 처음 수업 시간에 발표하려고 했을 때는 말 그대로 입이 얼어붙어 버렸었다. 머리가 작동을 거부했다. 마이어의 사연은 말을 잘하는 사람이 왜 결국 리더가 되는지를 생생하게 보여주었다.

마이어는 월스트리트에서 일했다. 뉴저지주 클리프턴에서 25년간 살았지만 동네 일에는 한 번도 참여해 본 적이 없었고 아는 사람이 채 500명도 안 되었다.

카네기 코스에 등록하고 얼마 후 마이어는 세금 고지서를 받고서 격분했다. 그가 생각하기로는 부당하게 세금이 부과되었다. 평소 같았으면 마이어는 집에 앉아서 씩씩거리거나 이웃을 찾아가 불평했을 것이다. 하지만 이번에는 다르게 행동했다. 마이어는 그날 밤 모자를 쓰고 주민 회의에 참석해서 사람들 앞에서 울분을 토했다.

마이어가 의분을 토하는 모습을 본 뉴저지주 클리프턴 주민들은 마이어에게 시의원에 출마해 보라고 권했다. 그래서 몇 주 동안 마이어는 이 모임, 저 모임을 찾아다니며 시 당국의 사치와 낭비를 규탄했다.

시의원에 출마한 후보는 총 96명이었다. 개표를 해보니 고프리 마이어의 이름이 가장 앞에 있었다. 거의 하루아침에 마이어는 인구 4만 명이 사는 지역의 공인이 됐다. 사람들 앞에서 이야기를 할 수 있었던 덕분에 마이어는 6주 만에 지난 25년간 만든 지인보다 80배나 많은 지인이 생겼다.

그리고 1년 만에 카네기 코스에 투자했던 금액의 10배를 시의원 월급으로 돌려받게 되었다.

세 번째 발표자는 식품 제조업자를 대표하는 전국 규모의 대형 협회 회장이었다. 그는 그동안 이사회 회의가 열려도 자리에서 일어나 자기 의견을 발표하지 못했었다고 했다.

그런데 스스로 생각하는 법을 배운 후 놀라운 일이 일어났다. 얼마 후 그는 협회의 회장이 됐고, 그 결과 미국 각지의 회의에 참석해 연설을 하게 됐으며, 그가 연설한 내용은 발췌되어 전국의 신문 및 업계 소식지 등에 실렸다.

더 효과적으로 말하는 방법을 배우고 2년이 지나자 이전에 직접 광고에 25만 달러를 썼을 때보다도 자기 회사와 제품을 공짜로 홍보할 기회가 훨씬 많이 생겼다. 그는 옛날에는 맨해튼에 있는 중요한 회사의 중역들에게 점심을 함께하자고 전화하기가 망설여졌다고 했다. 그런데 여러 연설을 통해 명성을 얻고 나니, 그들이 먼저 전화를 걸어와 점심을 함께하자고 하면서 시간을 뺏어 미안하다고 사과를 했다.

사람들 앞에서 말하는 능력은 두각을 드러내는 지름길이다. 말하는 능력은 그 사람에게 스포트라이트를 비춘다. 수많은 사람 사이에서도 돋보이게 만들어준다. 그런대로 괜찮게만 말을 할 수 있어도 실제보다 훨씬 더 큰 능력을 인정받는다.

성인 교육 운동은 미국 전역을 휩쓸었다. 이 운동의 가장 큰 동력이 되었던 사람이 바로 데일 카네기다. 카네기만큼 많은 일반인의 이야기를 듣고 비평을 해준 사람은 없다. 〈리플리의 믿거나 말거나 Ripley'Believe-It-or-Not〉 만화 버전에 따르면, 데일 카네기는 15만 건의 발표를 듣고 비평을 해주었다고 한다. 그렇게 많은 수라고 느껴지지 않는다면 이렇게 한번 생각해 보기 바란다. 콜럼버스가 아메리카 대륙을 발견한 이후 지금까지 하루에 하나씩 이야기를 매일 들어야 저 숫자가 나온다. 혹은 이렇게도 표현할 수 있다. 카네기 앞에서 이야기했던 사람들이 각자 3분씩만 쓰면서 끊임없이 이야기를 했을 때, 15만 개의 이야기를 모두 들으려면 밤낮으로 10개월을 들어야 한다.

앞뒤 뚜렷한 대조를 보여주는 데일 카네기의 커리어는 독창적인 생각과 불타는 열정으로 한 사람이 무언가에 집착했을 때 과연 무엇을 이룰 수 있는지를 잘 보여준다.

철도에서 16킬로미터가 떨어진 미주리의 한 농장에서 태어난 데일 카네기는 열두 살이 되어서야 처음으로 전차를 구경했다. 그러나 마흔여섯 살이 됐을 때 그는 홍콩에서부터 노르웨이 함메르페스트에 이르기까지 지구상 구석구석 가보지 않은 곳이 없을 정도였다. 한번은 북극 근처까지 버드 제독의 리틀 아메리카 기지와 남극 사이의 거리보다도 더 가깝게 간 적도 있다.

한때는 시간당 5센트를 받고 우엉을 베고 딸기를 따던 미주리 청년은 큰돈을 받고 대기업 임원에게 자기표현의 기술을 가르치는 강사가 되었다.

사우스다코타주 서부에서 소 떼를 몰고 송아지에 낙인을 찍고 목책을 관리하던 카우보이 청년은 나중에 런던에 가서 왕실의 후원을 받는 쇼를 진행했다.

처음 사람들 앞에서 말을 하려고 했을 때는 대여섯 번이나 완전히 망쳐버렸던 친구가 나중에는 내 개인 매니저가 됐다. 내 성공의 상당 부분은 데일 카네기에게 받았던 훈련 덕분이다.

젊었을 때 카네기는 교육을 받기가 어려웠다. 미주리 북서부의 오래된 농장에 불운이 끝없이 몰아닥쳤기 때문이다. 해마다 미주리강의 지류인 102강이 범람해 옥수수밭이 물에 잠겼고 건초까지 쓸려갔다. 돼지들은 콜레라에 걸려 죽었고, 소 시장과 노새 시장의 가격은 바닥을 모르고 추락했다. 은행은 대출금을 갚지 못하면 농장을 경매에 넘겨버리겠다고 협박했다.

더 이상 낙담하기도 지쳐버린 가족들은 농장을 팔고 미주리주 워런즈버그에 있는 사범대학교 근처의 다른 농장을 매입했다. 하루 1달러면 시내에 하숙방을 구할 수 있었지만 젊은 시절 카네기는 그 돈조차 없었다. 그래서 매일 농장에서 대학교까지 5킬로미터 거리를 말을 타고 통학했다. 집에 오면 젖을 짜고, 나무를 하고, 돼지들을 먹인 다음, 석유등을 켜놓고 눈이 침침해지고 끄덕끄덕 졸 때까지 라틴어 동사를 공부했다.

한밤중에 잠자리에 들면서도 새벽 3시에 알람을 맞춰둬야 했다. 아버지가 혈통 있는 두록저지종 돼지를 키웠는데, 추운 밤이면 새끼 돼지들이 얼어 죽을 위험이 있었다. 그래서 새끼들을 바구니에 담고 그 위에 마대를 덮어서 부엌 아궁이 뒤에 놓아두었다. 새끼 돼지들은 본능에 충실해서 새벽 3시가 되면 뜨거운 밥을 달라고 울었다. 그래서 알람이 울리면 데일 카네기는 담요 밖으로 기어나와 바구니에 담긴 새끼들을 엄마 돼지에게 데려 갔다. 그리고 새끼돼지들이 엄마 젖을 다 먹을 때까지 기다렸다 가 다시 따뜻한 아궁이 뒤로 데려왔다.

사범대학교에는 총 600명의 학생이 있었는데, 그중에 시내 에 하숙할 형편이 안 되는 학생은 대여섯 명 정도였다. 데일 카 네기도 그중 한 명이었다. 그는 밤마다 다시 말을 타고 농장으 로 돌아가서 젖을 짜야 하는 가난이 부끄러웠다. 너무 작아서 꽉 끼는 코트와 너무 짧아진 바지가 부끄러웠다. 금세 열등감이 생긴 카네기는 자신이 두각을 드러낼 방법을 찾아보았다. 그리 고 대학에서 이름을 날리고 영향력을 가지는 방법이 두 가지라 는 걸 금방 알게 됐다. 첫 번째는 미식축구팀이나 야구팀의 선 수가 되는 것이고, 두 번째는 토론 대회나 연설 대회에 나가서 상을 타는 것이었다.

운동에는 전혀 소질이 없다는 사실을 깨달은 카네기는 말하 기 대회 중 하나에서 상을 타보기로 했다. 몇 달간 연설을 준비 했다. 학교까지 가는 말 안장 위에서도 연습하고 젖을 짜면서도 연습했다. 헛간에 있는 건초 더미 위에 올라가서 열정적으로 제 스처까지 해가며 그날 있었던 일을 이야기하면 비둘기가 깜짝 놀라기도 했다.

그러나 그 모든 준비와 간절함에도 불구하고 실패의 연속이었다. 당시 열여덟 살이었던 카네기는 예민하고 자존심이 강했다. 낙담하고 의기소침해져 심지어 자살까지 생각했다. 그러다가 갑자기 상을 타기 시작했다. 한 번에 그치지 않고 학교에서 열리는 모든 말하기 대회에서 상을 탔다.

다른 학생들이 비결을 가르쳐달라고 매달렸다. 이내 그 친구들도 상을 탔다.

대학을 졸업한 후 카네기는 네브래스카주 서부와 와이오밍주 동부의 시골에서 목장 주인들에게 통신 강의를 팔았다. 한없는 열정과 에너지에도 불구하고 실적이 나지 않았다. 낙담한 카네기는 한낮에 네브래스카주 앨리언스에 있는 호텔 방으로 돌아가 침대에 몸을 던지고서 절망에 빠져 울었다. 다시 대학 시절로 돌아가고 싶었다. 삶이라는 고된 전장에서 그만 물러나고 싶었지만, 하는 수 없었다. 그는 오마하로 돌아가 다른 직업을 알아보기로 했다. 그런데 기차표를 살 돈이 없었던 카네기는 화물 기차에 올라 기차 두 량에 가득 실린 야생마에게 먹이를 주는 일을 하며 이동했다.

오마하 남부에 도착해 아머 앤드 컴퍼니Armour and Company라는 회사의 베이컨과 비누, 라드[돼지 비계로 만든 기름]를 파는 일자리를 얻었다. 카네기의 담당 구역은 주로 사우스다코타주 서부의 원주민 거주 지대와 불모지였다. 카네기는 화물 열차와 역마차, 말을 타고 돌아다녔다. 방과 방 사이에 칸막이라고는 모슬린천 한 장이 전부인 여인숙에서 잠을 잤다. 카네기는 영업에 관한 책을 공부하고, 야생마를 타고, 원주민과 포커를 치고, 돈 모으는 방법을 배웠다. 상점 주인이 주문한 베이컨이나 햄 가격을 현금으로 지불하지 못하면 데일 카네기는 진열대에 놓인 신발을 열두 켤레 가져와서 철도회사 직원들에게 판 뒤 그 영수증을 아머 앤드 컴퍼니로 보냈다.

화물 열차를 타고 하루 160킬로미터 이상 이동하는 날도 자주 있었다. 열차가 짐을 내리려고 멈춰 서면 그는 헐레벌떡 주택가로 뛰어가 상점 서너 군데를 돌며 주문을 받았다. 호루라기가 울리면 잽싸게 또 기차역까지 뛰어 내려와 이미 움직이고 있는 기차에 올라탔다.

카네기는 오마하 남부에서 출발하는 29개 기차 노선을 중심으로 나눠진 담당 지역 중에서 매출 순위 25위에 해당하는 불모지에 배정됐었다. 그러나 그는 2년 만에 이 지역을 매출 순위 1위로 올려놓았다. 아머 앤드 컴퍼니는 카네기에게 승진을 제안하며 이렇게 말했다. "불가능할 줄 알았는데 해내셨네요." 하지만 카네기는 승진을 거절하고 퇴사했다. 그리고 뉴욕으로 가서 미국 드라마 아카데미에서 연기를 공부한 다음, 〈서커스단의 폴리Polly of the Circus〉의 하틀리 박사 역할을 맡아 전국을 돌며 공연했다.

연기를 계속했어도 카네기는 스타가 되지는 못했을 것이다. 그 점을 알아차릴 수 있을 만큼 그는 판단력이 좋은 사람이었다. 다시 영업 분야로 돌아간 카네기는 패커드자동차에서 자동차와 트럭을 판매했다.

카네기는 기계에 관해서는 조금도 알지 못했고 관심도 없었다. 지독하게도 행복하지 않았던 카네기는 매일매일 일을 하기가 고문이었다. 공부할 시간을 절실하게 원했다. 대학생 때부터 꿈꾸던 책을 쓰고 싶었다. 그래서 패커드자동차를 나왔다. 이제부터는 낮에는 소설을 쓰고, 저녁에는 야간학교 교사 일을 하며 생계를 유지할 작정이었다.

그런데 뭘 가르치지? 대학 시절 공부했던 것을 돌아보다가, 퍼블릭 스피킹 훈련을 했던 것이 대학에서 수강한 다른 모든 수업을 합친 것보다도 더 많은 도움이 되었단 사실을 깨달았다. 퍼블릭 스피킹은 그에게 자신감과 용기, 그리고 침착함을 주었고, 비즈니스에서 사람들을 만나고 상대할 때도 많은 도움이 됐다. 카네기는 뉴욕에 있는 YMCA 학교들을 찾아가 직장인을 위한 퍼블릭 스피킹 강좌를 열 수 있게 기회를 달라고 했다.

뭐라고? 직장인을 웅변가로 만들겠다고? 말도 안 돼. YMCA 사람들은 알고 있었다. 그런 수업은 이전에도 시도해 봤지만 매번 실패했다는 것을. 카네기는 처음에 하루 2달러의 일급을 요구했으나 YMCA가 거절했다. 결국 커미션 형태, 즉 순수익의 퍼센트 단위로 돈을 받기로 했다. 이익이 조금이라도 난다면 말이다. 하지만 3년도 채 안 되어 YMCA는 카네기에게 하루 2달러가 아니라 30달러씩 지불하고 있었다.

수업은 번창했다. 다른 YMCA 학교들이 소문을 듣더니 이

내 다른 도시까지 소식이 퍼졌다. 그리 오래지 않아 데일 카네기는 뉴욕과 필라델피아, 볼티모어, 나중에는 런던과 파리까지 순회강연을 다니는 강사가 됐다. 수업을 들으러 오는 직장인에게 시중에 나와 있는 교과서는 모두 너무 학문적이거나 비실용적이었다. 그래서 카네기는 직접 책을 썼다. 『퍼블릭 스피킹과 비즈니스 대화Public Speaking and Influencing Men in Business』라는 제목이었다. 이 책은 곧 모든 YMCA와 미국은행협회American Bankers' Association, 미국신용협회National Credit Men's Association 의 공식 교재가 됐다.

데일 카네기는 누구라도 화가 나면 말을 잘한다고 했다. 동네에서 가장 무식한 사람이라고 해도 누가 그를 때려눕힌다면 자리에서 벌떡 일어나 전 세계에서 연설을 가장 잘하기로 유명했던 윌리엄 제닝스 브라이언의 전성기 못지않게 열변을 토할 것이라고 했다. 그는 대부분의 사람이 남들 앞에서 그런대로 말을 잘할 수 있다고 했다. 속에서 끓어오르는 아이디어가 있고 자신감만 있다면 말이다.

자신감을 키우는 방법으로 카네기는 자신이 두려워하는 일을 계속하면서 성공 경험을 쌓아나가기를 추천했다. 그래서 모든 참석자에게 수업 시간마다 발표를 시켰다. 듣는 사람들은 모두 공감을 잘해주었다. 다들 같은 배를 탔기 때문이었다. 지속적인 연습을 통해 학생들은 용기와 자신감, 그리고 열정이 생겼다. 이는 결국 사적인 대화로까지 이어졌다.

데일 카네기는 자신이 이토록 오랫동안 강의로 생계를 유지할 수 있었던 이유가 퍼블릭 스피킹을 가르쳤기 때문은 아니라고 했다. 그건 부차적인 부분이었다. 그의 주된 업무는 사람들이 각자의 두려움을 정복하고 용기를 가지게 도와주는 일이었다.

처음에는 그냥 퍼블릭 스피킹 수업을 하나 진행하는 것으로 시작했다. 그렇지만 수업을 들으러 오는 학생들은 직장인이었다. 다수가 교실이라는 것을 구경한 지 30년은 된 사람들이었고 대부분 수업료를 할부로 냈다. 이들은 결과물을 원했다. 그것도 빨리 나오길 원했다. 내일 당장 면접이나 사람들 앞에서 발표할 때 쓸 수 있는 그런 결과물 말이다.

어쩔 수 없이 카네기는 빠르고 실용적인 방법을 찾아야 했다. 그 결과물이 바로 독특한 그의 교육 시스템이다. 퍼블릭 스피킹과 세일즈 기술, 인간관계, 응용 심리학이 결합된 놀라운 시스템 말이다.

그는 정해진 틀에 구애되는 수업이 아니라 아주 실감 나고 재미있게 진행되는 수업을 했다.

과정이 종료되면 졸업생들은 자체적으로 클럽을 조직해 이후로도 몇 년 동안 계속 격주로 만났다. 필라델피아에 있는 한 그룹은 겨울이면 한 달에 두 번씩 17년이나 모임을 이어갔다. 수업에 참여하기 위해 100~150킬로미터를 달려오는 학생도 여럿 있었다. 한 학생은 시카고에서 뉴욕까지 매주 오가기도 했다.

하버드대학교의 윌리엄 제임스 교수는 인간은 평균적으로

잠재된 정신 능력의 10퍼센트밖에 개발하지 못한다고 했다. 데일 카네기는 직장인들이 그런 잠재된 가능성을 개발하도록 도와주었고, 이는 성인 교육 분야에서 곧 가장 중요한 운동 중 하나가 됐다.

1936년

로웰 토머스

로웰 토머스(1892~1981)

로웰 토머스는 저명한 저널리스트이자 종군 기자였다. 제1차 세계대전이 벌어졌을 때 처음에는 유럽의 서부 전선에서, 그다음에는 중동에서 전투에 관한 기록을 썼다. 그는 사진사 해리 체이스Harry Chase를 대동해 전투 장면을 보도하면서 보도사진의 시대를 열었고 수많은 자료를 수집했다. 두 사람은 1918년 연합군이 팔레스타인을 접수하고 영국의 에드먼드 앨런바이Edmund Allenby 장군이 예리코를 함락시킨 사실을 보도했다. 이즈음 토머스는 상대적으로 덜 알려져 있던 영국군의 로런스 소령T.E. Lawrence(나중에 '아라비아의 로런스'로 알려진 그 로런스다)을 만났다. 로런스 소령은 아라비아의 전사들과 함께 오스만 제국을 상대로 군사 작전을 펼치고 있었다. 범상치 않은 이야기가 나올 것을 직감한 토머스는 로런스 소령을 따라 몇 달간 함께 여행하며 중동에서의 전쟁을 필름에 담고 기록으로 남겼다.

전쟁이 끝난 후 토머스는 그동안 모아둔 사진과 영상에 무대 연출을 더해 팔레스타인에서 벌어진 전쟁에 관한 강연 투어를 돌리려고 했다. 토머스는 퍼블릭 스피킹 강연으로 인기를 끌던 데일 카네기에게 프레젠테이션에 대한 도움을 청했다. 토머스는 나중에 유럽 투어를 돌 때 카네기를 비즈니스 매니저로 합류시켰다. 쇼는 크게 성공했고, 두 사람은 2년간 함께 투어를 진행했다. 이후 둘은 좋은 친구가 되어 평생 왕래하며 지냈다. 토머스는 나중에 잡지 편집자이자 유명한 라디오 방송가가 되었고, 극장에서 보여주는 뉴스 영화의 내레이션도 곧잘 맡았다. 토머스는 그렇게 일을 계속하다가 1970년대에 은퇴했다.

데일 카네기의 원칙 적용하기

책을 다 읽은 후에도 데일 카네기의 원칙을 적용한 현대적 사례나 경험담을 접할 수 있다면 계속해서 영감을 얻을 수 있겠지요. 데일 카네기 트레이닝의 트레이너들과『데일 카네기 인간관계론』의 팬들은 개인적으로 또는 직업적으로 이 책에서 배운 원칙이 나에게 어떤 영향을 미쳤는지 서로의 이야기를 공유하고 있습니다.

- 자신의 경험담 공유
- 다른 사람들의 경험담을 통해 영감 얻기
- 더 효과적으로 데일 카네기의 원칙을 적용할 수 있는 팁

이 책에서 배운 데일 카네기의 원칙을 적용해서 성장 스토리를 계속해서 써 내려가고 싶다면 아래 홈페이지를 방문하세요.

www.howtowinfriends.com

데일 카네기 트레이닝

인생의 주도권을 되찾을 시간

개인 | 팀 | 조직

데일 카네기 트레이닝이 제공하는 검증된 툴과 전문 지식, 다양한 지원을 통해 놀라운 효과가 일어나는 것을 지켜보세요. 개인적 차원의 돌파구 마련부터 인간관계 변화, 획기적인 팀 성과 개선, 눈에 보이는 결과, 조직 전반에 미치는 영향력, 조직 문화 혁신을 경험하세요.

그동안 데일 카네기 트레이닝은 수천 개의 조직과 수백만 명의 개인이 사업과 커리어, 미래의 주도권을 쥘 수 있게 도왔습니다.

커뮤니케이션 | 세일즈 & 서비스 | 리더십

프레젠테이션 | 조직 활성화

다양한 학습 방법

대면 수업: 자격증을 보유한 여러 강사들이 적극적 참여와 협업을 통해 운영되는 수업을 이끌고 있습니다. 30개 이상의 언어로 90여 개국 200곳 이상의 센터에서 진행됩니다.

라이브 온라인 수업: 저희 데일 카네기 교육기관의 온라인 강사들이 여러 수강생과 함께 복잡한 문제를 해결하고, 생산성을 높이고, 성과를 내는 트레이닝 프로그램을 진행합니다. 30개 이상 언어로 전 세계에 제공됩니다.

데일 카네기 이볼브: 이볼브eVolve는 현대식 온오프라인 통합 학습의 중심입니다. 쉽고 간결한 사용자 인터페이스를 통해 디지털 학습, 라이브 온라인 수업, 대면 수업이 하나로 통합된 혼합 학습 솔루션을 제공합니다. 많은 사람과의 협업, 쌍방향 툴, 데일 카네기 트레이닝의 세계적인 트레이너들을 통해 성과를 향상시키고 유지하세요.

대면 수업, 라이브 온라인 수업, VOD 수업에 관계없이 아래 홈페이지에 접속해 수준 높은 데일 카네기 트레이닝을 경험하세요.

www.dalecarnegie.com

데일 카네기 프로그램

"지금 내 사무실 벽에 걸려 있는 것은 네브래스카대학교 졸업장이 아니다. 컬럼비아대학교 졸업장도 아니다. 내가 자랑스럽게 걸어둔 것은 데일 카네기 교육기관 졸업증이다."

—워런 버핏^{Warren Buffett}

(〈이 100달러짜리 대학 수업에서 받은 학위가

나에게는 가장 중요했다〉, CNBC.com)

데일 카네기 코스:

효과적 커뮤니케이션 및 인간관계

이제 막 사회 첫발을 내디딘 사회 초년생도, 다시 한번 재정비가 필요한 시점에 도달한 베테랑도, 데일 카네기 코스가 제공하는 사고방식과 각종 기술이라면 이전과는 다른 결과, 더 나은 결과를 얻을 수 있습니다. 적극적으로 개인적, 직업적 역량을 성장시키세요. 데일 카네기 코스에서 효과적인 커뮤니케이션 및 인간관계 수업을 통해 자신감과 경쟁력을 확보한다면 커리어에서도, 인생에서도 여러분이 꼭 필요로 하는 주도권을 손에 넣을 수 있을 것입니다.

- 자신감과 개인 리더십 능력 배양
- 교감 능력 강화 및 포용력 있는 조직 만들기
- 논리적이고 명확하며 간결한 소통 능력 향상,
  듣는 이의 열정을 북돋고 참여를 높이는 방법,
  공감하면서 경청하는 방법
- 삶의 주도권을 쥐기 위한 리더십 능력 개발,
  유연한 대처와 혁신 능력, 타인에게 영감을 주는 방법,
  타인에게 동기를 부여하는 방법
- 태도 변화와 스트레스 감소를 통해 최고의 역량을 발휘하는 방법

데일 카네기 리더십 코스

효과적인 리더는 본인의 행동에 따라 의도한 결과는 물론 의도치 않은 결과가 나올 수도 있음을 인식하고 내 행동이 어떤 조직 문화를 만들어낼지 신중하게 생각합니다. 효과적인 리더는 긍정적인 분위기를 형성했을 때 팀원들이 좋은 영향을 받고 최고의 역량을 발휘함을 알고 있습니다.

- 리더십 잠재력 개발: 더 이상 직접 발로 뛰지 말고 리더가 되세요.

- 결과로 이어지는 리더십 트레이닝: 타인의 재능을 폭발시 키세요.

깊은 인상을 남기는 프레젠테이션

뛰어난 소통 능력은 직장인이 갖출 수 있는 가장 중요한 기술 중 하나입니다. 효과적으로 소통하는 사람은 다른 사람들이 정보의 홍수에 잠겨 있을 때 그것을 걸러내도록 도와주고, 그 정보를 전파함으로써 리더가 되어 타인에게 영향력을 발휘하고 영감을 줍니다. 깊은 인상을 남기는 프레젠테이션 코스는 메시지를 분명하고 설득력 있게 전달함으로써 신용을 얻고, 듣는 이를 사로잡는 효과적인 프레젠테이션을 구성하는 데 초점을 맞춥니다. 참여자들은 목소리와 제스처를 최적으로 사용하여 깊은 인상을 남기는 방법을 탐구하고, 공식적인 연설부터 편안한 회의나 토론에 이르기까지 다양한 프레젠테이션 방식을 배웁니다.

세일즈 트레이닝

가치에 대한 상호 이해와 신용을 구축해서 쌓은 상호 신뢰를 바탕으로 생산적인 관계를 형성하는 법을 배우세요. 이런 관계를 쌓기 위해서는 판매자가 고객의 세상과 진정한 수요를 정말로 이해하고 있다는 사실을 보여줘야 합니다. 그러려면 강력한 질문과 경청의 기술을 통해 각종 기회와 어려움을 포착하고, 고객이 미처 알지 못하거나 표현하지 않은 요구사항까지 발견해야 합니다. 더 이상 가격만이 능사가 아닌 환경에서는 진정한 고객의 필요에 초점을 맞춰 쌍방의 성공을 확보하는 것이 중요합니다. 데일 카네기의 전매특허인 영업 모형과 프로세스는 그 어떤 영업 문화에도 응용할 수 있으며 그 어떤 세일즈맨의 스타일에도 맞출 수 있습니다. 영업도 다른 인간관계와 똑같습니다. 영업은 기브 앤 테이크이며, '기브', 즉 주는 것에 훨씬 더 중점을 둬야 합니다!

- 판매로 이어지는 인간관계 기술
- 온라인 판매

더 많은 대면 수업, 라이브 온라인 수업, VOD 수업에 관해서는 아래 홈페이지를 방문하세요.

www.dalecarnegie.com

DALE CARNEGIE

HOW TO WIN FRIENDS
AND
INFLUENCE PEOPLE

옮긴이 이지연

서울대학교 철학과를 졸업한 후 삼성전자 기획팀, 마케팅팀에서 일했다. 현재 전문 번역가로 활동 중이다. 옮긴 책으로는 『수도자처럼 생각하기』『인간 본성의 법칙』『시작의 기술』『돈의 심리학』『제로 투 원』『룬샷』『위험한 과학책』『만들어진 진실』『리더는 마지막에 먹는다』『매달리지 않는 삶의 즐거움』『평온』『다크 사이드』『포지션』외 다수가 있다.

데일 카네기 인간관계론

초판 1쇄 발행 2023년 7월 12일
초판 4쇄 발행 2023년 8월 24일

지은이 데일 카네기
옮긴이 이지연
펴낸이 김선식

경영총괄이사 김은영
콘텐츠사업2본부장 박현미
책임편집 최현지 **디자인** 마가림 **책임마케터** 박태준
콘텐츠사업5팀장 차혜린 **콘텐츠사업5팀** 마가림, 김현아, 남궁은, 최현지
편집관리팀 조세현, 백설희 **저작권팀** 한승빈, 이슬, 윤제희
마케팅본부장 권장규 **마케팅4팀** 박태준, 문서희
미디어홍보본부장 정명찬 **영상디자인파트** 송현석, 박장미, 김은지, 이소영
브랜드관리팀 안지혜, 오수미, 문윤정, 이예주 **지식교양팀** 이수인, 염아라, 김혜원, 석찬미, 백지은
크리에이티브팀 임유나, 박지수, 변승주, 김화정, 장세진 **뉴미디어팀** 김민정, 이지은, 홍수경, 서가을
재무관리팀 하미선, 윤이경, 김재경, 이보람
인사총무팀 강미숙, 김혜진, 지석배, 박예찬, 황종원
제작관리팀 이소현, 최완규, 이지우, 김소영, 김진경, 양지환
물류관리팀 김형기, 김선진, 한유현, 전태환, 전태연, 양문현, 최창우

펴낸곳 다산북스 **출판등록** 2005년 12월 23일 제313-2005-00277호
주소 경기도 파주시 회동길 490 다산북스 파주사옥
전화 02-704-1724 **팩스** 02-703-2219 **이메일** dasanbooks@dasanbooks.com
홈페이지 www.dasan.group **블로그** blog.naver.com/dasan_books
종이 아이피피(IPP) **인쇄·제본** 상지사 **코팅·후가공** 제이오엘앤피

ISBN 979-11-306-4545-2 (03320)